1990년대
미국시의 경향

양균원(楊均元)

대진대학교 영어영문학과 교수(1995-현재)

kwyang@daejin.ac.kr

전남대학교 영문과(1979-1985)

고려대학교 대학원 영문과(1985-1994)

University of Washington 객원연구원(2004-05)

관서외국어대학교 한국어 교수(2008)

1960년 전남 담양 출생

『광주일보』(1981)와 『서정시학』(2004)으로 등단

『삶의 이론으로서의 시론: Wallace Stevens와 T. S. Eliot』(1994)

『영미시창작이론』(2000)

1990년대 미국시의 경향

발행일 • 2011년 12월 31일

지은이 • 양균원

발행인 • 이성모/ 발행처 • 도서출판 동인/ 등록 • 제1-1599호

주소 • 서울시 종로구 명륜동2가 아남주상복합아파트 118호

TEL • (02) 765-7145, 55/ FAX • (02) 765-7165

E-mail • dongin60@chol.com/ Homepage • donginbook.co.kr

ISBN 978-89-5506-496-4

정가 18,000원

1990년대 미국시의 경향

풀리처상 수혜 시인 10인을 중심으로

양균원 지음

도서출판 동인

1990년대 퓰리처상 수혜 시인들

1990: 찰스 씨믹(Charles Simic)
        『세상은 끝나지 않는다』(*The World Doesn't End*)

1991: 모나 밴 다인(Mona Van Duyn)
        『엇비슷한 바뀜』(*Near Changes*)

1992: 제임스 테이트(James Tate)
        『시선집』(*Selected Poems*)

1993: 루이스 그릭(Louise Glück)
        『야생붓꽃』(*Wild Iris*)

1994: 유셉 코문야커(Yusef Komunyakaa)
        『네온 불빛 사투리』(*Neon Vernacular*)

1995: 필립 레빈(Philip Levine)
        『단순한 진리』(*The Simple Truth*)

1996: 조리 그레이엄(Jorie Graham)
        『통합장(統合場)의 꿈』(*The Dream of the Unified Field*)

1997: 리셀 뮬러(Lisel Mueler)
        『함께 살아가기』(*Alive Together*)

1998: 찰스 라이트(Charles Wright)
        『검은 황도대(黃道帶)』(*Black Zodiac*)

1999: 마크 스트랜드(Mark Strand)
        『하나의 눈보라』(*Blizzard of One*)

차 례

책머리에*

　요즈음 국내 문학잡지 몇 곳으로부터 해외시 동향에 관한 원고청탁을 받아왔다. 해외시의 최신 흐름을 국내 독자들에게 가장 먼저 알리고 싶은 편집자의 의욕이 전달되었다. 영문학을 가르치는 강단 비평가에 불과한 나로서는 손사래를 치는 게 마땅했다. 그것은 당대 해외시 현장에 이목을 집중해온 평론가에게 어울릴 일이었다. 그런데도 나는 강권에 따른 것도 있지만 내 안의 어떤 욕심에 이끌려 그 일을 맡게 되었다.

　아무래도 첫 출발은 『시와 문화』 2007년 가을 호에 실린 「상처 입은 천사, 미국시의 경향과 전망」을 꼽아야겠다. 미국시의 1990년대 경향을 일견하는 글이었는데 이러한 시작이 발단이 되어 좀 더 체계적으로 미국시의 현장을 들여다보고 지속적으로 국내에 소개하고픈 어설픈 욕심을 내게 되었다. 이와 관련한 가장 최근의 작업으로는 『시와 문화』 2011년 봄 호의 「21세기 미국시의 전망」과 『문학청춘』 2011년 겨울 호의 「1990년대 미국시 사화집의 구성」을 들 수 있다.

　티를 낼 수는 없었지만 내심으로는 한국시의 현장에서 잘 들리지 않는 것, 우리가 우리 안에 있어서 잘 보이지 않는 것, 다양성을 문화코드로 삼으면서도 우리가 정작 중심을 버리지 못함으로써 약화되는 어떤 것, 해체 혹은 포스트모던의 미명아래 자행되는 온갖 불순, 이런 것들을 직접적으로 다룰 수는 없더라

---

* 이 저서는 2007년 정부(교육인적자원부)의 재원으로 한국학술진흥재단의 지원을 받아 수행된 연구임(KRF-2007-812-A00219).

도 미국시를 말하는 가운데 어쩌면 간접적으로 뭔가를 제시할 수도 있지 않을까 생각하였다.

이러한 의욕은 한국학술진흥재단으로부터 2007년도 인문저술지원을 받게 됨으로써 추진력을 얻게 되고 1990년대 퓰리처상 수혜시인 10명을 국내에 소개할 계기를 갖게 되었다. 연구과정에서 학술지『현대영미시연구』에「자아의 부재에서 목소리를 내다―루이스 그릭」(15권 2호)과「잡종의 세상에서 쓰는 시―조리 그레이엄」(16권 1호)이 각각 2009년과 2010년에 발표되었다. 두 논문은 약간의 수정을 거쳐 이번 저서에 다시 포함되었다.「잡종의 세상에서 쓰는 시」는「잡종의 세상에서 시를 짓다」로 개칭하였다. 저서는 프롤로그에서 1990년대 미국시에 대해 조망한 후 본론에서 10명의 시인 각자에 관해 한 편씩의 글을 써내고 에필로그에서 당대 미국시의 역동성에 대해 짧게 논하는 구조를 취하였다.

저서에는 포함시키지 않았지만 동일한 관심과 연구의 확장에서 1990년대 및 2000년대 퓰리처상 수혜시인들에 관한 글들을 학술지와 잡지에 소개해 왔다. 이번 인문저술지원 연구의 부산물인 셈이다. 계간지『시와 세계』에는 2010년에「어둠 속의 형이상학자―찰스 씨믹」(3월),「서정시의 실험성 혹은 실험시의 서정성―레이 아먼트라웃」(6월),「꽃이 건네는 말―루이스 그릭의 시」(9월), 그리고「한 눈 뜨고 잠들다―마크 스트랜드」(12월)가 실렸다. 이 네 편은 당대 미국시인 네 명을 (아마도) 처음으로 한국독자에게 소개한 것으로 보인다. 퓰리처상이 4월에 발표되는 탓에 2010년 수상자 아먼트라웃(Rae Armantrout)을 동년 6월호에 싣는 데 시간에 쫓겨 애를 먹었다.『문학청춘』에는 2010년에 두 편「행방불명 비행사에서 유령군인으로―제임스 테이트」(9월)와「암청색 우울―찰스 라이트의 시」(12월)가 실렸다. 2011년에는 2009년 퓰리처상 수혜시인을 다룬「기억과 자연―W. S. 머윈의『시리우스의 그림자』」가 학술지『현대영미시연구』17권 1호에 발표되었다. 또한『문학청춘』에도「마우이 섬의 환경주의자―W. S. 머윈」(3월),「잔인한 사진가―나타샤 트레써웨이」(6월), 그리고「작은 시가 맵다

―캐이 라이언」(9월)이 게재되었다. 트레써웨이(Natasha Trethewey)는 2007년에 라이언(Kay Ryan)은 2011년에 퓰리처상을 수혜했다. 이상에서 언급한 시인들은 평가가 완료되지 않은 생존 시인으로서 국내 영문학 강단에서는 아직 다뤄지지 않고 있을 것으로 여겨진다.

해외시는 그 자체로서 읽어주는 게 가장 바람직하지만 한국인의 원근법에서 새 조명을 가해보는 노력이 필요하고 의미가 크다. 세상이 해석의 방식으로 드러난다면 그것을 형성하는 주체의 관점을 보다 의식적으로 유지하는 게 중요하기 때문이다. 그렇지만 이와 함께 한국시의 특색을 해외시의 배경에서 반성적으로 살피는 자세 또한 유익하다. 해외시를 우월한 것으로 모방하거나 자만에 의해 외면하는 태도 어느 쪽도 시대착오적이다. 변화와 융합의 문화는 차이와 관계의 망에 의해 한국시의 정체를 지속적으로 재정립할 것을 요구한다. 다양하게 전개되고 있는 해외시의 양상들을 세월의 여과 없이 접할 수 있으면 좋을 것이다.

나로서는 이러한 일련의 작업이 준비된 자가 익히 알고 있는 것을 한 수 가르치듯 내놓는 방식으로 진행되지 않을 것을 처음부터 받아들이고 있다. 아직 정통하지 않은 시인과 시대에 대하여 마감일을 정해두고 감수와 평가를 동시에 밀고 나가는 것은 모험까지는 아닐지라도 과욕인 게 분명하다. 그런데도 수고를 자처하게 된 것은 지금까지의 내 영문학 연구 행태에서 벗어나고자 하는 갈망이 컸기 때문이다. 평가가 거의 완료된 대시인에게 접근하는 일은 선행연구에 대한 긴 주석달기로부터 시작하여 누군가 말했을 것 같거나 굳이 다루지 않아도 될 것 같은 것에 대한 부차적 해석으로 끝이 나기 쉽다. 학위과정에서 배웠거나 연구했던 시인들을 졸업 후 논문에서 학회에서 강의실에서 반복적으로 다루면서 각성의 경험이 심드렁한 지식으로 바뀌는 것을 의식하게 되었다. 그래서였을 것이다. 나의 관심을 근대에서 전후 세대로, 그리고 내친걸음에 나와 같은 세상을 함께 호흡하는 당대에로, 내가 채 대면하지 못한 어떤 것들에게로 옮겨보기로 했다.

한국학술진흥재단(현 한국연구재단)에 감사드린다. 재단의 지원이 없었다면 단편적 연구에 그치고 말았을 것이 책의 분량으로 생산될 수 있었다. 미국 현지의 김순환 선생께서 자료수집에 큰 도움을 주셨다. 고마운 마음을 감출 수 없다. 또한 연구의 과정에서 내 관심을 드러낼 수 있도록 귀한 지면을 할애해 준『시와 문화』박몽구 주간,『시와 세계』송준영 주간,『문학청춘』김영탁 주간, 그리고 어려운 출판환경에서 내 원고를 마다 않고 받아준 동인출판사 이성모 사장께 감사의 말을 전한다.

"나는 언어를 증오한다"

1990년대 미국시의 경향을 가늠하는 것은 어려운 일이다. 다양성에 근거하는 미국사회가 당대에서 근대후기의 문화다원주의를 지향하고 있기에 더욱 그러하다. 그럼에도 새천년의 전환기에 시인과 비평가 그리고 편집자 사이에서 당대의 현상에 대한 반성과 새 방향에 대한 전망이 관심사를 이루었고 전반적 흐름을 찾아보려는 시도가 적지 않게 표출되었다.

I. 1990년대 미국시 사화집의 구성

젊은 시인들이 새로운 시를 추구하는 일은 과거와의 완전한 단절이나 대체를 꾀하는 방식보다 그것을 변형하여 발전시키거나 그것에 대항하면서 공존하는 방식으로 이뤄진다. 오늘날의 미국시에서 그 결과는 복잡성이다. 1982년에 출판된 사화집 『근대후기인: 새로운 미국시 개정판』(*Postmoderns: The New American Poetry Revised*)의 서문 말미에서 두 편집자 애런(Donald M. Allen)과 버터릭(George F. Butterick)은 포스트모더니즘의 "주요한 특징이 포괄성, 앞서 진행된 모든 것을 이용하려는 재빠른 자발성이다"(12)고 진단한다.

1990년대 미국시는 그룹을 지어 명명하거나 정의할 수 없을 정도로 다양하게 전개되고 있는 가운데 1960년대 이후에 발생했던 시의 주요 변혁들에게 빚을 지고 있다. 변화는 전통에 대한 아방가르드 예술의 공격에서 시작한다. 변화의 양상은 아방가르드 예술의 새로운 시도가 주류의 방식에 어느 정도 어떻게 영향을 끼치느냐에 따라 달라진다. 새 시도가 변방의 목소리에 머무는 한 미국시의 흐름이 바뀐다고까지 말할 수 없다. 미국시의 변화를 읽으려면 새로운 목소리가 한 시대를 대표하는 시들 가운데 어느 정도 침투하는지를 살필 필요가 있다.

사화집은 시대의 대표시가 수록되는 공간이다. 사화집 편찬을 위해 문학정전을 새롭게 정하는 일은 주목받지 못했던 시에 의미를 부여함으로써 주류의 관심을 이끌어내는 데 중요한 역할을 할 수 있다. 20세기 후반에서 21세기 초에 걸쳐 미국시에 새 방향성을 제시하려한 사화집들이 있어왔다. 이 사화집들은 기존의 정전과 차별되는 편집방식을 취하면서 "그들 자신의 전통과 출판 그리고 대중"(Allen 1960 xi)을 형성하고 목소리를 키움으로써 미국시의 흐름에 변화를 일으켜왔다.

실험정신에 우호적인 대표적 비평가 펄랍(Marjorie Perloff)은 「누구의 시가 새로운 미국시인가? 1990년대 사화집 엮기」("Whose New American Poetry? Anthologizing in the Nineties")라는 글에서 전후 아방가르드 예술이 비평계와 출판계에 점진적으로 수용되는 과정을 추적한다. 그녀는 새로운 종류의 시를 사화집에 편입하여 한 시대의 시에 대한 지평을 넓힌 기념비적 작품으로 1960년에 출판된 애런의 『새로운 미국시』(*New American Poetry: 1945-1960*)를 꼽는다. 애런이 기존의 시의 정전에 "또 다른 전통"을 수용하는 방식은 "향후 모든 사화집 편찬자들이 미국의 근본주의적 시학의 원천으로 인정하는" 모범이 되었다고 한다(104). 펄랍은 애런이 전통시와 실험시의 관계를 "대체하는" 것이 아니라 "서로 엇갈리는" 것으로 접근하는 데 주목했다(104-05). 애런은 1960년대 시점에서 새로운 시의 출현에 대해 "오래 기다려왔지만 단지 서서히 알려지게 되는 강력한 3세대가 마침내 등장하였다"(1960 xi)고 보았다. 한 세대를 사이에 두고 두 비평가는 전통시와 실험시 사이의 긴장에 주목하면서도 양자를 대체의 관계로 다루지 않으려 주의하고 있다.

애런의 사화집은 당시에 뉴욕과 샌 프란시스코에 거주하고 있던 대체로 잘 알려지지 않은 45명의 시인들로 구성되어 있다. 상대적으로 조그마한 분량의 이 사화집이 문학사적으로 큰 사건이 되는 데는 이유가 있다. 우선 그것은 1960년대 초기에 20세기 초기 모더니즘의 시적 담론과 전혀 다른 것을 제공하고 있다. 그가 선별한 시들은 "하나의 공통된 특징—학구적 시에 전형적인 그 모든 속성들에 대한 완전한 거부"(xi)를 드러낸다. 당시까지만 해도 시에 대해 통일성과 일관성 그리고 자율성의 가치가 마땅히 요구되고 있었다. 시는 아이러니와 이미저리 그리고 상징성과 구조적 간결성 등의 기교를 효과적으로 활용해 모호한 진실이나 역설 혹은 어떤 통찰을 제시해야 한다고 여겨졌다. 이 풍토에서 애런이 제시한 사화집의 시는 전혀 예상치 못한 목소리를 들려줬다. 1960년대 초기에 드러나는 전통시와 실험시 사이의 차이는 1990년대 혹은 2000년대에서 발견되는 것보다 훨씬 극명하고 큰 것이었다.

그런데 이렇게 60년대에 혁신적으로 보였던 것들이 1980년대에 들어서서는 더 이상 충격파를 일으키지 못했다. 애런이 새로운 미국시의 지형도를 경신해줄 것을 요구받고 올슨(Charles Olson) 학자인 버터릭과 함께 『근대후기인』(1982)을 출판했을 때 그는 또 하나의 도전적 과업에 임해 있었다. 60년대에 잘 알려지지 않았던 크리리(Robert Creeley)와 던컨(Robert Duncan) 그리고 스나이더(Gary Snyder)는 80년대에 이미 존경받는 시인의 반열에 올라있었다. 여전히 주류 사화집에서 제외되는 시인들도 있었지만 애쉬베리(John Ashbery)와 같은 시인은 기존 체제하의 각종 상을 획득하였다. 실험시와 전통시 양진영 사이의 경계가 상당히 무너져 60년대 아방가르드시의 통렬함이 사라진 상태였던 것이다. 올슨의 기치하에 실험시의 표어가 되었던 현장의 시, 움직임의 시, 즉흥주의, 혹은 순간주의 등은 전통시의 범주 안에서도 적절한 시적 기교로서 다뤄지고 있었다.

애런은 1960년의 사화집에서 다섯 가지 그룹으로 시인들을 나누면서 범주화가 절대적이지 않다고 전제하면서도 각 그룹에 주요 잡지와 지역을 근거로 이름을 부여했다. 하지만 그는 1982년의 사화집에서는 그룹나누기를 의식적으로 회피하면서 새 흐름을 가장 포괄적으로 수용하기 위해 그저 "근대후기"라는 용어만을 사용한다. 그는 예전의 구분이 "시인의 연이은 활동과 연합에 의해 불필요하고 못쓰게 되었다"(11)고 진단하고 "근대후기"의 광범위한 개념 안에 올슨을 시작으로 38명의 시인을 포함하였다.

이런 변화의 와중에 "언어시"(Language poetry)가 실험시에 새 동력을 제공하기 시작했다. 잡지 『언=어=시』(L=A=N=G=U=A=G=E)가 1978년에서 1981년까지 13호에 걸쳐 번스틴(George Berstein)과 앤드류스(Bruce Andrews)의 편집으로 세상에 나왔다. 이 잡지는 소위 "언어파 시인"(Language poets)으로 불리는 일군의 작가들의 산실이 되었다. 언어시의 형성에 영향을 준 또 하나의 잡지는 그레니어(Robert Grenier)가 1971년에 와튼(Barrett Watten)과 함께 창간한 『이것』(This)이다. 언어파 시인의 대변자 시리먼(Ron Silliman)은 자신의 저서 『미국의 나무』(In the American Tree) 서문 첫 부분에서 그레니어가 『이것』의 첫 호에서 했던 말, "나는 언어를 증오한다"(I HATE SPEECH)를 상기시킨다. 그는 이 외침이 오늘날 언어에 대한 새롭고 유익한 관점을 제시하지만 당시로서는 "하나의 갈라섬, 미국의 글쓰기에서의 새로운 순간"을 선언하는 것이었다고 회고한다(xvii). 언어파 시인은 언어가 의미를 이끄는 것이지 그 반대가 아니라고 생각한다. 언어의 지시적 의미보다는 그 자체의 물리적 속성들로서 소리와 리듬 등에 더 관심을 갖는다. 또한 의미의 형성에 독자의 참여를 유도하고 독자 스스로 텍스트에 접근할 새 방식을 찾을 것을 요구한다. 언어파 시인 헤지니언(Lyn Hejinian)은 2000년에 발표한 평론 모음집 『탐구의 언어』(The Language of Inquiry) 서문에서 "언어는 의미들에 불과하고 의미들은 유동하는 문맥들에 불과하다. 그와 같은 문맥들이 연합하여 이미지를 이루거나 협정에 달하는 일은 거의 없다. 그것들은 변천하고 변형하는 것들로서 끊임없이 외연을 확산하여 관계를 지을 따름이다"(1)고 말하고 있다. 1990년대 시인들은 이와 같은 언어관에 대해 부정적이든 긍정적이든 반응하는 가운데 스스로의 길을 모색하지 않을 수 없었다.

1987년의 사화집 『언어시』('Language' Poetries: An Anthology)의 서문에서 비평가 메설리(Douglas Messerli)는 언어시의 성장을 지적했다. 그는 여러 비평가들이 당대에서 한편으로 시의 죽음에 대한 예견과 우려 속에 미국시의 독자가 급격하게 줄어드는 것을 지켜보면서도 다른 한편으로 언어시와 관련된 출판물과 독자층이 "거의 유성과 같은 상승"을 보이는 것을 목격하였다고 적고 있다. 그에 따르면 1978년부터 1987년까지 언어시와 이런 저런 방식으로 관련된 시집과 비평집이 150권이 넘게 출판되었는데 이것은 사회적 견지에서뿐만 아니라 심미적 관점에서도 시의 성격에 관해 다시 생각하려는 노력이 활발하게 진행되었다는 것을 보여준다(1).

1993년에는 와인버거(Eliot Weinberger)의 『1950년 이후의 미국시: 혁신자들과 국외자들』(American Poetry since 1950: Innovators and Outsiders)이 발간되었다. 1994년에는 후버(Paul Hoover)의 『근대후기 미국시』(Postmodern American Poetry)와 메설리의 『세기의 저쪽』(From the Other Side of the Century. A New American Poetry 1960-1990)이 출간되었다. 이 사화집들은 애런이 1960년대에 추구했던 것을 90년대에 구현하려는 시도를 드러낸다. 그렇지만 와인버거와 후버의 사화집은 새로운 시의 기준을 올슨의 "투사시"(Projective Verse)에서 찾고 있다는 점에서 다소 문제점을 지니고 있다. 왜냐하면 투사시의 선언성이 갖는 충격이 30여년이 지난 시점에서 처음과 같을 수 없기 때문이다. 투사시의 시적 방식은 추종자들에게는 더 이상의 논의를 불러일으키지 않을 정도로 규범적인 것으로 받아들여진 상태에 있다. 그러면서도 올슨의 현장의 글쓰기가 새 사화집의 척도로서 재차 제시되는 것은 그것이 올슨 추종자들의 진영이 아닌 보다 더 넓은 문학의 세계에서는 여전히 인기를 얻고 있지 못하였기 때문일 것이다.

후버의 사화집은 아방가르드 시가 "주류의 이데올로기에 대한 저항에서 생명력을 유지하는 가운데 … 새롭고 처음부터 충격적이며 기교적인 전략을 통해 시 전체를 갱신한다"(xxv)는 것을 보여주면서 비트 시인, 투사 시인, 언어파 시인 등 다양한 실험적 시인들을 포함하였다.

메설리는 좋은 사화집이 "의미 있는 개별 시인에 대해서뿐만 아니라 시인들 사이의 관계에 대해서도 조명할 수 있"어야 한다는 것을 염두에 두고 "1960년대 이후부터 현재까지 미국과 캐나다의 시인들 중에서 이전 사화집에 폭넓게 포함되지 않았으면서 그들의 시가 … 개혁적 미국시의 전통을 확대하고 도전하는 것으로 보이는 시인들"(32)을 선택하였다. 그는 애런이 활동 지역이나 잡지 혹은 시 단체를 중심으로 다섯 그룹으로 나누고 각 그룹에 명칭을 부여했던 것과는 다르게 크게 네 주제로 대별하여 문화신화적 시인, 도시 시인, 언어파 시인 그리고 행위 시인 네 그룹으로 구분하면서도 "각 부분에 속하는 시인이 한 종류의 글쓰기나 특정 시 공동체 혹은 그룹에 필연적으로 연결되어 있지 않기 때문"(32)에 다른 그룹(들)에도 속할 수 있다고 보았다.

와인버거의 사화집은 1950년 이후에 첫 시집을 낸 시인들 중에서 35명에 달하는 혁신자들과 국외자들을 선정하고 있는데 2차세계대전 이후 탄생한 시인은 포함시키지 않고 있다. 이상의 세 사화집들은 애런이 30여 년 전에 제시한 목소리를 다시 강화하면서 실험적 시인들에게 힘을 실어줌으로써 미국시의 새 방향성을 보다 분명하게 만드는 데 기여했다.

1994년의 사화집 『실작(實作)의 기술: 당대 시인 45인』(*The Art of Practice: 45 Contemporary Poets*)은 배론(Dennis Barone)과 개닉(Peter Ganick)의 편집으로 세상에 나왔다. 이것은 시리먼이 『미국의 나무』에서 그리고 메설리가 『언어시』에서 시작했던 계획을 지속하고 있는데 아방가르드 혹은 후기언어시로 간주되는 시들을 담고 있다. 대부분의 시인들은 30대 혹은 40대에 속해 있다.

이상에서 열거한 1960년대 이후 사화집들에서 실험시는 그 나름의 전통을 형성하고 주류의 전통과 뒤섞임으로써 미국시의 새 흐름에 영향을 끼치고 있다. 20세기말 미국시의 흐름은 전통과 아방가르드 양진영의 대치가 약화되고 경계가 무너지는 양상 속에서 형성되고 있다. 그렇다고 두 세력이 하나가 되었거나 절묘한 균형을 이루게 되었다고 할 수는 없다. 와인버거는 『1950년 이후의 미국시』에서 양진영이 뒤섞이는 방식에 작용하는 긴장과 갈등을 지적했다.

> 한편에는 지배적 집단이 존재하지 않는다고 주장하는 지배적 집단이 있다 … 하지만 그것은 그 외부에 있는 사람들의 마음속에 분명하게 존재하는 집단이다. 외부에 있는 사람들은 그 집단을 '전통적인, 기성의, 공적인, 학구적인'과 같은 형용사로 조롱하면서 그들 자신의 시학을 만연하는 단조로움에 대한 대안으로서 드높여왔다. 또 다른 한편에 국외자의 입지를 여전히 강렬하게 의식하고 있으면서도 한때 함께 추구했던 그 기치들에 이제 점차 불만족을 느끼기 시작하는 반대 집단이 있다. 그들이 추구했던 기치들은 '아방가르드적, 실험적, 비학구적, 근본주의적'인 것들이었다. (xi)

와인버거는 양진영 사이의 구분이 흐려져서 아방가르드의 기치들이 더 이상 예전의 효과를 내지 못한다는 데 주목한다. 실험시의 기치가 주류시에 반영되어 미국시의 흐름을 어느 정도 바꿔놓은 결과라고 할 수 있다. 그렇지만 그는 이런 변화에도 불구하고 여전히 양진영 사이에 "불균형들이 진짜 존재해 왔"고 "오늘날 시인의 인구폭발"에도 불구하고 그 불균형들이 "어느 때보다 커져 있다"고 여긴다(xi). 실험시가 그 나름의 목소리를 키운 것은 사실이지만 주류시의 그것에 비해 여전히 미약하다고 본 것이다. 그가 사화집 편찬을 통해 올슨의 시적 방식을 내세우는 것은 실험시에 힘을 보태서 미국시의 흐름에서 양진영의 균형을 잡으려는 시도였다고 할 수 있다.

양진영 사이의 역학구도에 대해 다양한 의견이 존재할 수 있지만 당대 미국시에서 실험시와 전통시 사이의 거리가 점차 좁혀지고 있는 것은 분명해 보인다. 양진영은 상대를 배격하는듯하면서도 서로의 도구와 기교를 받아들이고 있다. 실험적인 것으로서 변방으로 밀려났던 여러 방식들 예컨대, 초현실주의, 언어의 불확정성, 언어에 작용하는 사회 및 정치의 압력에 대한 의식, 장르 간 융합, 파편화 등이 이제 당연하게 받아들여지는 분위기가 되었다. 이 상태에서 미국시를 전통시와 실험시로 양분하는 것은 지극히 작위적이다. 각 진영 내에서도 무수한 편차가 작용하고 있고 양진영의 기교가 한 시인 안에 혼재하는 경우도 다반사이다. 이러한 혼재의 방식에서 1990년대 미국시는 양진영의 대립을 분명하게 제시할 수 있었던 1960년대와는 사뭇 다르게 진행되고 있다.

우리는 이제 "바로 그 새로운 미국시"는 말할 것도 없고 "어느 분명한 새 미국시"로 구성된 사화집조차도 독자에게 제시하는 일이 더 이상 가능하지 않는 시대에 살고 있다(Perloff 118). 2007년의 사화집 『21세기 미국시인들: 새로운 시학』(*American Poets in the 21st Century: The New Poetics*)의 서문에서 편집자 씨웰(Lisa Sewell)은 "21세기 미국시의 주요 흐름들이나 그 주요 인물들을 개괄하고 명명하며 정의하는 일은 거의 불가능하다"(2)고까지 말하고 있다. 바로 이런 상황이 역설적으로 새 사화집을 엮는 일을 의미 있게 하는지 모른다. 20세기말과 21세기초의 세상에서 새 전망을 제시하려는 시인과 비평가 그리고 편집자는 전통과 변혁의 역학 속에서 새 목소리를 내줄 것을 요구받고 있다.

II. 1990년대 퓰리처상 수혜 시인들

1990년대 미국시의 경향을 살피는 일은 연구대상의 제한을 피할 수 없이 요구한다. 범위의 확대는 다양성의 양상을 더욱 촉발하는 결과를 초래할 것이다. 또한 그럼으로써 당대 미국시의 특성은 지나친 생략과 비약에 의존하는 일반화에 의해서나 추출될 수 있을 것이다. 이를 피하면서 어쩔 수 없는 선택을 그나마 객관적으로 행하기 위한 방편으로 연구대상을 1990년대 퓰리처상 수혜 시인으로 한정한다.

1990년대 미국시는 1970년대와 1980년대를 건너오는 과정에서 실험성과 전통성이 접경에서 혼종을 이루거나 상대를 인정/의식하면서 각자의 길을 가는 양상으로 발전한다. 전체적으로 볼 때 언어의 지시성 자체를 문제 삼았던 언어시의 극단적 실험이 그 위세를 누그러뜨리고 있다. 바꿔 말해 언어시 시인들 중에서도 언어의 지시성의 가치를 어떤 방식으론가 유지해야 할 필요가 있다고 묵시적으로 확인해주는 경우들이 존재한다. 1990년대 퓰리처상 수혜 시인들도 여기서 예외가 아닌 것으로 보인다.

퓰리처상 수혜 시집 10권이 미국시의 다양성과 깊이를 제대로 포용할 수 있다고 말할 수는 없다. 퓰리처상 자체가 변경에서 목소리를 내는 실험시에 대해 동조적이라고 말하기는 더욱 어렵다. 그렇지만 퓰리처상은 시와 관련한 여러 상들 중에서 미국을 대표할만한 권위를 쌓아온 것으로 인정된다. 그 상의 권위는 미국시의 연속성과 혁신성을 함께 고려하고 정치나 이데올로기를 배제하면서 미국시의 다양성을 존중했기 때문에 가능했을 것이다.

1990년대 퓰리처상 수혜 시인 열 명을 일견하는 것은 당대에서 일어나고 있는 다채로운 목소리와 언어를 조망하기에 턱없이 역부족이다. 하지만 이렇게라도 하는 것은 어떤 이론보다도 시 언어의 구체성을 경험하게 해주는 일이 당대를 보여주는 데 효과적일 것이기 때문이다. 오늘날 시인의 경력은 근대후기의 세상을 수용하고 반영하는 과정에서 변화를 거듭하는 경우가 많다. 한 시인의 다채로운 변화와 심오한 깊이를 한 편의 글에 담아낼 수 없다. 그렇지만 이번 연구는 1990년대를 조망하면서 동시에 시의 현장성을 전달하기 위해 각 시인을 다룸에 있어서 시인의 개별성을 품고 있으면서도 당대의 흐름을 반영하고 있는 소수의 시 작품을 구체적으로 다루는 데 만족하고자 한다. 각 시인의 개별성에 대한 탐색의 여정이 열 번째 시인에 도달하게 되면서 당대 미국시의 흐름을 단편적으로나마 보여줄 수 있기를 바랄 따름이다.

수상연도별 퓰리처상 수상 시인과 작품집은 아래와 같다. 시집 출판연도는 수상연도에 1년 앞선다. 연구는 수상시집에서 출발하지만 그것에 국한되지 않는 경우가 있고 또한 그것에 대한 포괄적이고 체계적인 접근에는 아직 이르지 못하고 있다.

1990: 찰스 씨믹(Charles Simic)
『세상은 끝나지 않는다』(*The World Doesn't End*)

1991: 모나 밴 다인(Mona Van Duyn)
『엇비슷한 바뀜』(*Near Changes*)

1992: 제임스 테이트(James Tate)
『시선집』(*Selected Poems*)

1993: 루이스 그릭(Louise Glück)
『야생붓꽃』(*Wild Iris*)

1994: 유셉 코문야커(Yusef Komunyakaa)
『네온 불빛 사투리』(*Neon Vernacular*)

1995: 필립 레빈(Philip Levine)
『단순한 진리』(*The Simple Truth*)

1996: 조리 그레이엄(Jorie Graham)
『통합장(統合場)의 꿈』(*The Dream of the Unified Field*)

1997: 리셀 뮬러(Lisel Mueler)
『함께 살아가기』(*Alive Together*)

1998: 찰스 라이트(Charles Wright)
『검은 황도대(黃道帶)』(*Black Zodiac*)

1999: 마크 스트랜드(Mark Strand)
『하나의 눈보라』(*Blizzard of One*)

수상 시인들 열 명의 면모를 보면 대부분 이미 십 수권 때로 스무 권이 넘는 시집을 출판했고 각종 상을 수상하여 그 자질과 대표성을 인정받은 위치에 있다. 그렇다고 하여 이들 모두가 한 세대 후의 대표적 사화집에 실릴 정도로 "주요" 시인에 속하느냐는 속단하기 어렵다. 한명을 제외한 모든 시인들이 생존하고 있어서 이들에 대해 주어져왔고 진행되고 있는 평가는 완결과는 거리가 멀다. 이렇게 태부족한 선행연구의 배경에서 한 편의 글 안에 시인 한 명을 제대로 조명하겠다는 것은 과욕일 것이다.

10년의 세월 안에서조차 수상시인들의 면모는 동질성을 찾기 어렵다. 그런 가운데서 크게 두 부류의 구분이 가능할 것으로 보인다. 모더니즘의 시학에 근거하여 신뢰할만한 목소리를 내는 경우와 실험시의 여러 시도들을 끌어안으면서 의미의 형성에 끊임없이 저항하는 경우로 나눠볼 수 있다. 첫 부류에 속하는 시인들로는 밴 다인, 코문야커, 레빈, 그리고 뮬러를 꼽을 수 있다. 두 번째 부류에는 씨믹, 테이트, 그릭, 그레이엄, 라이트, 그리고 스트랜드가 속해 있다. 첫 부류의 시인들은 시적 실험이 계속되는 가운데도 전통적 서정시의 목소리를 잃지 않는다. 두 번째 부류의 시인들은 서정시의 내적 탐색을 보여주면서도 자아의 부재와 상실을 앓으면서 혼재하고 뒤엉키는 다양한 내적 목소리들에 의식적으로 반응하는 태도를 보인다.

성별로 보면 여성이 네 명이고 남성이 여섯 명이다. 2004년 83세의 나이로 세상을 떠난 밴 다인을 제외한 아홉 명이 현재 대부분 왕성하게 창작활동을 펼치고 있다. 생존 시인의 연령은 2011년 현재 61세부터 87세까지 걸쳐 있다. 수상은 지금보다 많게는 21살에서 적게는 12살까지 더 젊은 시기에 이뤄졌다. 이들 중 씨믹은 세르비아계 출신으로 16세에 그리고 뮬러는 독일 출신으로 15세에 가족을 따라 미국에 이민했다. 코문야커는 유일하게 아프리카계 미국인이다.

퓰리처상 수혜자 10명 모두는 특이하게 대학에서 창작을 지도한 경력을 가지고 있고 4명은 미의회도서관이 선정하는 계관시인을 지낸 바 있다. 그들은 다양한 경력과 배경을 보여주는 가운데 제도권 내의 거주민이라는 공통점을 드러낸다. 그렇다고 1990년대 미국시의 흐름이 제도권에 의해 형성된다고 쉽게 말해버릴 수는 없다. 제도권 안팎의 접경지대가 어느 때보다 넓어진 상태에 있기 때문에 그러하다. 1980년대 이후 아방가르드 시는 이미 그 나름의 전통을 이루고 제도권에 진출해 있는 게 사실이다. 특히 그릭이나 그레이엄과 같은 두 번째 부류의 시인들은 정체성의 상실과 언어의 문제를 의식적으로 고려하면서 실험시의 제반 요소를 시 속에 끌어들이고 있다. 그래서 1990년대 퓰리처상 수혜 시인들 중에는 더러 초현실주의나 언어시파에 연계되는 경우마저 있지만 그들 모두는 근본적으로 언어의 지시성을 회복하고 유지하려는 노력을 포기하지 않고 있다고 판단된다. 그들의 시는 전통시와 실험시의 어떤 혼종을 각자의 방식으로 구현한다는 점에서 주목을 요한다.

세상은 끝나지 않는다

찰스 씨믹

씨믹(Charles Simic)의 시는 일견하여 암울하다. 때로 공포를 자아내기까지 한다. 어린 시절 겪은 전쟁의 참상에 대한 기억이 세상에 대한 그의 시선을 냉혹하게 한다. 그런 그가 "세상은 끝나지 않는다"고 항변한다. 유고슬라비아 태생 이주자로서 주목받는 미국의 시인으로 성장하기까지 그가 독특하게 형성해온 삶의 방식에서 현실과 비현실의 경계는 종종 허물어지는 양상을 띤다.

씨믹은 2007년 69세의 나이로 미의회도서관이 임명하는 계관시인이 됨과 동시에 "시의 기교에서 탁월하고 입증된 숙달을 인정하기 위해"(*Poets.org*) 미국시인협회(Academy of American Poets)가 매년 수여하는 월리스 스티븐스 상(Wallace Stevens Award)을 수혜했다. 1990년에 산문시집 『세상은 끝나지 않는다』(*The World Doesn't End*)로 풀리처상을 받았다. 2008년의 시집 『저 조그만 무엇』(*That Little Something*)에 이르기까지 19권에 달하는 시집과 여러 번역 및 산문집 등을 포함하여 총 60권이 넘게 출판했다. 1973년부터 뉴햄프셔 대학(U of New Hampshire)에서 강의를 시작했고 현재 명예교수로 있다.

I. "어둠 속의 형이상학자"가 시를 짓다

씨믹은 1985년에 자신의 대담과 평론 그리고 시론을 모아『불확실한 확실성』(*Uncertain Certainty*)을 출판했다. 이 저서에 실린 글 중에서「작시법」("Composition")은 시인의 창작과장을 짧게 요약하고 있는데 여기서 씨믹은 시 짓는 행위가 "시초"에서 이뤄진다고 말하고 있다. 시초의 지점은 "최초의 행위와 욕구"가 일어나는 곳이다. 이곳에서 시인은 "스스로를 언어보다 한 눈금 낮추고 그 밑바닥을 파 올려서 침묵하는 우리의 존재를 회복시키려는 갈망"을 드러낸다. 시인이 이러한 시초의 상태에 이르고자 하는 것은 "언외(言外)의 것이면서도 시의 단어들로써 지속하는 어떤 것을 재창조하여 이를 테면 두 배의 삶을 살고자" 원하기 때문이다(110). 시초는 언어 이전의 상태로서 기존의 관념이 채 도달하지 못한 시간이다. 이 시점에서 이뤄지는 창조행위는 최초의 것이면서 세상을 드러내고자 하는 욕망을 구현한다. 시인은 침묵하는 우리의 존재를 언어의 지면 위로 파 올림으로써 시초의 순간을 벗어나게 된다.

씨믹은 시가 언어에 의존하며 언어는 어떤 방식으로든 세상을 규정하게 된다는 것을 의식하고 있다. 그는 언어의 규정을 피하고자 원하면서도 언어에 의존해 세상을 드러내야 할 필요성을 자각한다. 서로 충돌하는 두 요구들 사이에서 그는 선택이나 오고감에 의하지 않고 둘 다 충족시키려는 태도를 취한다. 그는 "언외의 것"과 "시의 단어들로써 지속하는 것"을 한 묶음으로 재창조함으로써 두 번의 생을 한꺼번에 살고자 한다. 그의 "시초"는 동떨어진 시간대로서가 아니라 다음 순간과의 접점에서 활력을 띤다. 씨믹의 시 짓기는 언어 이전과 이후 사이에서 이뤄진다.

접경지대는 양진영 사이의 갈등을 내재한다. 씨믹의 시에서 시인은 "자신을 주장하려는 욕구와 사물을 그대로 놓아두려는 욕구 사이에 지속적으로 찢겨 있다"(*UC* 111). 그의 언어가 보여주는 것은 통합과 조화가 아니라 갈라짐이다. 시인은 혼돈의 경험을 그대로 두어서도 안 되지만 그렇다고 의도적으로 의미를 단정해서도 안 된다. 이 방식에서 시인은 독자를 이끌되 문 안으로 데리고 들어가지 않고 그저 문간에 서있게 한다. 안을 들여다보고 의미를 찾는 일은 독자의 몫이다.

씨믹이 도달하려는 창조의 시공은 고대 조상들이 살았던 "물활적(物活的) 세계"와 유사하다. 사물에 정령이 깃들었다고 여기던 시절이 있었다. 시인은 이러한 시간대의 우주에서나 가능했던 "모든 사물의 상호연결성과 감성"에서 시를 써야한다. 그곳은 "마법이 가능하고 우연이 지배하며 은유가 최상의 논리를 지니는 영역"이다. 그곳에서 시인의 "상상력은 자유롭고 진실한" 활동을 보이지만 그렇다고 사물에 대한 정신의 절대적 우위를 누리는 것은 아니다. 사물은 궁극적 실체를 규정 당하지 않은 채 마법과 우연 그리고 은유의 방식으로 자유롭게 존재한다(*UC* 110). 씨믹의 시 짓기는 말로 규정할 수 없는 가변과 가능의 세계를 시의 언어에 의해 표현하고자 하는 역설적 욕구를 구현한다.

세상을 고대의 원초적 상태로 접근하는 일은 시인에게 기존의 관념을 버릴 것을 우선적으로 요구한다. 이를 위해 시인은 세상이 저절로 드러나도록 수용의 자세를 취해야 할 듯하다. 하지만 씨믹은 그러한 일이 수동적 자세만으로는 충분하지 않고 최상의 지적 활동에 의해 뒷받침되어야한다는 것을 첨예하게 의식하고 있다. "시를 짓는 행위는 운명적으로 내적 성찰의 성격에 얽매여 있다." "안을 들여다보고 존재하는 자신을 붙잡는 것"은 "두 세계"를 살고자 하는 "일종의 동기와 자각"으로서 내면을 향한 압력으로 작용한다. 두 세계 중의 하나는 "공유되고 의사소통이 가능한" 곳이지만 다른 하나는 아직 드러나지 않은 채로 그것을 그림자처럼 수행하는 곳이다. 시를 짓는 행위의 성패는 두 세계 사이의 관계를 의식적인 것으로 만들고 그 "이중성"을 인정하면서 그것이 만들어내는 "긴박한 필요성과 드라마"에 순응하는 가능성에 달려 있다(*UC* 110).

두 세계에는 서로 다른 두 종류의 정신이 활동한다. 하나의 정신은 객체에 대한 우위를 주장하며 능동적이지만 다른 하나는 비활동적이고 수동적이다. 씨믹은 두 세계가 만나는 경계에서 그 둘이 하나로 움직이기를 바란다. 그렇게 세상과의 관계설정을 통해 개방됨으로써 시 쓰기가 한 개인의 사적 속성이 줄어들고 공적으로 가치 있는 목소리를 낼 수 있기를 기대한다.

"최초의 경험"에서 "모든 요소들은 동시적이다." 시인은 이 동시성에서, 다시 말해, 모든 것을 포함하는 "전체성"에서, "한 개인의 온 정신의 무게"를 감내하고 있다. 하지만 시인의 정신과 세상 그 자체의 상호의존적 관계는 시 짓기의 완성에서 결국 시인의 정신이 능동적으로 활동함으로써 끝을 맺는다. 시를 짓는 행위는 언어 이전에서 언어 이후로 진행하는 것이기 때문이다. 언어화의 과정에서 최초의 경험에 "시간"이 개입한다. 시가 취하는 형식은 "시간 속에 있는 의식의 확장"으로서 언어를 위해 원초적 경험의 "내용의 동시성"을 깨뜨린 결과이다. 의식과 시간의 개입은 경험의 총체성을 무너뜨린다(*UC* 111).

씨믹은 최초의 경험이 포함하는 내용의 전체성을 중시하면서도 언어에 의한 그것의 형식화와 그로 인해 초래되는 동시성의 파괴를 필연적인 것으로 받아들이고 있다. 이러한 태도는 그가, 근대 및 근대후기의 다른 많은 시인들과 마찬가지로, 사물의 사물다움에 대한 존중과 인간의 정신활동의 필요성이라는 상반된 가치들 사이에서, 시인의 역할에 대해 그리고 언어의 기능에 대해, 진지하게 고민하고 있다는 것을 보여준다. 씨믹의 언어는 결과적으로 시간이 개입한 것이면서도 모든 시간이 원점으로 돌아간 시초에서 출발한다는 점에서 보통의 것과 다른 양상을 보일 수 있다. 그의 언어는 언어 이전에 맞닿아 있다.

씨믹은 1989년에 발표한 「시와 철학에 관한 비망록」("Notes on Poetry and Philosophy")에서 시인은 자신이 이미 아는 것을 효과적으로 전달하기 위해 시를 짓는 게 아니라고 말한다. 시인은 자신이 진리라고 발견하게 될 어떤 것을 아직 갖지 못한 상태에서 혹은 영원히 갖지 못할 처지에서 그것에 이르고자 시를 짓는다. 그에게 있어서 진리는 "이전에 생각되고 말해진 것"이 아니어서 그것을 위한 시 짓기는 "어둔 방에서 검은 고양이를 뒤쫓는 것"이다. 씨믹은 스티븐스(Wallace Stevens)의 한 구절을 이용해 현대 시인이 "어둠 속의 형이상학자"라고 말함으로써 시인이 처한 곤경을 대변한다. 그는 시인에게 생각하는 자의 자세를 요구한다. 그는 여러 차례 자신에게 영향을 준 하이데거(Martin Heidegger)를 위시한 철학자들에 대해 언급한 바 있다. 그의 시는 존재와 시간 그리고 인식론의 문제를 배경에 두고 있다. 그의 시는 대상의 내용에 대한 것이 아니라 그러한 내용을 형성하는 방식에 대한 것일 수 있다. 그에게 있어서 "흥미로운 시는 그 본질에 있어서 시인에게 인식론적이고 형이상학적인 문젯거리이다"(216-17).

시인의 자질로서 내적 성찰을 중시하는 태도는 시 짓기 과정에서 나의 역할에 무게를 두게 한다. 최초의 경험은 시간의 논리에 의해 형식이 부여되기 전이어서 모든 것이 전체적으로 혼재되어 있다. 씨믹은 시인이 이 와중에서는 나를 상실하게 된다고 진단한다. "동시성은 중심이 없는 것이다." 그것은 "구(球)의 모양을 하고 모든 것을 포함할 따름인" 것이다. 시의 언어가 이런 상태에 어떤 형식을 부여하는 것이라면 그 움직임의 원천은 "동시성을 견뎌내지 못하는 우리의 무능"에 있다(*UC* 111). 이러한 씨믹의 판단은 인간의 무능을 자책하려는 것이기보다는 인간의 유일한 필요악적 선택이 그 상태를 벗어나는 데 있다는 것을 말하려는 것으로 보인다.

이것은 엘리엇(T. S. Eliot)이 『네 개의 사중주』(*Four Quartets*)에서 "인간은 너무 많은 실재를 견디지 못한다"고 한 언급에 대비된다. 엘리엇은 한 개인의 좁은 자아를 벗어나 기독교 문화와 전통이 형성하는 보다 큰 유럽의 정신에로 나아가려고 했다. 시인은 보다 가치 있는 어떤 것에 자기를 굴복하는 자세를 취하는 게 바람직하다. 이에 비해 씨믹은 최초경험에 형식을 부여하는 주체로서 시인의 자아활동을 중시한다. 엘리엇이 개성배제에 의해 경험의 총체성을 추구했다면 씨믹은 총체성을 감당하지 못하는 무능력을 인정하면서도 그것에 어떻게든 질서를 부여할 필요성을 느낀다. 세상에 대한 수동적 수용과 적극적 의식화 두 가지 모두를 언어에 구현시키려는 노력에서 씨믹은 통제할 수 없는 것에 대해 역설적으로 주체적 자아의 활동을 모색하고 있다.

그렇지만 씨믹의 자아활동은 다수의 낭만주의 시인들이 탐닉했던 주관주의와 분명히 다르다. 그의 시는 종종 어린 시절 겪은 전쟁의 참상에 대한 기억으로 메워진다. 그의 시는 현실에 대해 싸늘하고 냉소적이기까지 한 시선을 보내고 있다. 나의 활동은 세상의 혼돈에 질서를 부여하고자 기획하는 고양된 기운을 드러내지 않는다. 주체적 나를 내세우는 것은 경험의 동시성 혹은 전체성 가운데서 행해진다. 그는 관념이나 감상에 함몰되지 않고 세상을 객관적으로 바라보고자 노력한다. 세상은 추하기만 한 것도 아름답기만 한 것도 아니다. 인간은 사악한 것만도 아니고 선한 것만도 아니다. 세상과 그 속의 인간은 하나의 관념에 지배되지 않는다. 씨믹의 주체적 자아는 대상의 총체성을 십분 이해하는 가운데 최초의 경험을 통해 발견한 "언외의 것"을 "언어로써 지속하는" 것으로 만들기 위해, 그럼으로써 기존의 말해진 것의 경계를 확장하기 위해 활동한다. 이 나의 작용에서 현실은 언어 이전의 상태에 뿌리를 내리고 기존의 언어의 경계를 확장하면서 끊임없이 성장한다.

시는 언어화된 현실을 구현한다. 언어에 의존하지 않는 현실은 존재하지 않거나 무의미하다. 시인이 언어에 의하지 않고 세상을 이해하거나 표현할 다른 방도가 없다. 씨믹의 언어화된 현실이 비평가에게 때로 초현실적으로 비쳐지는 것도 이런 맥락에서 접근할 수 있다. 그의 언어는 언어 이전의 상태에서 그 자양분을 공급받는다. 그의 현실은 기존의 관념에서가 아니라 시초의 것에서 성장하여 지속적으로 재조정되는 속성을 지닌다. 다른 사람의 눈에 초현실적으로 비치는 것이 어떻게 그의 현실을 이루는 것인지 살필 가치가 있다.

II. 세상에는 "저 조그만 무엇"이 있다

씨믹은 1938년 유고슬라비아의 베오그라드에서 태어났다. 그가 곳곳에서 드러내는 암울한 시선은 세계2차대전의 참상에 대한 어린 시절의 기억에서 기인한다. 그의 여러 권에 달하는 회고록에는 전쟁 중에 목격했던 시체들에 관한 내용이 종종 발견된다. 그의 가족은 1954년에 미국으로 이주했다. 당시 16세였다. 뉴욕시에 한동안 머물렀지만 정착한 곳은 일리노이 주 시카고의 교외였다. 낮에는 『시카고 선타임스』(Chicago Sun-Times)에서 사환으로 일하면서 밤에는 시카고 대학(U of Chicago)에 다녔고 1967년에 뉴욕 대학(NYU)을 졸업했다. 뉴햄프셔 대학, 캘리포니아 주립대학(State U of California), 보스턴 대학(Boston U), 그리고 콜롬비아 대학(Columbia U) 등에서 가르쳐 왔다. 10대 중반에 이르러서야 본격적으로 영어 공부를 시작했는데 말년에 미국 계관시인으로까지 평가받는 것은 놀라운 일이다. 미국의 독자와 평자들은 전쟁을 직접 경험하고 그것에 대한 기억을 배경으로 시를 쓰는 씨믹에게서 새로운 목소리를 발견하였을 것이다. 고국을 등진 이주민이 새롭게 습득한 영어로 미국적인 시를 쓴다는 사실은 미국시의 어떤 열려있음을 보여준다.

시 「저 조그만 무엇」("That Little Something")에서 씨믹은 세상의 존재 방식에 대한 그의 인식을 담담히 내비친다.

> 그걸 찾을 가망이 적다.
> 그러니까 한 여인이 말을 건네 와
> 길거리 바로 이곳에서 잃어버렸다며
> 찾아달라고 부탁한 진주 같은 것이다.
>
> 이야기를 죄다 꾸며내고 있는지도 몰라
> 심지어 눈물마저도, 라고 너는 혼잣말을 하면서

네 발 밑을 뒤진다.
백만 년이 지나도 찾지 못하리라, 생각하면서 …

허구한 여름날 어느 오후
서늘한 그늘 밖으로 걸어 나가려면
좋은 구실이 필요한 때다.
그건 그렇고, 도대체 어찌 된 사연일까, 그녀는?

그런데 수년이 지났는데도, 너는 왜 여전히,
늦게 도착하리라고 이제 확신하는
약속장소에 서둘러 가면서,
가끔 땅에 눈길을 주느냐?

The likelihood of ever finding it is small.
It's like being accosted by a woman
And asked to help her look for a pearl
She lost right here in the street.

She could be making it all up,
Even her tears, you say to yourself
As you search under your feet,
Thinking, Not in a million years . . .

It's one of those summer afternoons
When one needs a good excuse
To step out of a cool shade.
In the meantime, what ever became of her?

And why, years later, do you still,
Off and on, cast your eyes to the ground

As you hurry to some appointment

Where you are now certain to arrive late? (*That Little Something* 4)

땡볕이 내리쬐는 길거리 가장자리 그늘에 주인공 "너"는 서있다. 화자는 그에게 한 여인이 다가와 바로 그곳에서 예전에 잃어버렸던 진주를 찾아달라고 울면서 부탁하는 경우를 상상한다. 화자가 제시하는 어느 세상살이에서 여인은 낯선 자에게 말을 건네는 당돌함과 찾을 수 없을 것 같은 것을 찾고자 하는 황당함을 보여준다. 하지만 "너"는 그녀의 거짓말을 의심하면서도 발밑을 살펴 진주 찾기에 동참한다. 그렇지만 뜨거운 여름이다. 그늘 밖으로 나가려면 분명한 이유가 필요한 것이다. 잠시 망설이는 동안 "너"는 문득 궁금해진다. 그녀는 도대체 무슨 일로 어떻게 이와 같이 되었는가?

주인공의 관심이 향하고 있는 여인의 사연은 그녀만의 것이 아니고 다른 누군가의 사연일 수 있다. 그래서 "너"의 걱정 섞인 의문은 지구상의 숱한 너희들에게로, 그리고 "너" 자신의 내면에로, 가장 기본적으로는 시인 자신에게로 향한다. 여인은 소중한 어떤 것을 잃어버린 채 살아가는 삶을 대변한다. 이 잃어버림은 상당히 확실한 것이어서 그것을 되돌릴 가능성은 거의 없다. 그럼에도 여인은 그 확실함에 반하여 진주 탐색을 눈물로 간청한다. 간절함은 우리에게 꼭 필요한 어떤 것이 세상에 허용되지 않는 것에 대한 반성에서 오는 것일 수 있다. 백 만년이 지나도 찾지 못하리라 생각하면서도 "너"가 망설임 가운데 발밑을 뒤지는 것은 진주 찾기의 필요성 혹은 긴박함에 무의식적으로나마 흔들렸기 때문일 것이다. "너"는 망설임과 의혹 속에 땡볕 내리쬐는 거리에로 발을 내딛는다. 화자는 "너"가 찾고자 하는 "그것"이 무엇인지 분명하게 말하지 않는다. 그것은 한 여인이 가능성이 거의 없는 가운데도 지속적으로 찾고 있는 진주 같은 것이라고 말할 뿐이다. 그것은 누구나가 찾을 가망이 없는 가운데 여전히 찾고 있는 어떤 것을 대변한다. "너"는 진주와 같은 "그것"을 찾아 수년이 지났는데도 약속

시간에 늦어가면서까지 땅에 눈길을 주곤 한다. 시인과 독자의 시선 또한 그런 "너"의 시선을 따라가고 있다.

씨믹은 한편으로 세상에서 진주가 사라졌다는 사실을 확인한다. 그러면서 다른 한편으로 진주를 찾고자 하는 무모한 노력이 역설적으로 함축하는 가능성을 암시한다. "너"가 여인의 사연에 대해 불현듯 궁금증을 느끼게 되는 순간은 그녀를 향한 것이면서 자신을 향한 것이므로 내성적 성찰의 시작을 이룬다. 이 가능성에서 세상은 아직 끝나지 않은 셈이다. "저 조그만 무엇"은 마음에 자리하고 있는 자그마한 가능성을 뜻할 수 있다.

구어적 어투가 독자를 자연스레 끌어당긴다. 심각하고 무거운 주제를 다루면서도 그의 문체는 당장의 문제에서 거리를 유지하는 가벼움을 띤다. 심각하게 눈살 찌푸리는 게 아니라 지나가는 이야기를 하듯이 언어를 구사한다.

III. 광기의 시대에서 현실주의자로 살다

2003년 시집 『새벽 3시의 목소리』(*The Voice at 3:00 A.M.*)에 대해 『뉴욕 타임스 서평』(*The New York Times Book Review*)에 기고한 글에서 오르 (David Orr)는 씨믹을 평하여 그가 "목적을 가진 초현실주의자"이고 "그의 작품을 특징짓는 불길한 심상(心像)과 당혹스런 전환들이 아무리 우회적인 방식일지도 우리의 일상생활을 괴롭히는 존재의 문제들을 암시하게끔 항상 의도되어 있다"고 전한다. 2007년 8월 2일자 『뉴욕 타임스』(*The New York Times*)에서 리치(Motoko Rich)는 씨믹을 "어둔 시각의 초현실주의자"로 소개한다. 저널리즘의 일반적 평가에서 그가 초현실주의자로 불리는 것은 그의 시가 제시하는 일상의 장면들이 보통 사람들의 현실에 대한 인식을 뒤흔들기 때문이다. 친숙한 일상의 장면이 전쟁의 참화에 대한 시인의 기억과 겹치면서 피할 수 없는 공포의 현실로 굳어지는 과정이 독자를 당황시키는 경우가 많다.

씨믹의 현실은 최소한 당장 눈에 비치는 것 이상을 포함하고 있는 게 틀림없다. 그는 이점에서 초현실적이라는 평을 듣는다. 하지만 "초현실"의 용어가 현실을 벗어나는 것을 뜻하는 것이라면 씨믹을 초현실주의자로 칭하는 것은 옳지 않다. 그는 「시와 철학에 관한 비망록」에서 자신이 아버지의 영향으로 하이데거가 제기한 존재와 시간의 문제에 깊이 빠져들었으며 바로 이 영향에서 당시에 자신을 초현실주의자라고 여긴 적이 있다고 말한다(215-16). 이 언급은 과거 시제로 이뤄지고 있어서 그의 현 주소를 다른 곳에서 찾게 만드는 면이 있다. 시간의 문제는 존재를 구성하는 핵심 요소가 된다. 모든 사물은 시간이 관여하는 존재의 여건에 따라 그 정체가 다르게 드러난다. 그의 시에 드러나는 현실은 종종 개인의 기억이면서 동유럽의 역사에 연계되어 있다. 현실이 눈에 비치는 게 전부가 아니고 존재의 심연에서 빚어지는 어떤 것이라면 그의 초현실적 요소들은 그가 독특하게 처한 현실의 결과라고 할 수 있다. 그의 시가 모호의 경계까지 나아가게 되더라도 그가 현실 너머에 있는 것을 추구했다고 단정하기는 어렵다. 부조리하고 잔인한 세상의 장면을 냉혹하게 기록하는 많은 시들에서 특히 그러하다.

『뉴욕 타임스』의 리치와 가진 대담에서 미의회도서관 사서 빌링튼(James H. Billington)은 씨믹의 계관시인 선정사유를 그의 시의 "상당히 놀랍고 독창적인 속성"에서 찾으면서, "[씨믹]은 평하기가 매우 어렵다 … 그의 시들은 우리의 눈과 귀로 지각하는 현실에 상응하지 않는 어떤 현실을 가지고 있다"고 덧붙였다(E1). 씨믹의 현실은 상식적인 눈에 비치는 것이 아니면서 초현실적인 것으로 받아들여지기까지 하는 종류의 것이다. 그의 "객체시(object poems)"에 대한 관심에서처럼 주변 일상의 사물들에 대한 그의 애정은 의식적이다. 그런데 그런 구체적 이미지들은 종종 과거의 기억과 겹치면서 일상의 현실을 넘어서는 괴기스러움의 분위기를 만들기도 한다. 리치와의 대담에서 시인은 자신의 역사에 대한 관심이 매우 특별한 것임을 분명히 한다. "나는 그러니까 역사의 산물인 셈이다. 히틀러와 스탈린이 내 여행 대리인이었다. 그들이 없었다면 난 아마 내가 태어났던 … 거리에 머물렀을 것이다. 내 가족은 수백만의 다른 사람들처럼 짐을 싸 떠나야 했고 그래서 인간의 비극과 비열함과 아둔함은 항상 내 거대한 관심 사였다"(E1). 씨믹의 현실은 그의 시간에 대한 관심에서 구체적이고 사적이면서 도 역사적이고 인류적인 어떤 것이다.

씨믹이 구현하는 현실의 특성은 그의 시 세계의 독특성과 깊이를 결정한다. 「씨믹: 광기의 시대에서의 시」("Simic: Poetry in a Time of Madness")라는 제 하의 글에서 스핏(Peter Spitt)은 씨믹이 초현실주의자가 아니라 "오늘날 활동 중인 가장 냉혹한 현실주의자들 중의 한 사람"(87)이라고 주장한다. 그의 시에 서 초현실적으로 보이는 것은 시인이 어린 시절 겪은 동유럽의 경험을 깊숙이 반영하는 경우가 많아서 미국의 독자에게는 일견 무의미하고 불연속적이며 심 지어 비논리적으로까지 비칠 수 있다. 1971년의 『침묵의 해체』(*Dismantling the Silence*)에 실린 시 「한 목소리를 위한 합창」("Chorus for One Voice")의 한 연 은 시인의 현실을 잘 예시해준다.

> 날개 소리가 새의 존재를 뜻하지는 않는다.
> 오늘 먹었다고 내일 먹을 거라 생각할 이유가 없다.
> 사람들은 공정을 거쳐 비누가 될 수 있다.
> 나무들이 바스락거린다. 그것들에게 답할 누군가가 항상 있는 것은 아니다.
> 북쪽 하늘의 달빛 사냥개 너는 오면서 짖어대고 오면서 짖어대고.
> 사람의 육체가 견뎌야 할 것은 그 자신의 인생만이 아니다.

> A sound of wings doesn't mean there's a bird.
> If you've eaten today, no reason to think you'll eat tomorrow.
> People can also be processed into soap.
> The trees rustle. There's not always someone to answer them.
> Moon hound of the north you come barking you come barking.
> It's not only its own life that man's body has to endure. (*Selected Poems* 25)

이상 6개의 행들은 문법적으로나 이미지의 성격상으로 각자 떨어져 있다. 동떨어진 가운데 2, 3행과 6행의 장면들은 2차세계대전의 참상을 기억하는 사람들에게 낯설지 않다. 첫 행은 인간의 상식적 기대에 의문을 제기하는 효과를 낳는다. 우리가 관습적으로 혹은 낙관적으로 기대하는 모든 것은 사실이 아닐 수 있다. 우리가 가지고 있는 인간의 개념 또한 그럴 수 있다. 전쟁의 참화는 인간이 저지르는 것이면서 비인간적 폭력의 결과이다. 날개소리가 가져다 줄 조그만 기대마저도 무참히 배반당하는 세상이다. 전쟁 상황에서 굶주림은 개인의 노력으로 해결하기 어렵다. 먹는 일은 숨 쉬는 일과 같아서 갖춰진 상황에서는 그 의미가 잘 들어나지 않는다. 오늘 먹는 한 끼가 내일 먹는 다음 끼니와 단절될 수 있다는 의식, 그 두려움에서 먹는다는 것, 배고픔의 의미는 보다 분명해진다. 그것은 전쟁의 다른 모든 결핍에 연결되어 존재의 위기감을 증폭한다. 화자는 사람이 물질로 다뤄져 비누로 생산되는 과정을 대수롭지 않다는 듯 단 한 줄로 요약한다. 전쟁을 겪은 자에게 그것은 인간 본성에 예외적이고 특이한 일이 아닐 수 있다. 그것은 언제나 일어날 수 있는 일상의 한 부분 같다. 나무들이 소리를 낸다. 굳이 낭만주의자가 아니더라도 나뭇잎이 바람에 서로 부딪는 소리에 누군들 마음 한 자락을 열어두지 않겠는가? 하지만 화자는 냉정하게 거기에 반응하는 누군가가 항상 있는 것은 아니라고 말한다. 북녘 하늘에 뜬 달마저 사냥개의 형상을 하고 짖고 짖어대면서 계속 다가온다. 인간은 자신과 가족의 삶을 어떻게든 감내해야 한다. 하지만 자기의 몫이 아닌 어떤 것으로 인해 이유 없이 고문당하고 죽임을 당하는 경우가 있다. 이 시의 현실에서 여섯 개 행의 어디에도 인간과 세상에 대한 낭만은 없다. 모든 것이 "한 목소리"로 그 부재를 "합창"하고 있다.

이상의 시행들이 보여주는 경험은 독자에게 초현실적으로 비치면서 그 이미지들의 상징성 탓에 어떤 신비적 의미까지 암시할 수 있다. 그렇지만 씨믹의 시 세계가 전반적으로 그의 유년 시절의 기억에 뿌리를 두고 있다는 것을 감안하면 이런 장면들은 낯설거나 인위적인 것이 아니다. 영(Vernon Young)의 지적대로 씨믹이 개인적으로 겪은 역사적 사실에 대한 기억을 역사 일반에 대한 관심으로 확장하는 방식은 그의 시의 한 중요한 요소를 이룬다. 씨믹은 "과거에 의해 쫓기는" 양상을 보이는데 이 과거는 단지 "어린 세르비아인 유년 시절"에 국한되지 않고 "유럽의 과거"에로 확장해서 "[씨믹] 스스로가 … 역사의 거대한 어둔 밤이라고 부르는 것의 장치들"로 우글거리고 있다(150). 씨믹은 그가 겪은 경험을 사실 그 자체로 수용하면서 그 개인의 역사와 동질의 것들이 유럽의 역사에 득시글거리고 우리가 살아가는 현실의 내면에 자리하고 있다는 것을 말하려는 것 같다. 이러한 시의 세계는 때로 괴기스럽게 비칠지라도 시인에게 독특한, 그리고 아무리 심원해도 공감이 가능한, 현실을 구축한다. 그의 시가 주는 감동은 그가 구축하는 현실의 깊이에 덧붙여 그것을 말로 표현하는 문체의 간결함과 냉담함에서 더욱 강화된다.

무엇이 실체인가에 관한 질문은 허구한 것이다. 그것은 고전주의 문학이론에서 오늘날 후기근대주의에 이르기까지 줄곧 논의의 대상이 되어왔다. 20세기 미국의 주요 시인들로서 윌리엄스(William Carlos Williams)와 스티븐스(Wallace Stevens) 그리고 비숍(Elizabeth Bishop)은 사물 그 자체에 도달하려는 시도를 시의 중심 모티브로 사용했다. 그런데 사물 그 자체라는 것은 사물의 실재에 대한 개념의 차이에 따라 확인 가능한 것이 전부가 될 수도 있고 그 허울에 내재하는 것 혹은 그것과 일체화 되어 있는 어떤 비가시적인 것이 더 중시될 수도 있다. 새로운 문화의 패러다임은 사물을 바라보는 새 방식을 함축한다. 위대한 시인은 바로 이 새 방식을 구현하는 자일 것이다.

시인과 대상 사이의 교감은 시 창작에서 필수적이다. 과학도의 냉정한 관찰과 분석과 통합이 시를 만들 수는 없다. 사물에 영혼을 불어넣거나 그것에 이미 들어있는 것을 불러내는 것은 낭만주의 시론에서 특히 강조된다. 낭만주의 시론에서 교감을 주도하는 힘으로서 시인의 상상력을 중시한다면 고전주의 시론에서는 대상 자체의 본질에 대한 시인의 통찰력을 요구한다. 19세기 낭만주의 시인들의 상상력이 자기중심적이라면 고전주의자들의 통찰력은 개인의 중심을 벗어날 것을 요구 받는다. 시인의 정신은 그것이 상상력이든 통찰력이든 간에 대상과의 접촉에서 그것의 실체 형성에 관여한다. 이 관여가 심하면 대상은 시인의 정신에 의해 왜곡될 수 있다. 낭만주의 이후의 시인들은 정신의 활력을 이어가면서도 자기중심을 벗어나 객관적 실체에 도달하려는 다양한 시도들을 해왔다. 문제는 대상의 실체가 정신의 개입 없이는 드러나지 않으며 이 관여는 어느 정도의 왜곡을 피할 수 없다는 데 있다. 대상을 온전하게 드러내기 위해서는 그것에 대한 정신의 활동을 중지해야 한다. 그렇지만 정신의 활동 없이는 대상은 인식될 수 없는 것에 머물고 만다. 시 짓기는 사물에 대한 정신의 개입을 어떤 방식으로 다루느냐에 따라 그 양상이 달라진다. 사물 그 자체에 대한 추구는 구호에 불과할 수 있다. 시인의 정신과 사물의 객체성 사이에 어떤 긴장 관계를 형성하고 유지하느냐가 관건이다. 씨믹의 시가 보여주는 현실은 눈에 비치는 것에 그치지 않는다. 그것은 씨믹이 현실의 형성에 관여한다고 여기는 여러 요소들을 다 같이 고려한 결과이다. 그의 시가 구현하는 현실은 독특하게 구성된다. 그렇지만 그는 이 구성의 원리를 설명하는 면에서 다소 체계적이지 못한 듯하다. 인식의 과정에 대한 관심에서 그는 철학적 시인으로 간주될 수 있지만 그의 소론이나 기타 산문 등에서 발견되는 산발적이고 비유적인 언급들은 그를 한편으로는 대상의 비실체적 진실에 도달하려는 초현실주의자로 비치게 하는가 하면 다른 한편으로는 냉정한 현실주의자로 여기게 하기도 하기 때문이다. 반어적이게도 이 복잡성 혹은 이중성에서 그의 현실은 독자의 현실 인식의 폭을 넓히는 데 도움을 줄 지 모른다.

벤들러(Helen Vendler)는 씨믹에 관한 평론 「토템의 감별」("Totemic Sifting")에서 그가 "상상력의 발동에 의해" "측정할 수 없는" 것들에 이른다고 언급한 것에 대해 비판을 가한다. 그녀의 기준에서 시는 신비의 영역에 있는 게 아니고 측정할 수 있는 대상으로서 "인간의 힘의 영역에 전적으로" 속한다. 그 힘이 아무리 드물게 드러나더라도 그러하다. 이런 그녀에게 씨믹이 시적 경험을 "신비한" 것인 듯 다루는 것은 비판의 대상이 된다.

씨믹은 「시와 철학에 관한 비망록」에서 20세기 시인들에게 끼쳐진 하이데 거의 영향을 주관주의에 대한 공격의 측면에서 긍정적으로 받아들인다(216). 그 는 「부정적 수용 능력과 그 자손들」("Negative Capability and Its Children")에 서 존재의 불확실성에 대해 언급한다. 사물을 쉽게 관습적으로 규정하지 않고 모든 가능성 속에서 지켜보는 시선에서 세상은 그저 불확실한 대상일지 모른다. 이 시선의 선택에서 씨믹은 대상을 주관적 정신에 의해 질서를 부여하지 않고 그로 인해 초래되는 불확실성의 불안에 기꺼이 처한다(*UC* 91). 그는 시적 경력 의 초기에 「포크」("Fork"), 「수저」("Spoon"), 「칼」("Knife"), 「도끼」("Ax"), 그리 고 「돌」("Stone")과 같은 이른바 "객체시"를 발표했다. 대상의 사물성에 대한 이 러한 추구는 관습화된 인식과 주관주의를 극복하려는 씨믹의 자세를 반영한다. 그렇지만 중기 이후 씨믹 시의 대상은 시인의 시선이 구체 사물에 제한되지 않 고 그것을 역사와 세상의 맥락에서 바라보면서 보다 불확실하고 복잡한 양상을 띤다. 씨믹은 벤들러의 지적에서처럼 실체가 없는 것과 형이상학적인 것에 대해 반응하는 시인이다. 그렇지만 그는 세상을 어떤 이념이나 관습적 사유에 의존해 정돈하지 않고 혼돈 속에 놓아두고자 하는 시인이기도 하다. 그의 정신력은 세 상 너머의 것에 조응하고 그것을 불러일으키는 데 주어지지 않고 오히려 그것을 지적으로 억제함으로써 세상이 스스로 드러나게 하는 데 발휘된다. 그런데 씨믹 의 경우에 이렇게 세상이 스스로 드러나게 하는 것 또한 시인의 몫이다. 그는 어 차피 이 혼돈 속의 "최초의 경험"에서 자신을 구성하는 존재의 여건에 따라 세 상을 재구성해야 하는 것이다. 이 재구성은 "부정적 수용 능력"과 함께 "형이상 학적인 것"에 반응하는 지적 긴장 또한 필요로 할 것이다. 이렇게 얻어진 세상의 경험이 영적 초월을 추구하는 신비주의의 경험과 같을 리 만무하다.

씨믹이 대상과 맺는 긴장 관계는 1992년의 시집에 실린 산문시 「불활성 객체」("The Inanimate Object")에서 엿볼 수 있다.

교도관들과 나눈 늦은 밤 긴 대화에서 나는 다시 객체의 문제를 제기했다. 그 것은 내 지각 여부와 상관없이 여전히 무심한 것일까? (새로 비워진 감방이 훈증 되고 청소되는 동안 생전에 감춰졌는데 사후에 발견된 그 것을 나는 염두에 두었다.)

"어떤 악몽 같은 종류의 목각 악마상처럼"이라고 한 교도관이 말했다. "암호 로 써진 것"이라고 다른 교도관이 말했다. 우리는 집에서 양조한 술을 마시고 있 었는데 그게 머리를 어지럽게 했다. "목 단추가 떨어져 거의 소리를 내지 않을 때"라고 세 번째 교도관이 웃음 지으며 말했지만 나는 아무 말도 하지 않았다.

"누군가 다른 사람들로 하여금 멈춰 서서 생각하게 만들어줄 어떤 사소한 것 을 뒤에 남길 수만 있다면," 하고 혼자서 생각했다.

그러는 동안, 나에게는 걱정해야할 깨진 병조각이 있었다. 그것은 녹색이었고 치명적으로 날카롭게 날서있었다. 내가 그것을 단지 꿈꾸었던 게 아니라면, 그것 이 숨어있는 곳을 나는 더 이상 기억해낼 수 없었다, 이곳이 교도관과 늦은 밤 긴 이야기를 나눌 끝없이 이어질 감옥들 중에서 또 하나의 감옥, 또 하나의 감방 이 아니라면.

In my long late night talks with the jailers, I raised again the question of the object: Does it remain indifferent whether it is perceived or not? (I had in mind the one concealed and found posthumously while the newly vacated cell was fumigated and swept.)

"Like a carved-wood demon of some nightmarish species," said one. "In cipher writ," said another. We were drinking a homemade brew that made our heads spin. "When a neck button falls on the floor and hardly makes a sound," said the third with a smile, but I said nothing.

"If only one could leave behind a little something to make others stop and think," I thought to myself.

In the mean time, there was my piece of broken bottle to worry about. It was green and had a deadly cutting edge. I no longer remembered its hiding place, unless I had only dreamed of it, or this was another cell, another prison in an infinite series of prisons and long night talks with my jailers. (*Hotel Insomnia* 16)

화자는 자신의 견해를 동료들에게 피력하지 않는다. 그의 생각은 괄호로 처리됨으로써 방백처럼 독자에게만 노출된다. 제시된 문제의 대상과 관련하여 화자가 염두에 두었던 객체는 어떤 죄수의 감방에서 발견된 것이다. 그 객체는 죄수가 죽어 치워진 후 그의 감방을 청소하다가 발견된 것이다. 죄수가 감췄던 것은 그에게 소중한 어떤 것이었을 것이다. 그 객체가 죄수에게 가졌던 의미는 그가 사라진 지금에도 유효한 것인가? 화자는 그가 청소하다 발견한 것을 "그 것"(the one)으로 표현함으로써 객체의 이름을 지워버리고 있다. 그는 객체 자체의 특성보다는 그것이 한 사람에 의해 감춰졌다가 다른 사람에 의해 발견되는 사실 쪽에 의미를 두는 듯하다. 그렇다면 화자가 던지는 또 하나의 질문은 동일한 객체가 여러 사람들에게 같은 의미를 지닐 수 있는지가 될 것이다. 첫 번째 교도관은 흉측한 목각 악마상을 예로 든다. 인간의 손으로 조각한 상은 예술작품이라고 볼 수 있다. 예술 작품의 존재 방식은 오랜 논의 대상으로 남을 수밖에 없다. 그 객체는 죽은 나뭇조각을 넘어서는 어떤 것이다. 두 번째 교도관이 제시하는 객체는 "암호로 써진" 것이다. 이 객체가 존재하는 방식은 배타적 상징체계에 의존한다. 그것은 이 상징체계 밖에서 어떤 의미도 갖지 못한다. 세 번째 교도관은 거의 소리 없이 떨어진 "목 단추"를 객체의 예로 든다. 입고 있는 옷의 목 부위에서 단추가 떨어진다. 그 단추는 가벼운 무게 탓에 바닥에 부딪쳐도 소리가 나지 않을 게 뻔하다. 이때 그 옷을 입은 사람은 이 사실을 알아차릴 수 있는가? 바닥에 떨어진 단추는 우선 본래의 기능을 잃어버렸고 또한 주인에게도 잊힌 상태에 있다.

객체는 스스로 있는 것이지만 그 존재가 드러나는 것은 인식주체자의 정신 활동에 의존한다. 화자에게 날카로운 병조각은 언제든 위협적일 수 있지만 그마저도 "숨어있는 곳"이 기억되지 않을 수 있다. 화자는 객체의 존재를 드러내기 위한 조건으로서 꿈과 감방을 제시한다. 사람이 어떤 것을 제대로 파악하려면 일상의 관습에 따라서는 안 된다. 그것은 인식주체의 꿈속에서야 숨겨진 모습을 보여줄 수 있다. 감방은 수감자가 그 밖으로 나갈 수 없는 곳이다. 그곳은 인식주체의 의식의 한계를 상징적으로 설정한다. 교도관과의 대화는 나의 중심과 그것을 억압하는 외부 권위 사이의 타협을 뜻한다. 객체는, 세상은, 혹은 대상은 내가 그것과의 최초의 경험을 통해 파악하는 것과 세상이 그것이라고 알려주는 것 사이의 대화에서 매순간 드러날 수 있을 따름이다. 시의 화자가 자청하여 수감자가 되는 것은 자기의 공간을 분명하게 하면서 동시에 세상과의 관계를 고려하여 그 한계를 정하려는 노력을 반영한다.

객체는 그 의미를 자체적으로 지니는 게 아니라 그 존재를 구성하는 여러 여건에 따라 복잡하게 형성된다. "불활성의 객체"가 활성화되는 것은 시인의 의식이 그것이 처해 있는 여러 여건에 반응하는 과정에서 이뤄진다. 씨믹은 객체에 대한 지각을 시의 주제로 삼으면서 "목각" 예술품이나 "암호로" 상징화된 체계를 예시한다. 그는 생명이 없는 사물이 예술이나 기호의 방식으로 살아날 수 있다고 말하고 있는 것 같다.

씨믹이 스스로 영향을 받았다고 인정한 스티븐스는 시의 구조와 삶의 구조가 한 가지라고 말한 적이 있다. 스티븐스 식으로 객체에 접근할 경우 그것은 "푸른 하늘"의 예에서처럼 가시적인 것과 비가시적인 것이 하나가 된 상태에 있다. 경험의 차원에서 푸른 하늘은 그것의 물질적 속성으로 설명할 수 없는 것을 담고 있다. 푸른 하늘은 객관적 실체이면서 그 안에 이미 우리의 갈망을 담고 있다. 이 비가시적 갈망의 내용은 사람마다 다를 수밖에 없다. 우리가 푸른 하늘과 각자 맺어온 상호 영향의 역사가 서로 다르기 때문이다. 스티븐스에게 있어서 한 사물은 홀로 동떨어져서는 의미가 없고 주변과 맺는 관계들 속에서만 그 의미를 형성한다. 스티븐스가 그의 시적 경력 전반에 걸쳐 심도 있게 추구했던 이 주제는 씨믹에게서도 그 변주가 발견된다고 하겠다.

씨믹의 현실인식은 구체적 현장과 사물에서 그것을 구성하는 보다 큰 맥락으로 확장한다. 이 확장에서 그의 현실은 특정 시간과 역사가 공존하고 개인과 인류가 겹치는 양상을 보인다. 「비극의 건축」("Tragic Architecture")에서 시인은 어린 시절 다녔던 학교를 다시 방문한다.

> 학교, 감옥, 바람에 흔들리는 나무들
> 나는 너의 어둑한 계단을 올라가서
> 가장 먼 구석에 섰다
> 얼굴은 벽을 향한 채.
>
> 살인자는 앞줄에 앉았다.
> 미친 소녀 오필리아가
> 칠판에 오늘 날짜를 썼다.
> 집행자는 내 친구였다.
> 그는 이미 검은 옷을 입었다.
> 수위가 우리에게 가지고 놀 쥐를 가져다주었다.
>
> 붉은 저녁놀이 지고 또 지던 그 교실에서—
> 영원(永遠)이 말할 시간이었으므로
> 우리의 심장이 돌로 만들어진 것인 듯
> 그렇게 우리는 들었다.
>
> 그 모두가 지금은 폐허다.
> 성한 유리창 하나 없이
> 갈라지고 벗겨지는 벽들.
> 외롭게 잊혀 진 죄수를 위해
> 발가벗은 전구 알 하나도 남겨지지 않았다.
> 뒤에 남겨진 학동이
> 몰아치는 바람에 매질 당하는
> 헐벗은 겨울나무들을 지켜보았다

School, prison, trees in the wind,
I climbed your gloomy stairs,
Stood in your farthest corners
With my face to the wall.

The murderer sat in the front row.
A mad little Ophelia
Wrote today's date on the blackboard.
The executioner was my best friend.
He already wore black.
The janitor brought us mice to play with.

In that room with its red sunsets--
It was eternity's time to speak,
So we listened
As if our hearts were made of stone.

All of that in ruins now.
Cracked, peeling walls
With every window broken.
Not even a naked light bulb left
For the prisoner forgotten in solitary,
And the school boy left behind
Watching the bare winter trees
Lashed by the driving wind. (*Hotel Insomnia* 13)

오랜 세월이 지난 후에 시인은 자신이 다녔던 학교를 다시 찾는다. 그곳은 학교
였지만 전시에 감옥으로 이용되었고 처형이 이뤄지기도 했다. 그곳은 원래 그가
어린 시절 학교 친구들과 뛰놀던 곳이다. 수위 아저씨는 가지고 놀라고 쥐를 잡
아다 주기도 했다. 그곳은 소녀 오필리아가 칠판 정리를 하고 "최고의 친구"가

함께 하던 곳이다.

그런데 이제 다시 찾은 학교 건물은 괴기스럽다. 이 분위기는 한 건물에서 일어난 여러 세월의 일들이 동시적으로 합치면서 발생한다. 착하고 상냥했을 "최고의 친구"와 사형 집행인이 겹치고 귀여운 소녀 오필리아는 미친 여자와 중첩된다. 앞자리에 앉았던 어린 친구는 살인자가 되었다. 시의 화자는 초등학교 동창생들의 어린 시절과 전쟁이 가져온 그들의 변화를 하나로 묶어 동일체로 제시함으로써 어린 악마의 이미지를 만들어낸다. 벤들러는 「토템의 감별」에서 이 부분에 대해 "모든 어린이들의 잠재적 잔인성이 간결하게 언급된다"고 평했다.

화자가 계단을 올라 교실 구석진 자리에 선다. 이 장면은 죄수가 두려움에 떨며 처형장에 서는 순간을 연상시킨다. 벽을 향해 고개를 돌린 화자는 과거를 찾아 회상에 젖는 자인지 처형의 순간에 두려움에 떠는 자인지 분간이 어렵다. "붉은 저녁놀이 지고 또 지던 그 교실"은 수업의 공간이면서 처형의 공간이기도 하다. 순진한 어린 시절 친구들의 모습이 살인자나 집행자의 모습과 하나가 되는 곳이다. 이 공포의 장소에서 말을 하는 자는 힘센 자이다. 그 힘센 자는 여기서 사후의 영원한 시간이다. 화자를 포함한 힘없는 자들은 영구한 죽음의 시간이 말하는 데서 돌덩이처럼 굳은 마음으로 그저 듣는 자세를 취할 수밖에 없었다.

여기서 씨믹이 제시하는 현실은 사실적이면서 또한 괴기스러울 정도로 비사실적이다. 사실성은 시인이 기억하는 과거의 세부와 다시 찾은 학교 건물에 대한 구체적 묘사에서 확인된다. 비사실성은 그러한 구체적 세부에 배어드는 시간의 안개이다. 안개에 싸여 다시 모습을 드러낸 세부들은 모두 섬뜩하다. 섬뜩한 느낌은 변화된 모습에서보다 변화 이전과 변화 이후가 한꺼번에 서로 투영하는 데서 더 강화된다. 주제적 측면에서 이렇게 어두운 현실을 드러내면서도 씨믹의 문체는 무엇보다 간결함의 특성을 보인다. 초등학교 동창들의 성년의 모습은 간결하게 감정의 개입 없이 독자에게 던져진다.

시인의 유년 시절은 과거의 단절된 시간이 아니다. 그것은 기억하는 자의 성년의 경험에 의해 끊임없이 역사의 거울에 되비쳐짐으로써 그 순수성을 잃게 된다. 이러한 되비쳐봄은 씨믹에게 있어서 상당히 의식적인 것이다. 그가 반추의 척도로 삼는 거울은 개인의 과거이면서 보다 크게 유럽의 역사일 수 있다. 전쟁은 그와 그의 가족에게 닥친 불행한 사건일 뿐만 아니라 세계가 반복적으로 겪어온 참상이기도 하다. 구체적 과거가 여러 역사적 층위와 겹치면서 현실은 그 안에 비현실성을 품게 되고 이로써 확장된 은유의 힘을 획득한다. 씨믹은 실제 시공의 구체성의 한계를 확장하고 넘어섬으로써 자신의 진리의 영역으로 들어서고 있다.

IV. 시는 개 짖는 소리다

씨믹이 노년에 이르기까지 지속적으로 보여주는 왕성한 활동과 상복은 그가 당대에서 받고 있는 주목의 정도와 주위에 끼치고 있는 영향력의 강도를 가늠하게 한다. 그는 2007년 한 해에 미국을 대표하는 시 관련 상을 두 가지나 수혜했다. 그는 겹경사 당시 미공영라디오방송(NPR) 『일요판』(*Weekend Edition Sunday*)과 가진 인터뷰에서 "이제 다리를 부러뜨릴 일만 남았다"라고 엄살을 떨었다. 시인 스스로는 "엄청난 행운에 그저 압도되어 미신에 사로잡힌 사람이 되어버린다"고까지 격식 없는 인사치레를 하였지만 그에게 다가온 "너무 많은 행운"은 그것을 가능하게 하는 미국 시문학의 분위기가 없다면 불가능했을 것이다. 그의 시 세계는 당대 미국평단의 시의 한 기준을 보여주기에 부족함이 없어 보인다.

씨믹 작품의 근저에는 유고슬라비아에서 겪은 전쟁의 참상들과 아직도 계속되고 있는 발칸 반도 인종 분쟁들에 대한 그의 의식이 강하게 자리하고 있다. 최초의 시집 『풀이 말하는 것』(*What the Grass Says*)은 1967년에 두 번째 시집

『우리들 사이 어디선가 돌이 비망록을 적는다』(*Somewhere among Us a Stone Is Taking Notes*)는 1969년에 발표되었다. 1971년의 세 번째 시집 『침묵의 해체』에서 일상의 사물은 정치폭력의 이미지와 연관됨으로써 공포의 분위기를 자아낸다. 특히 1990년대를 통하여 시인은 전쟁의 이미지와 그것이 개인에게 끼치는 황폐화의 영향을 환기시킨다. 1992년의 『불면 호텔』에 실린 많은 시들은 발칸 반도에서 세르비아와 크로아티아 사이에 벌어지고 있는 인종 간 증오와 다툼을 떠오르게 한다. 과거와 역사에 대한 이런 태도가 배경을 이루는 가운데 그의 전 경력을 통해서 씨믹은 일상의 사물이 지니고 있는 보다 깊은 의미에 관심을 갖는다. 1974년의 시집 『한 잔의 우유가 불 밝힌 곳으로의 귀환』(*Return to a Place Lit by a Glass of Milk*)은 이러한 "객체시"를 다수 포함한다. 시인을 사로잡는 또 하나의 관심은 거대 미국 도시들, 특히 뉴욕과 시카고가 보여주는 복잡하고 상충하는 분위기다. 그의 시에는 아름다움과 공포 그리고 소외의 요소들이 모두 함께 등장한다. 1982년의 『고행』(*Austerities*)과 1983년의 『유토피아와 인근지역에 대한 일기예보』(*Weather Forecast for Utopia and Vicinities*), 그리고 1990년의 『세상은 끝나지 않는다』와 『신과 악마의 서』(*The Book of Gods and Devils*)가 그러하다. 1993년 『구멍가게 연금술』(*Dime-Store Alchemy*)에서 시인은 잠시 시 창작 분야를 떠나서 당대 미국 예술가 코넬(Joseph Cornell)의 콜라쥬 작품 상자들에 관해 산문 단편들을 발표한다. 하지만 그는 곧 시 창작활동을 재개하여 1994년의 『지옥에서의 결혼』(*A Wedding in Hell*)과 1997년의 『검은 고양이 산책시키기』(*Walking the Black Cat*)를 발표한다. 두 시집은 이전 것들보다 훨씬 더 황량하고 반어적인 전망을 보인다.

　『당대문학비평』(*Contemporary Literary Criticism*)과 『온라인 당대작가들』(*Contemporary Authors Online*)은 공히 「찰스 씨믹」("Charles Simic") 항목을 통해서 그의 시적 경력과 작품의 특성을 제공한다. 이에 따르면 그의 작품은 고국에서 벌어진 전쟁의 공포를 탐색하고 일상의 사물들에 철학적 의미를 불어넣고자 초현실주의와 이미지즘의 기교를 혼합하고 미국 재즈와 블루스 음악뿐만 아니라 동유럽 민담과 신화의 요소까지도 이용한다. 언어의 주관적이고 직관적인 속성들에 대한 그의 지각은 여러 작품들 속에 드러나고 있다. 그의 시는 언어와 구조에 있어서의 정교한 단순성으로 비평가들로부터 폭넓게 호평을 받아왔다. 그렇지만 그가 구어적 목소리와 불길한 이미지들을 지속적으로 사용하는 데 있어서 발전이 보이지 않는다고 지적하는 비평가들도 있다. 그럼에도 불구하고 그는 일상생활의 세부를 폭발시켜 철학적 의미가 충전된 상징을 만들어내는 능력으로 여전히 감탄을 불러일으키고 있다.

씨믹은 2005년 시집 『고요한 내 수행원』(*My Noiseless Entourage*)에서 시 「내가 고백할 차례」("My Turn to Confess")를 통해 시인으로서의 자신의 입장을 드러냈다.

> 왜 짖어대는지에 대해 시를 쓰려는 한 마리 개
> 그게 나요, 친애하는 독자여!
> 저들이 날 도서관 밖으로 차내려 했지만
> 경고해 주었소
> 내 주인은 눈에 띄지 않고 전능하시다고
> 그래도 저들은 내 꼬리를 붙잡고 계속 끌어냈다오
>
> A dog trying to write a poem on why he barks,
> That's me, dear reader!
> They were about to kick me out of the library
> But I warned them,
> My master is invisible and all-powerful.
> Still, they kept dragging me out by my tail. (37)

자신을 개라고 칭한다. 그가 하는 말은 개 짓는 소리다. 시인이 이렇게 독자의 면전에서 도발을 꾀하는 것은 자기가 억울한데 그 억울함을 스스로 해결할 방도가 도통 마땅치 않기 때문이다. 밀리면서도 지지 않으려는 싸움꾼처럼 현장에 없는 막강한 힘을 지닌 주인님을 판다. 그 주인이 나중에라도 자신의 억울함의 대상을 단숨에 해치울 수 있다는 듯이 협박에 가까운 경고를 해대고 발버둥 친다. 하지만 그는 아니 한 마리 개는 볼썽사납게 꼬리 잡혀 끌려 나온다. 아무래도 별 수 없는 것 같다. 그런데 별 수 없는 가운데서도 시인(개)은 짓는(짖는) 행위를 의식적으로 계속한다. 그가 끌려 나와 축출당한 곳은 다른 데가 아니라 도서관이다. 시인에게 가장 잘 어울릴 곳에서 시인이 쫓겨난다. 그는 "연필을 깨물면서 / 가끔 한숨을 내쉬고 / 아무래도 이름을 댈 수 없는 / 저 밖에 있는 어떤 것을 향해 으르렁거리는"(37) 존재이다. 그의 시는 도서관과 같은 제도권의 지식에 걸맞지 않다. 그가 온힘을 쏟아 도달하고자 하는 것은 이름 지을 수 없는 어떤 것이다. 세상으로부터 개 취급을 받더라도 그는 으르렁거리는 추구를 멈추지 않는다. 그런데 그는 어떤 이유에선가 독자가 그의 편을 들 것이라 여기는 것 같다. 그는 어디 믿는 데가 있는 것 같다. 그 주인이 신인지 시인지 혹시 개 사육자인지 알고 싶다.

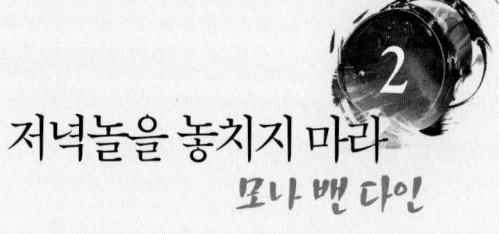

저녁놀을 놓치지 마라
모나 밴 다인

밴 다인(Mona Van Duyn)은 종종 "가사(家事)시인"으로 불린다. 주제와 소재 양면에서 혁신적이거나 심원한 것을 내세우지 않는다. 동물원 구경이나 병원 방문과 같은 일상생활을 다루면서 그 특별할 것 없는 차분한 세부를 통해 강렬한 생각을 표현한다. 그녀는 "사물을 앗아가는 자로서의 시간"과 싸우면서 "사물을 유지하고 지탱하는 것으로서의 사랑과 예술"을 지속적으로 추구한다(CLCS). 그녀에게 사랑과 예술은 시간이 할퀴고 간 삶의 상처들에 새살을 돋우는 것들이다. 허구한 세상에 대해 어떤 방식으로인가 따뜻한 시선을 보내고 있다. 여기에 밴 다인의 매력이 있다.

밴 다인은 1921년 아이오와 주 워털루 태생으로 1943년 아이오와 대학(University of Iowa)에서 석사 학위를 취득했다. 졸업하던 해에 영문학 교수 써스튼(Jarvis A. Thurston)과 결혼하여 2004년 골수암으로 숨지기까지 평생을 함께 했다. 그녀의 시에서 보통 사람의 일상과 결혼은 중요한 제재로 취급된다. 교육자로서 그리고 시인으로서 일생을 살면서 정치적으로는 무소속이었고 정원 가꾸기와 바느질 그리고 독서에 남다른 관심을 보였다.

스무 차례가 넘게 크고 작은 상을 수상하였다. 1971년에 시집 『본다는 것, 잡는다는 것』(To See, To Take)으로 전미(全美)저작상(National Book Award)을 받았고 1991년에 『엇비슷한 바뀜』(Near Changes)으로 풀리처상을 수상했다. 1985년에 미국시인협회(Academy of American Poets) 의장단의 일원으로 선출되었고 1992년에 의회도서관이 선정하는 최초의 여성 계관시인이 되었다. 워싱턴 대학(Washington University) 외 다섯 개 대학에서 명예문학 박사 학위를 받았다.

I. 산다는 것, 그 어둔 현실의 빛

1991년 퓰리처상을 수상한 해에 밴 다인은 미 공영라디오방송(NPR)의 한 프로그램 『조간』(*Morning Edition*)과 가진 대담에서 세상에 보내는 자신의 긍정적 시선에 대해 언급한다. "내게는 시인이 아닌 친구가 몇 명 있는데 그들은 세상에 대해 끔찍하게 암울한 견해를 지속적으로 공유하면서 내가 어떻게 그토록 낙관적 태도를 가질 수 있는지 이해하지 못해 합니다. 나 자신도 그게 왜 그런지 알지 못합니다. 나는 세상에서 큰 기쁨을 취합니다. 나로서는 세상이 어떻게든 진행해 나가리라는 것을 믿지 않을 수 없습니다." 시인은 이런 자신의 태도를 예증하는 방편으로 『엇비슷한 바램』에 실린 시 「옐로스톤 화재」("The Burning of Yellowstone")를 소개한다. 이 시에서 시인은 전 국토의 절반을 가로질러 흘러갔던 화재 연기를 핵폭발에 의한 대파괴의 여파에 비유하면서 "오늘 아니면 내일의 저녁놀을 놓치지 마라"고 충고한다. 그녀는 "보이지 않는 죽음과 상처"에서 피어나는 연기보다 그로 인해 이 지구 이 하늘이 얼마나 아름다운가를 상기하게 된다는 사실에 더 주목한다.

고통과 혼란을 직시함으로써 위안과 질서를 찾아가는 방식은 밴 다인의 시에 특징적이다. 1991년 수상당시에 그녀는 70세의 나이로 남편과 거의 48년째 결혼 생활을 유지해오고 있었다. 그들은 거의 반세기의 세월 동안 함께 영문학을 공부하고 가르치면서 세인트루이스 인근을 떠나지도 않았다. 밴 다인이 멀고 새로운 것에서 이상적인 것을 찾아 헤매는 종류의 시인이 아니었던 것은 분명하다. 첫 여섯 권의 시집에서 시인은 주로 주변의 삶에서 만족을 찾고 있다. 하지만 동료시인 쿠민(Maxine Kumin)에 따르면 밴 다인은 "매우 고뇌에 찬" 시인이고 그녀의 고통은 "통제되고 줄여서 말해진" 것이다(*ME*). 시인의 만족은 현실 안주를 뜻하지 않는 것이다. 가사시인이나 결혼시인으로 평가되는 가운데서도 그녀는 인생을 그저 아름답게 포장하려는 시인이 아닌 게 분명하다.

시인의 어려움은 현실의 혼돈을 외면하거나 왜곡하지 않으면서 동시에 거기에서 질서를 찾아내야 하는 데 있다. 시인은 현실에 냉랭한 시선을 보내면서 섣불리 희망을 제시하지 않기 십상이다. 시인의 정직성과 진지성은 현실의 무의미를 관념에 의해 쉽게 정돈하지 않는 거리두기에서 평가되기도 한다. 밴 다인의 시에 대한 부정적 시각은 정직성에 의문을 제기하는 것으로 보인다. 하지만 그녀의 세상에 대한 긍정은 미화와 고양의 방식에 따르지 않는다. 20세기 중반에 미국의 시를 주도했던 두 주요 시인 윌리엄스(William Carlos Williams)와 스티븐스(Wallace Stevens)는 현실의 가능성을 각자의 방식으로 추구했다. 두 시인에게 있어서 세상의 가능성은 낭만주의자의 상상력에 의해서가 아니라 사물 그 자체를 찾아가는 데서 실현되었다. 밴 다인의 시 또한 현실의 어떤 가능성에 뿌리를 내리고 있다.

밴 다인의 시에는 평범한 사람이 자주 등장한다. 그들이 이어가는 삶의 여러 양상으로서 믿음과 사랑뿐만 아니라 절망과 병 그리고 죽음까지도 종종 다뤄진다. 일상의 문제가 생일잔치나 세례식 혹은 정원가꾸기와 같은 구체적 세부를 통해서 취급된다. 이 일상성에서 밴 다인은 흠모와 비판을 동시에 받는다.

아방가르드 시에 우호적인 비평가 펄랍(Marjorie Perloff)은 『워싱턴포스트 책 세계』(*Washington Post Book World*)에 밴 다인의 1973년 시집 『자비의 가면』(*Merciful Disguises*)에 대한 서평을 싣는다. 여기서 그녀는 시인이 보여주는 주제의 협소함과 "미묘하고 시시한 통찰력"에 대해 불만을 표한다. 펄랍에 의하면 밴 다인의 시들은 멋진 은유로 시작한 경우에도 너무 길게 끌다가 점점 쇠약해져 버리는 경우가 허다하다. 그녀의 시는 "상당히 낮은 전압"을 갖고 있어서 파운드(Ezra Pound)가 요구하는 대로 "최고로 가능한 정도까지 의미로 충전된 언어"를 구사하지 못한다는 것이다(3). 프랭크(Elizabeth Frank)는 『네이션』(*The Nation*)지를 통해 밴 다인이 "근대적 삶의 고갈과 황폐로부터 달콤하게 긍정을 끌어내기 위해 당대 시인들 중 누구보다 대체로 더 열심히 시도하는 시인”이라고 평한다. 이러한 평가들에서 밴 다인은 현실의 어둔 깊이에 도달하지 못하는 것으로 비치고 있다.

밴 다인은 열렬한 우호적 비평가들을 갖고 있기도 하다. 러드빅슨(Susan Ludvigson)은 『문학전기사전』(*Dictionary of Literary Biography*)에서 밴 다인의 시에 “일상성과 특이성” 그리고 “자연스러운 것과 세련된 것”이 공존한다고 분석한다. “[밴 다인의] 주제의 평범성은 오해를 부르기 쉽다. 왜냐하면 [그녀의] 시는 [시의 주제를 열거한] 그런 목록이 표시하는 것보다 훨씬 더 많은 것을 포함하고 있기 때문이다.” 오거스틴(Jane Augustine)은 『당대 시인들』(*Contemporary Poets*)에서 밴 다인의 시들이 “인간 경험의 ‘뼛속까지’ 도달한다”고 그 깊이를 잰다.

밴 다인의 시가 일상의 소재와 주제를 다루는 것은 분명하다. 그녀에 대한 평가는 그녀의 시가 어떤 형식으로 우리의 현실에 대한 인식의 깊이를 얼마나 더해주느냐에 따라 달라질 수 있다. 1982년의 시집 『아버지의 편지』(*Letters from a Father*)는 동명의 시를 포함하고 있다. 이 시는 아버지가 딸에게 보내는 편지 형식을 취하여 여섯 시편으로 구성되어 있다.

> 치주궤양 탓에 잠 못 이룬다, 치통이
> 너무 심해, 병원에 가 뽑아야겠는데
> 그렇지 않으면 혈전용해제 탓에 피 흘리다 죽을 텐데
> 혼자 둘 수 없구나, 네 엄마를, 네 엄마는 넘어지고 잊어버린다
> 연고 바르거나 진정제 복용하는 일쯤은, 발목이 심히 붓고
> 장기가 아주 나쁘단다, 거의 기능장애가 와서 이따금
> 그녀가 통과해온 일은 미숙하구나. 내 넓적다리에 패인 곳들이 여럿 있는데
> 그 동전만큼 큰 곳들을 다리 부목(副木)이 죄고 있단다.
> 머리가 고혈압으로 둥둥 울린다. 끔찍한 일이다
> 밖에 나갈 수 없다는 것은, 욕실에서 넘어졌는데
> 도우미 여자 아이는 좀처럼 날 일으켜 세울 수 없었단다.

척추가 확실히 부러졌다고 생각했는데, 다음엔 그렇게 될 거야.
전립선이 나쁘고 심장이 약해졌고
저녁식사 후에는 더부룩하구나. 마음은 편하단다.
왜냐하면 나는 그저 할 일을 해왔고
신께서 언제고 날 구원하러 오실 거라고 믿으니까.
새 먹이통이 즐거움을 준다고 너는 말하는데, 난 이유를 모르겠구나
네가 왜 귀한 돈을 새 먹이에 낭비하려고 하는지.
너는 백 마리의 참새가 있다고 했는데, 나라면 아예
독물을 사서 그 놈들의 질병과 똥을 없애버리겠구나.

Ulcerated tooth keeps me awake, there is
such pain, would have to go to the hospital to have
it pulled or would bleed to death from the blood thinners,
but can't leave Mother, she falls and forgets her salve
and her tranquilizers, her ankles swell so and her bowels
are so bad, she almost had a stoppage and sometimes
what she passes is green as grass. There are big holes
in my thigh where my leg brace buckles the size of dimes.
My head pounds from the high pressure. It is awful
not to be able to get out, and I fell in the bathroom
and the girl could hardly get me up at all.
Sure thought my back was broken, it will be next time.
Prostate is bad and heart has given out,
feel bloated after supper. Have made my peace
because am just plain done for and have no doubt
that the Lord will come any day with my release.
You say you enjoy your feeder, I don't see why
you want to spend good money on grain for birds
and you say you have a hundred sparrows, I'd buy
poison and get rid of their diseases and turds. (*If* 249)

제1시편에서 화자는 딸에게 보내는 편지의 형식을 취하여 그와 아내가 노년에 겪는 여러 병치레를 열거한다. 첫 7행에서 숱한 노화의 증상들이 마침표 없이 쉼표만으로 이어지는 것은 그것들이 동시다발적이며 거의 어찌할 도리가 없다는 것을 강조한다. 여러 증상은 얼핏 일부러 모아놓은 듯해도 사실 늙은 부모나 조부모가 있는 가정에서 흔히 대할 수 있는 것들이다. 일생이 노년을 비켜갈 수 없다면 이러한 증상이야말로 부인할 수 없는 현실의 고통을 가장 단단하게 반영한다고 할 수 있다. 시가 사랑과 시대의 절망을 이야기하기는 쉬워도 개인의 노년을 속속들이 들여다보는 경우는 드물다. 노화는 신체장기의 기능저하 혹은 불능으로 나타난다. 이런 변화를 겪는 화자가 질 높은 삶을 누리고 있다고 말할 수 없다. 그가 할 수 있는 일이란 자연스럽게 때가 되어 신의 구원을 받는 것뿐이다.

딸은 부모에게 자신의 새 먹이통 얘기를 한 적이 있다. 백여 마리 새떼가 자신이 설치한 먹이통에 모여드는 것을 즐겁게 지켜봤다고 했다. 하지만 이 광경에서 그녀가 누렸던 즐거움은 늙은 아버지에게 잘 이해되지 않는다. 신체의 조건이 삶을 누리기에는 너무 열악해진 아버지에게 온갖 질병을 옮기고 사방에 분비물을 남기는 새떼는 독극물을 써서라도 처리해야 할 혐오스런 것일 따름이다.

거의 이상하다고 할 정도로 제1시편에 이어 제2시편에서도 화자의 어조는 차분함을 유지하고 있다. 화자는 자신과 아내의 육체에서 일어나는 일이 삶의 활력이 소진된 결과이면서 죽음을 예고하는 것임을 익히 알고 있다. 그렇지만 그의 목소리는 고통의 비명을 지르거나 체념의 한숨을 내쉬지는 않는다. 그는 자신과 아내에게 일어나는 일을 있는 그대로 직시하는 냉정함을 잃지 않는다.

> 네가 방문해줘서 즐거웠다, 새 먹이통을 가져온 것은
> 멋진 일이다만, 그렇게 큰 자루 가득 먹이 구입하느라
> 엄청난 허비를 하다니, 우리가 몇 주나 더 살지
> 모르는데 말이다. 앉아 있는 자리에서
> 새들이 잘 보이는구나, 큰 놈들 작은 놈들

그래도 넌 알지 않니, 예전에 내가 농장을 꾸리면서 사냥을 좋아했다는 것을
썩 좋은 요리를 만들곤 했지, 비둘기와
메추리 그리고 꿩을 재료 삼아서, 하지만 이놈의 새들은
정말 아무짝에도 쓸모가 없고 집 주변을 더럽히기만
하는구나. 엄마는 그래도 홍관조가 좋다고 하시는구나.
내 무릎이 나빠 아주 시린데 청력도 여의치 못해서
엄마는 소리 지르다 목이 쉬었노라고 말씀하시지만, 난 알고 있다
보청기 달기에도 너무 늦었다는 것을. 시도 때도 없이 트림이 나오고
입은 시큼한데 내 심장은 물론
의사를 찾아가봐야 소용없는 경우란다. 엄마는 달라진 게 없다.
상처에 딱지가 앉았는데 엄만 그게 사마귀가 될 거라고 여기는구나.

We enjoyed your visit, it was nice of you to bring
the feeder but a terrible waste of your money
for that big bag of feed since we won't be living
more than a few weeks long. We can see
them good from where we sit, big ones and little ones
but you know when I farmed I used to like to hunt
and we had many a good meal from pigeons
and quail and pheasant but these birds won't
be good for nothing and are dirty to have so near
the house. Mother likes the redbirds though.
My bad knee is so sore and I can't hardly hear
and Mother says she is hoarse form yelling but I know
it's too late for a hearing aid. I belch up all the time
and have a sour mouth and of course with my heart
it's no use to go to a doctor. Mother is the same.
Has a scab she thinks is going to turn to a wart. (*If* 249-50)

이 시에는 세 사람이 등장한다. 딸과 부모 사이의 관계가 이 시의 현실을 형성한

다. 딸에게 아버지는 이야기를 들려주는 존재이다. 집안에 힘든 일이 닥쳐도 아버지는 딸에게 걱정 말라고, 다 잘될 거라고, 아무런 일도 아니라는 듯이, 그렇게 말하는 존재이다. 아버지의 이런 역할은 나이 들어 죽음이 임박해도 바뀌지 않는다. 제2시편에서 아버지가 딸에게 써 보낸 병증들은 죽음의 공포에 짓눌린 자의 약한 목소리로 전달되지 않는다. 화자가 구어 투로 내뱉어내는 것들에는 농장을 운영하던 한창 시절에 대한 기억이 포함된다. 화자가 사냥을 하고 그 사냥감으로 가족이 함께 모여 요리를 즐겼던 이야기는 요즘 대하는 참새 떼에 대한 이야기와 나란히 내던져진다. 키 큰 아버지가 작고 귀여운 딸에게 해주는 이야기의 방식에서 그 일이나 이 일이나 그 심각성이 다소 가벼워진다. 화자가 딸에게 네 엄마가 쉰 목소리를 내 탓으로 돌린다고 한 이야기는 아내의 잘못을 지적하는 게 아니다. 이 이야기에서는 서로의 흉을 농으로 넘기며 살아온 세월이 묻어난다. 여기서 딸에게 전달된 것은 가족만이 누릴 수 있는 오랜 사적 유대감일 것이다. 이 시편의 마지막 행이 불러일으키는 느낌은 아내를 익히 아는 자가 보내는 시선의 따뜻함이다. 상처에 앉은 딱지가 사마귀가 될 리 만무하지만 때로 사물을 대하는 비과학적 상식이 우리의 세상에 대한 관계를 풍부하게 해주는 게 사실이다. 화자가 그렇게 살아온 아내를 시적으로 요약하는 순간 그는 현실의 고통마저도 잠시나마 빛나게 만들고 있다.

이런 종류의 목소리는 화자가 현실을 직시하면서도 그것에서 어느 정도 거리를 유지하는 방식에서 가능하다. 심각한 상황을 농담의 어조로 전달하는 것은 미국식 유머에 특징적이다. 이 시가 농담의 목소리는 내는 것은 아니다. 하지만 이 시는 밴 다인 자신이 화자로 나서지 않고 아버지의 인물을 매개로 함으로써 그리고 시인 특유의 간결함과 냉담함을 잃지 않음으로써 슬프고 아픈 것마저 조금은 아름답고 조금은 즐거운 것으로 전달하는 데 성공하고 있다.

현실의 안에 있으면서 동시에 현실의 밖에 처할 수 있는 이 능력에서 화자는 제3시편에 이르러 새들의 소란을 지켜볼 여유를 갖는다.

새들이 먹어대면서 싸우고 있다, 야! 야! 새들이 온갖 모양으로
온갖 색깔과 온갖 크기로 숲에서 날아오고 있지만
우린 그 정체를 아직 모른다. 엄마는
네가 새에 관한 책을 보내줬으면 하신단다.
흰멧새라고 불리는 것이 있는데, 땅바닥에서 먹이를 쪼아대고 있어서
여자애더러 그곳에 여분의 먹이를 뿌려주라 시켰지, 그렇지만 말이야
그놈들은 엄청난 양을 먹어치운단다. 먹이를 좀 더 사오라고
여자애를 읍내로 심부름 보냈다, 어차피 가야 할 일이 있었던 애니까.

The birds are eating and fighting, Ha! Ha! All shapes
and colors and sizes coming out of our woods
but we don't know what they are. Your Mother hopes
you can send us a kind of book that tells about birds.
There is one the folks called snowbirds, they eat on the ground,
we had the girl sprinkle extra there, but say,
they eat something awful. I sent the girl to town
to buy some more feed, she had to go anyway. (*If* 250)

세 번째 편지에 이르러 화자의 관심은 온통 새에게 쏠려 있다. 이후 마지막 제6
시편에 이르기까지 화자는 자신과 아내를 괴롭혀온 병에 관해 언급할 틈이 없
다. 화자와 그의 아내는 딸이 보내준 새 먹이통을 집 근처에 설치해 둔다. 새떼
가 먹이통 주변으로 몰려든다. 그놈들은 애초에 독극물을 써서라도 제거해야 한
다고 여겼던 대상이지만 이제 그 먹고 싸워대는 삶의 활력에서 그리고 모양과
색채와 크기의 다양성에서 노부부의 시선을 완전히 사로잡는다. 노부부의 흥미
는 지적 호기심으로 발전한다. 흥미, 호기심, 지적 추구, 이런 것들이야말로 우리
에게 살아있다는 것의 느낌을 확인해 줄 수 있는 요소들일 것이다. 딸이 노부부
에게 선물한 것은 단순한 먹이통이 아니라 바로 생의 활력소인 것이다. 도우미
여자 아이에게 심부름을 보낸 일을 두고 아버지는 딸에게 그 아이가 어차피 가

는 길이었노라고 멋쩍게 변명 아닌 변명을 한다.

제4시편에서 아버지는 흥분으로 들떠있다. 제1시편에서 걱정과 우울로 가라 앉았던 것과는 완연히 다른 모습이다.

> 네게 거의 전화를 걸 뻔 했는데
> 전화비가 너무 비싸서 편질 쓰기로 했다.
> 아주 재미있는 일이 벌어지고 있단다, 어느 날
> 새떼가 엄청 몰려와서는 너도 알다시피
> 먹이를 차지하려고 난리를 쳤단다
> 그건 진짜로 볼거리였는데 두세 마리가
> 우리 쪽으로 곧바로 날아와 창을 들이받고선
> 쿵 소리를 냈단다. 가여운 잔챙이들이 아둔하게도 스스로 충돌했단다.
> 그놈들은 잠시 후 땅바닥에서 정신을 차리고서 날아갔는데
> 그놈들이 그러는 동안 우리는 끔찍한 나머지
> 뭘 해야 할지 몰랐구나. 며칠 전에는
> 우리 교회에서 온 한 숙녀분이 방문차 운전하고 왔었는데
> 작은 새 한 마리가 그녀의 차창에 스스로 부딪쳐 나가떨어지는 바람에
> 그놈을 두 손에 감싸 들고 바로 집으로 가져왔지만
> 죽은 것처럼 보였단다. 머리에 찰싹 붙어 솟은
> 일종의 깃털 모자를 쓰고서 약간 장밋빛
> 혹은 분홍색을 띠고 있었는데, 그게 무엇인지 아직도 모르지만,
> 내가 그 놈을 톡톡 치니까 바로 그 자리에서
> 그 숙녀의 손아귀에서 살아났고 그녀가 밖으로 가져가자 날아갔단다.
> 그녀가 말하는구나, 새들이 창을 맑은 날 하늘로 여기나 보다고,
> 그녀도 새들에게 먹이를 줬지만
> 그렇게 많이 몰려들지는 않았단다.
> 알루미늄 호일로 띠를 만들어 창에 걸어두라고
> 그녀가 말했는데 그렇게 할 생각이다. 그녀는 새들에 대해
> 열심히 이야기하고 갔단다. 추신. 책이 방금 우편으로 도착했다.

Almost called you on the telephone
but it costs so much to call thought better write.
Say, the funniest thing is happening, one
day we had so many birds and they fight
and get excited at their feed you know
and it's really something to watch and two or three
flew right at us and crashed into our window
and bang, poor little things knocked themselves silly.
They come to after while on the ground and flew away.
And they been doing that. We felt awful
and didn't know what to do but the other day
a lady from our Church drove out to call
and a little bird knocked itself out while she sat
and she bought it in her hands right into the house,
it looked like dead. It had a kind of hat
of feathers sticking up on its head, kind of rose
or pinky color, don't know what it was,
and I petted it and it come to life right there
in her hands and she took it out and it flew. She says
they think the window is the sky on a fair
day, she feeds bids too but hasn't got
so many. She says to hang strips of aluminum foil
in the window so we'll do that. She raved about
our birds. P.S. The book just come in the mail. (*If* 250-51)

노부부가 관찰한 새의 행동들은 사실 그들에게 일대 사건에 버금간다. 새 몇 마리가 유리창에 부딪쳤다 다시 날아가는 일 따위는 다른 일로 바쁜 사람들에게 어쩌면 사소하고 귀찮기만 한 일이다. 관심을 끌더라도 잠깐에 그치고 말 것이다. 하지만 노부부에게 이 일은 긴급타전을 요하는 특종 뉴스인 셈이다. 제4시편이 얼핏 보아 지나친 세세함으로 길게 이어지는 것은 바로 그 너무나 평범한 세부가 노부부의 시간에서 삶의 불꽃으로 타오르기 때문이다. 시인 밴 다인의 완성도는 이런 방식으로 구축되는 현실의 층위에서 가늠될 수 있다. 아버지의 추신은 딸에게 책의 도착뿐만 아니라 그로 인해 시작될 지적 추구의 출발까지도 전하고 있다. 마지막 문장에는 소설가 지망생이 흠모하는 작가의 신작을 막 받아본 순간의 설렘 같은 것이 억제되어 있다.

제5시편은 노부부가 새들에 관해 관찰하고 자료를 뒤져 작성한 연구 보고서이다. 문외한의 처지에서 확실한 정보를 구하지 못하고 추측과 건너뜀을 거듭하면서도 노부부는 스무 가지가 넘는 새들의 이름을 거명하고 그들 각자의 특성을 언급한다. 딸이 그저 "집 참새"라고 한 것을 "여우 참새" "노래 참새" "저녁놀 참새" "솔숲 참새" "나무 참새" "쨱쨱 우는 참새" "흰 목 참새" "흰 벼슬 참새" 등으로 구분한다. 지적 행위의 가장 분명한 증표는 차이를 분간하는 힘일 것이다. 화자는 "나는 매일 책 속에서 … / 연구한다"고 전하고 있다(*If* 251). 아버지의 편지는 노년의 온갖 질병들도 지적 활동이 일으키는 생명의 기운을 어쩌지 못한다는 것을 딸에게 보여주고 있다.

마지막 시편에서 아버지는 스스로 놀람을 드러낸다.

> 엄마가 얼마나 잘 지내는지 참 놀랄 일이구나.
> 변비약 복용을 잊고 지내도 내장이 잘 움직인단다.
> 창문이 열려 있으니까 우리 새가 하루 종일 노래한다고
> 엄마가 말하는구나.
> 도우미 여자애가 도서관에서
> 『지혜의 서』를 빌려다 줘서 새의 습관에 관해
> 독서를 하고 있단다. 너 알고 있니, 어떤 수컷들은 제 암컷을 셋씩이나
> 둘 수 있다는 걸. 어떤 것들은 철 따라 이동하고 어떤 것들은 그렇지 않단다.
> 올봄 내내, 아마 여름에도 먹이를 주려고 한다. 그놈들이 그걸 기대한다는 걸
> 넌 알 수 있을 거야. 내년 겨울에는 황금방울새와 검은방울새를 위해

엉겅퀴 씨가 필요할 거야. 교회 사람들이 머지않아
우리에게 오겠다는구나, 새를 보려는 사람들이지.
읍내에도 새가 있지만 그 어느 것도 우리 것에 비교가 안 된단다.

그렇게 세상은 제 자식들에게 다시 사랑을 호소하는구나 저녁 키스를 위해.

It's sure a surprise how well Mother is doing,
she forgets her laxative but bowels move fine.
Now that windows are open she says our birds sing
all day. The girl took a Book of Knowledge on loan
from the library and I am reading up
on the habits of birds, did you know some males have three
wives, some migrate some don't. I am going to keep
feeding all spring, maybe summer, you can see
they expect it. Will need thistle seed for Goldfinch and Pine
Siskin next winter. Some folks are going to come see us
from Church, some bird watchers, pretty soon.
They have birds in town but nothing to equal this.

So the world woos its children back for an evening kiss. (*If* 252)

아버지의 지적 호기심은 딸이 보내준 책으로도 충족되지 않는다. 그의 관심은
새의 구분에서 새의 습성에 대한 연구로 발전한다. 짝짓기 습성의 차이를 알아
내고 철새와 텃새의 구분을 의식한다. 첫 시편에서 몇 주나 더 살지 걱정하던 자
세에서 봄철 내내 그리고 여름까지도 새에게 먹이를 주겠노라고 욕심을 낸다.
아니 다음 겨울에 돌아올 철새까지도 챙기려는 마음을 갖는다. 노부부가 새 구
경나선 방문객을 맞이하는 순간은 사회생활을 재개하는 계기가 될 것이다. 아내
의 건강은 이제 창문을 열어두어도 좋을 정도로 호전되었다. 그래서 딸에게 보
낸 마지막 편지에서 아버지는 세상을 긍정한다. 세상은 더 이상 아버지의 열정

에 무관심하지 않다. 아버지는 이제 세상이 제 자식인 사람들에게 사랑을 돌려 준다고 여긴다. 세상은 한 번의 저녁 키스를 위해 사람들에게 다가와 안으려한 다. 아버지는 그 품에서 사랑을 느낀다.

「아버지의 편지」는 노화의 과정에서 겪는 여러 고통과 임박한 죽음을 예고 하는 여러 증상을 솔직하고 자세하게 묘사한다. 그렇지만 이 암울한 분위기에서 도 시의 화자는 딸이 선물한 먹이통을 계기로 새에 대한 왕성한 관심을 통해 삶 의 의욕을 회복한다. 하스(Robert Hass)는 『워싱턴포스트 책 세계』에서 "시의 마지막쯤에 이르러 육체적 쇠약에 관한 정보가 거의 주어지지 않고 자기 연민의 분위기가 사라진 가운데 새들에 관한 긴 보고가 자리한다"는 점을 주목하면서 이 시가 "문학이 거의 접촉한 적이 없는 인간경험의 영역에 도달한다"고 언급한 다. 로젠썰(M. L. Rosenthal)은 『뉴욕 타임스 서평』(*The New York Times Book Review*)에서 이 시가 "마음을 너무 끌어당기고 또한 그 명료한 인간다움 이 너무 진귀한 나머지 누구든지 … 시의 첫 부분을 사로잡고 있는 죽음을 무시 하고픈 충동을 느낀다"고 평한다. 밴 다인의 시가 구축하는 삶의 현실에서 노화 나 죽음과 같은 피할 수 없는 고통들은 새떼의 날개 소리와 뒤섞인다. 양자는 어 느 하나에 의해 궁극적으로 지배되지 않고 서로를 비추는 긴장 속에서 그 의미 를 드러내고 강화한다. 밴 다인은 피할 수 없는 삶의 고통 속에서 그것을 견디고 살만한 것으로 느끼게 해주는 재주를 지녔다.

II. 사랑한다는 것, 그 차가운 현실의 온도

1990년에 발행한 『엇비슷한 바뀜』(*Near Changes*)에서 밴 다인은 시 「노년 의 사랑」("Late Loving")을 통해 50주년에 가까워가는 결혼생활에 대해 살핀다.

마음속으로 해마다 당신과 결혼한다면
그건 사랑의 무절제를 찬물 끼얹는 습관으로
가라앉히기 위해서요. 결혼생활로 낮춰진 온도조절장치가
기온을 통제하는 2인용 방들에서
우리가 살고 있다는 것을 망각할 때마다
그것이 사납고 거칠게 타오르기 때문이지요.

If in my mind I marry you every year
it is to calm an extravagance of love
with dousing custom, for it flames up fierce
and wild whenever I forget that we live
in double rooms whose temperature's controlled
by matrimony's turned-down thermostat. (*Near Changes* 9)

밴 다인은 결혼의 시인으로 불릴 정도로 시적 경력 전반에 걸쳐 부부관계라는
주제를 지속적으로 다뤘다. 일반적으로 결혼한다는 것은 축복과 설렘을 뜻한다.
하지만 화자가 남편과 매년 결혼하고자 하는 이유는 낭만적 열정을 위해서가 아
니다. 그녀에게 결혼은 격정적인 사랑에 "찬물 끼얹는" 행위이어야 하고 결혼생
활은 온도가 "낮춰진" 상태에 있어야 좋다. 이 방식에서 부부가 살아가는 곳은
열정이 통제된 공간이다. "2인용 방들"에서 나눠온 통제된 사랑이 오랜 부부생
활에서 원래의 방식을 잃게 될 때 그것은 "사납고 거칠게" 타오르기 때문에 찬
물을 끼얹을 필요가 있다.

　화자의 특별한 사랑 방식은 자신의 노화에 대한 의식에서 비롯한다. 그녀는
노년에 이르러 사랑을 확신한다. 그 사랑은 그녀가 처한 현실에 기반을 둔다.

이제 나이가 들었으므로
그 일을 다시 기억하는 데 서약과 법에 대한 기억술이 필요해요.
우리의 개들은 죽었고 우리의 아이는 실현되지 않았어요.

다른 사람을 생각하여 탈선할 수 있기 전에
약해진 내 마음 탓에
인간의 모든 온기공급을 당신에게 소진해버릴 것 같아요.

I need the mnemonics, now that we are old,
of oath and law in re-memorizing that.
Our dogs are dead, our child never came true.
I might use up, in my weak-mindedness,
the whole human supply of warmth on you
before I could think of others and digress. (*Near Changes* 9)

화자의 자의식은 스스로를 약하게 하기에 충분하다. 노인이 된 지금 아이를 갖겠다는 꿈은 예전에 사라졌고 키우던 개들로 이미 죽었다. 이런 화자에게 열정이란 허용되지 않을 뿐만 아니라 위험한 것이 된다. 화자가 사랑을 추구하는 것은 인생이 그것 없이는 참을 수 없는 것이 되기 때문이다. 그렇다고 그 사랑이 더 이상 "사납고 거칠게" 타오를 수는 없다. 그것은 결혼의 서약에 의해 차갑게 다뤄져야 한다. 이제 그녀에게 사랑은 서로를 불태우는 속성에서가 아니라 검은 머리가 파뿌리가 되도록 서로를 인내하고 안아주는 속성에서 의미가 있을 따름이다. 그녀는 결혼 당시의 서약을 떠올려야 할 필요성을 느낀다. 어떤 것이 필요하다는 것은 그것이 현재 없다는 것을 뜻한다. 화자에게 이제껏 사랑은 열정에 가까운 것이었을 수 있다. 이제 화자는 정열의 사랑이 더 이상 자신에게 주어질 수 없다는 것을 인정하면서 동시에 어떤 방식으로든 사랑이 꼭 유지되어야 한다는 것을 의식한다. 여기서 화자가 의탁하게 되는 사랑은 결혼의 서약이 지시하는 종류의 것이다. 화자는 혼인서약의 방식대로 그녀에게 남아 있는 "인간의 모든 온기공급을" 남편에게 쏟고 싶어 한다.

화자의 사랑 방식은 특별하다. 그것은 모든 가능성에서가 아니라 현실에 부합하는 한계적 가능성에서 추구된다.

"사랑"은 친숙하고 소중한 것을 찾는 것이에요.
"사랑에 빠진다"는 것은 놀라움에 사로잡히는 것이지요.
당신이 짓는 수상쩍은 얼굴 표정에서 다시
당신이 눈빛으로 내리는 평가에서 또 다시
당신은 변하고 있어요. 달콤하거나 신랄한 새 말로써
내 마음 속 깊은 곳의 신경에 이르는 새 입구를 찾아내고 있어요.
당신이 난로 곁에 서 있을 때 가장 흔들리는 것은 바로 나예요.
당신이 일을 마칠 때 나는 무조건 휴식을 취해요.

"Love" is finding the familiar dear.
"In love" is to be taken by surprise.
Over, in the shifty face you wear,
and over, in the assessments of your eyes,
you change, and with new sweet or barbed word
find out new entrances to my inmost nerve.
When you stand at the stove it's I who am most stirred.
When you finish work I rest without reserve. (*Near Changes* 9)

화자가 사랑에 빠지게 되는 남편의 모습은 평생을 보아온 낯익은 것들이다. 남편의 얼굴과 눈빛이 만들어내는 그 새로울 것 없는 낡은 표정들이 화자를 놀라움에 사로잡히게 하고 남편의 변화를 읽어내는 텍스트가 된다. 그녀는 그가 하는 말이 자신에게 일으키는 파장에 대해 민감하게 의식하고 있다. 이 관계에서 남편은 난롯가에 서있는 모습만으로 아내에게 큰 흔들림을 선사한다. 이 흔들림은 "사납고 거칠게" 타오르는 종류의 것이 아니면서 혼인서약의 방식에 따름으로써 얻어지는 어떤 것이다.

노부부의 사랑은 청춘 남녀의 그것과 단순히 모습만 다른 게 아니고 그 근원 자체가 다르다.

낮 시간이면 세 다리로 벌이는 우리의 경주가 때로 느리게 보여요.
하찮은 일로 계속 다투면서, 우리는 너무 가까이 있어 마찰을 일으키죠.
하지만 긴 밤 내내 우리는 접착포 곱슬털처럼
다시 달라붙을 때까지 서로를 향해 누워 있어요.
당신은 더 긴 보폭과 더 나은 시력으로
더 분명히 종착선을 보니까, 서두르는 내 자신을
좋은 상태에 있도록, 빛과 생명으로 북돋우고
연기의 식사를 거부해요.

Daytimes, sometimes, our three-legged race seems slow.
Squabbling onward, we chafe from being so near.
But all night long we lie like crescents of Velcro,
turning together till we re-adhere.
Since you, with longer stride and better vision,
more clearly see the finish line, I stoke
my hurrying self, to keep it in condition,
with light and life-renouncing meals of smoke. (*Near Changes* 9)

낭만적 사랑은 이상적인 것에 대한 지향을 함축한다. 그것은 가까이 있는 것보다 먼 것에 대해 작용하기 십상이다. 그것은 짧은 만남에서 불타고 오랜 만남에서 시들기 쉽다. 이에 비해 노부부의 사랑은 늘 함께 하는 접촉에서 서로의 모든 것이 노출되면서 오랜 세월에 걸쳐 형성된 것이다. 두 부부가 지팡이에 의존해 걸어야 할 정도로 나이가 든 지금까지 다툼이 없었을 리 없다. 그들은 낮에는 이러쿵저러쿵 다투면서 밤에는 접착포처럼 붙어 지낸다. 접착포의 거친 표면들은 서로 만나 마찰을 일으키지만 그로 인해 서로에게 더욱 엉겨 강하게 일체화한다.

노부부의 사랑은 둘 사이의 강한 결속을 가능하게 하지만 그렇다고 그 사랑의 결속이 멋지고 기념할만한 순간들에서 유지되는 것은 아니다.

한 번의 채질로 두 마리 제왕나비
서로를 향한 그 신선한 오감의 비행을 채집가가 잡아들이듯이
맹세한 대로 그렇게 나는 우리를 함께 한물가도록 만드는 어떤 것에
다시 상상력을 불어넣고 다시 불러일으켜요.
당신이 주려고 하는 것은 내가 받고자 하는 것 이상이에요.
당신은 약속을 지키려 매달 가위를 집어 들어요.
나는 믿어요. 잘린 내 머리털이 당신 발을 덮을 때
우리 집이 다시 연고 향으로 가득 차오른다고

As when a collector scoops two Monarchs in
at once, whose fresh flights to and from each other
are netted down, so in vows I re-imagine
I re-invoke what keeps us stale together.
What you try to give is more than I want to receive,
yet each month when you pick up scissors for our appointment
and my cut hair falls and covers your feet I believe
that the house is filled again with the odor of ointment. (*Near Changes* 10)

부부는 둘 다 심드렁해졌다. 화자는 이렇게 만드는 것이 무엇인지 알고 있다. 그것은 일상과 새로울 것 없는 노년의 삶일 것이다. 하지만 그녀는 결혼서약의 기억술을 활용할 줄 안다. 기억술은 처음 시작했을 때는 왕성했으나 지금은 시들해진 것들에게 상상의 힘을 다시 불어넣고 환기시킨다. 그렇다고 그녀의 사랑의 묘약이 뜨거운 사랑의 아름다웠던 순간들을 재료로 쓰는 것은 아니다. 둘 사이를 엮어주는 것은 약속이다. 머리를 손질해주겠다는 약속은 오래 전의 결혼서약처럼 노부부의 생활에 매우 유효하다. 서로에 대한 배려와 신뢰의 약속에서 매달 남편이 다듬어주는 아내의 머리털은 그녀의 발밑을 덮는다. 지극히 사소하고 낭만적이지 못한 이 사건에서 화자는 두 부부의 관계를 두 마리 호랑나비가 서로에게 오가면서 나누는 신선한 오감의 교감에 비유한다. 두 부부가 처한 공간

은 서약의 기억술에서 치유의 연고 향으로 가득 찬다.

밴 다인의 이 시에서 사랑은 나이 따라 변하는 모습으로 타오르는 게 아니라 그 관념 자체가 바뀌는 것 같다. 청교도적 사랑의 이념이 시대의 뒤안길로 사라졌다가 다시 살아난 것 같기도 하다. 그러면서 이 시는 우리의 삶을 견디게 만들어주는 것이 부부간의 사랑의 서약에서처럼 서로에 대한 신뢰와 인내와 관심이 아니겠느냐고 말하는 듯하다. 여기서 사랑을 가능하게 하는 것은 화자의 상상력, 보다 구체적으로 말해, 삶에 중요한 것을 지속적으로 잊지 않는 서약의 기억술이다. 화자는 노년의 현실 안에서 견실하게 사랑을 일으키고 있다. 콘(Alfred Corn)은 『시』(Poetry)에 실린 서평에서 이 시가 "금혼식에 가까운 혼인에 대해 쓴 가장 감동적인 (그리고 정직한) 시"라고 평한다. 허쉬(Edward Hirsch) 또한 『뉴욕 타임스 서평』에서 밴 다인이 "평범한 것을 낯설게 만들고 흔한 상황을 형이상학적 탐색으로 바꿔놓는 재주"를 보인다고 칭찬한 바 있다. 「노년의 사랑」에서 밴 다인의 사랑의 기교는 시적 기억술에 의존해 현실을 감내하고 긍정을 구현한다.

III. 이야기의 끝, 그 이룰 수 없는 꿈

밴 다인은 존재의 여건을 의식적으로 삶의 일상에 한정하면서 그 안에서 의미를 추구한다. 그녀에게 있어 삶을 구성하는 원천은 거시적 역사나 초월적 관념에 있지 않다. 그녀는 태어나 늙어 죽어가는 과정의 경험에 대해 생각한다. 그녀가 자주 던지는 질문은 피할 수 없는 현실에서 우리의 삶을 지탱해주는 것이 무엇인가이다. 그래서 가끔 시인이 발견하는 어떤 의미는 인생여정의 끝에 대한 숙고에서 빛을 발한다. 1992년의 시집 『불꽃 낙하』(Firefall)에 실린 시 「끝내기」("Endings") 제2부는 시인이 어떻게 현실과 대면하고 있는가를 여실히 보여준다.

놓쳐버린 매력적인 것, 심야영화 녹화를 위해
잠자리에 들 때 VCR을 설정해 놓듯이
우린 언제나, 미리 볼 수 없는 것, 정해지지 않은 것을 위해
여분의 30분을 할애하지요. (좁은 화면의 밤의 신들은
경건함에 사로잡힌 시청자들에게 무자비해요.)

Setting the V.C.R. when we go to bed
to record a night owl movie, some charmer we missed
we always allow, for unprogrammed unforeseen,
an extra half hour. (Night gods of the small screen
are ruthless with watchers trapped in their piety.) (*Firefall* 53)

인생의 끝은 하루의 끝과 닮았는지 모른다. 시의 화자 "우리"는 텔레비전 시청
에서 즐거움을 찾는다. 잠자는 동안 보지 못할 것을 녹화하고자 30여분을 할애
하는 수고를 아끼지 않는다. 우리의 텔레비전 시청은 거의 경배 수준이어서 그
조그만 텔레비전 화면에 등장하는 것들은 신의 지위에서 우리를 무자비할 정도
로 좌지우지한다.

우리는 시청해요, 다음 날 저녁에, 영화의 시작을 더디
찾아낸 후, 만나요, 사소한 것들과 주도적인 것들을
들어가요, 그들의 시간과 공간, 의도와 필요 속으로
경청해요, 우리 가슴팍에서 공감의 자물통이 철컥대는 소리를
지켜봐요, 세력들이 모여들고, 굴하지 않는 세상이
굴하지 않는 심장에 맞서는 것을, 한 갈망이, 굴복할지도 모를
다른 갈망을 위해 지뢰를 부설하는 것을.

We watch next evening, and having slowly found
the start of the film, meet the minors and leads,
enter their time and place, their wills and needs,

hear in our chests the click of empathy's padlock,
watch the forces gather, unyielding world
against the unyielding heart, one longing's minefield
laid for another longing, which may yield. (*Firefall* 53)

영화 속의 모든 것은 이유가 있다. 작은 일과 큰일이 뒤섞여 있지만 매 사건은 각각의 시간과 공간 그리고 필요 속에 놓여 있다. 이 필연의 시공에서 우리는 마음의 빗장을 해제당하고 그 속으로 끌려 들어간다. 그곳에서는 서로 다른 갈망들이 충돌하고 주인공의 분투적인 추구가 견고한 세상과 마찰을 일으킨다.

광고 시간에는 내가 쥐고 있는 먹다 남은 샐러드에 눈물이
소금 간을 하거나, 웃음이 오줌 누러 가는 내 바쁜 발길을 늦출 거예요.
그러나 엉긴 덩어리가 녹아 투명해지면서 검은 운명이
화면에 드리울지도 몰라요. 영화가 너무 늦게 시작했어요.

Tears will salt the left-over salad I seize
during ads, or laughter slow my hurry to pee.
But as clot melts toward clearness a black fate
may fall on the screen; the movie started too late. (*Firefall* 53)

영화의 잘 짜진 구조는 시청자에게 텔레비전 광고의 중간 휴식마저 안달하게 한다. 하지만 영화가 결말에 도달하는 순간 화자는 거의 절망에 가까운 불안에 직면한다. 화자는 영화가 너무 늦게 끝나는 바람에 지치고 우울해진 탓도 있겠지만 어떤 이유에선가 영화의 결말에서 "검은 운명"이 드리우는 것을 감지한다.

화자의 불안은 영화가 보여준 결말에 대한 불신에서 비롯한다. 그것은 온갖 갈등과 극복에서 화자에게 웃음과 눈물을 선사했지만 그 결말에서 의혹을 불러일으킨다.

작품 전체의 의미를 밝혀주는 결말이
거꾸로 비쳐주는 것에 찢기고
마음과 느낌이 마비된 채로 나는 도리질 치며 소리 질러요,
"그 결말은 참을 수 없어! 어떻게 그리 끝나는지 알아야겠어!"

Torn from the backward-shining of an end
that lights up the meaning of the whole work,
disabled in mind and feeling, I flail and shout,
"I can't bear it! I have to see how it comes out!" (*Firefall* 53)

한 작품의 끝은 그 유기적 구조에서 시작과 중간에게 연결된다. 끝은 시작과 중
간의 발전 과정의 결과로서 드러나야 한다. 화자는 그토록 자신을 몰입시켰던
영화가 왜 이렇게 끝나야 하는지 이해하지 못한다. 영화의 끝을 그대로 용인하
지 못하고 끝남의 방식에 대해 알고자 절박하게 몸부림친다.

　화자의 몸부림은 이야기의 끝을 지향한다. 화자가 확인하고자 하는 이야기
의 끝은 궁극적으로 인생의 끝이다. 그 끝은 끝없이 불확실하다.

이야기란 왜 존재하는가? 결론이 나지 않는 고통으로부터
또한 무의미의 공포로부터 해방을 가져오지 않는다면.
소리 없이 발사된 마음들이 우주를 가로질러 휴식처를 찾아요.
얼마나 자주 나는 당신의 마음을 뒤쫓았던가!
나는 뒤쫓을 거예요, 금속 별 박힌 야회복 입고
인생의 더딘 춤의 시작을 기다리는 우주마다 지나쳐
죽음의 자만심처럼 끝없는 어둠의 빈자리를 지나쳐
이야기의 결말을 찾을 거예요.

For what is story if not relief from the pain
of the inconclusive, from dread of the meaningless?
Minds in their silent blast-offs search through space—

how often I've followed yours!—for a resting-place.
And I'll follow, past each universe in its spangled
ballgown who waits for the slow-dance of life to start,
past vacancies of darkness whose vainglory
is endless as death's, to find the end of the story. (*Firefall* 53)

화자의 척도에서 모든 이야기는 의미 있는 결론으로 끝나야 한다. 하지만 인생은 구조적 발전에 따르는 어떤 의미로서 끝나지 않는다. 영화가 보여주는 끝은 인생의 끝을 제대로 보여주지 못하므로 무의미하다. 어떤 끝맺음도 인생의 궁극적 끝을 추구하는 화자에게 제대로 설득력을 발휘하지 못한다. 그 끝은 "휴식처"이면서 느리게 진행하는 인생의 춤을 거쳐서 도달하는 곳이다. 화자와 이 끝 사이에는 "죽음의 자만심처럼 끝없는" "우주의 빈자리들"이 자리하고 있다. 사람들의 마음은 죽음의 공허가 주는 두려움에도 불구하고 이러한 우주를 거쳐 "안식처"에 도달하고자 한다. 이 열망에서 화자는 "당신의 마음"을 자주 뒤쫓아 왔고 앞으로도 그럴 것이다.

　밴 다인은 이 시에서 죽음의 끝과 그 이후를 직면하고 있다. 그녀에게 끝은 생명의 종결을 뜻하지 않는다. 그녀의 관심은 그 끝이 형성하는 의미에 주어져 있다. 죽음에 관한 사색이라고도 할 수 있는 이 시에서 그녀는 무위자연에로의 회귀나 공수래공수거식의 초연 혹은 초월에의 의지를 드러내지 않는다. 마지막 부분에서 화자가 쏟아내는 어귀들은 격정적이고 절박하기까지 한 어조를 형성한다. 그녀가 추구하는 이야기의 끝은 죽음의 공간을 지나서 존재한다. 그녀가 고려하는 이야기는 생명의 소멸과 더불어 끝나지 않고 허용되지 않는 완성 혹은 끝나지 않는 끝을 향하여 아직 진행 중이다. 그녀는 이야기의 진정한 완성을 확신하지 못하는 가운데 인생의 끝을 향해 나아가고 있다.

IV. "한 작은 감각적 파국"

밴 다인은 가사시인이라는 칭호가 어울리는 시인이다. 하지만 그 칭호가 불러일으킬 오해에 대해 주의가 요구된다. 그녀는 사소한 것에서 심대한 것을 느끼게 하고 최소주의적인 것에 최대의 것을 함축하는 재주를 지녔다. 시인은 우리의 삶을 근본적으로 규정하는 존재의 여건이 현실의 사소함에 있다는 것을 깨닫게 한다.

밴 다인의 시에서는 종종 흔하게 대하는 것이 사소한 흔들림에 의해 그 껍질이 깨지고 그 안에 있던 어떤 것이 시인을 긴장하게 한다. 1964년 『꿀벌의 시간』(*A Time of Bees*)에 실렸다가 2002년 『시선집』(*Selected Poems*)에 다시 수록된 시 「미주리에서 느낀 대지의 진동」("Earth Tremors Felt in Missouri")은 밴 다인이 현실의 안주나 비관 혹은 방관에서가 아니라 그 현실의 흔들림에 대한 긴박한 반응에서 시를 쓰고 있다는 것을 보여준다.

어젯밤 흔들림은 개인적인 게 전혀 아니었다고
오늘 아침 당신은 내게 말했어요. 내 생각에 사람은 늘 궁금해요
물론, 어떤 것을 볼 수 없으면 그렇다는 말이에요. 진동이
사적이고 제멋대로인 우리를 사로잡는 것은 흔한 일이에요.

하지만 대지는 어젯밤 말했어요, 내가 느끼는 것을
당신이 느낀다고, 당신을 남몰래 움직이는 것이 나를 움직인다고
한 작은 감각적 파국이
어렴풋이 알아차린 것을 세상의 떨림으로 문자를 만들어 쓰게 해요.

우리가 서로에게, 자신보다 더 못하고, 상스러우며
지성이 없고, 예전의 우리 그 이상인, 서로에게 돌아설 때
대지는 그 위의 다른 것들과 함께, 제 진로대로 회전하지요. 조약돌인 우리가

부풀어 올라 혹성이 되고, 우주의 진행에 근접하여
우리의 자만으로 태양까지 파악해버려요
그 태양의 빛나는 시련은 냉정한 사람마저 슬픔에 젖어 있게 하네요

The quake last night was nothing personal,
you told me this morning. I think one always wonders,
unless, of course, something is visible: tremors
that take us, private and willy-nilly, are usual.

But the earth said last night that what I feel,
you feel; what secretly moves you, moves me.
One small, sensuous catastrophe
makes inklings letters, spelled in a worldly tremble.

The earth, with others on it, turns in its course
as we turn toward each other, less than ourselves, gross,
mindless, more than we were. Pebbles, we swell
to planets, nearing the universal roll,
in our conceit even comprehending the sun,
whose bright ordeal leaves cool men woebegone. (*Selected Poems* 38)

　　지진은 한 개인에게 국한하여 일어나지 않는다. 화자는 "사적이고 제멋대로
인" 사람들이 이 진동의 공적 성격에 매료된다는 것을 깨닫는다. 화자의 자각은
지진이 유발하는 떨림이 유별난 것이 아니고 "흔한" 것으로서 우리 주변의 일부
를 이룬다는 깨달음으로 이어진다. 자각의 심화는 화자를 더 기발한 생각으로
이끈다. 한 가지 진동이 우리 모두를 함께 흔들리게 하듯이 지구는 그 품안의 모
든 것을 함께 데리고 한 방향으로 움직인다. 한 가지 움직임과 방향에서 우리는
서로를 향해 끊임없이 돌아서고 있다. 서로를 향하는 우리 중에는 나보다 덜할
수도 더할 수 있는 모두가 포함된다. 그것은 마치 우리가 조약돌에서 혹성으로

부풀어 올라 우주의 정해진 궤도에 따라 움직이는 것과 같다. 이 우주의 궤도에는 중심을 이루는 태양까지 위치하고 있다.

화자의 "자만" 혹은 기발한 착상은 "한 작은 감각적 파국"에서 유발된다. 일상에서 일어난 자그만 파국이 시인의 감각을 흔들어 그녀의 관념을 깨뜨린다. 시인의 깨진 관념의 틈새에서 세상은 새 모습으로 자꾸 자라나고 사적인 것이 공적인 공간에로 이동해 간다. 나와 너를 한 가지로 묶어주는 것에 대한 자각에서 시인의 상상력은 불꽃처럼 타오른다. 밴 다인에게 있어서 시는 삶의 상처를 아물게 해주는 어떤 것이다. 그녀의 시적 상상력은 삶의 조그맣고 감각적인 파국에서조차 상처에 새살을 돋우는 방향으로 작용한다. 그렇지만 그녀의 상상력이 형성하는 우주에서조차 태양은 그 "빛나는 시련"으로 냉정한 사람들마저 슬픔에 젖어 있게 한다. 밴 다인의 우주에는 그 중심에서 모든 것을 조화롭게 움직이게 하는 태양이 시련으로 빛을 발한다. 시인의 우주에서 중심을 차지하는 빛은 아무래도 큰 시련에 의해 유지되는 것 같다.

밴 다인은 83세의 나이에 골수암으로 사망한다. 시작 활동 내내 우울병을 앓았지만 시 짓기에서 자신의 병에 초점을 두지 않았다. 여러 평자들이 그녀의 특징으로서 일상적이고 접근 가능한 것에 대한 헌신을 지적한다. 뛰어난 감수성과 상상력을 갖춘 시인이 일상적인 것에 관심을 집중하는 일은 그것을 넘어서는 것보다 더 어려울 수 있다. 시인 웨이크필드(Richard Wakefield)는 『시애틀 타임스』(Seattle Times)에 기고한 『시선집』 서평에서 밴 다인의 시가 "그 불완전에도 불구하고"가 아니라 "그 불완전 탓에" 아름답다고 지적한다. 그의 접근법은 시인의 일상성에 대해서도 적용될 수 있다. 그녀의 시는 일상의 비일상성에서가 아니라 일상성 그 자체에서 주목을 요한다. 현실은 초월적 관념에서가 아니라 그 자체의 씨줄과 날줄로 구축되는 구체에서 아름다울 수 있다. 그녀의 시는 현실을 상상적으로 비틀거나 이념적으로 조작하지 않으면서도 그 자체의 아름다움을 부분적으로나마 긍정적으로 표현하는 데 성공한다.

변치 않는 시의 옹호자로 살다
제임스 테이트

테이트(James Tate)의 초기시는 형식의 완결을 추구했다. 후기로 갈수록 논리적 종합을 거부하는 부분들이 재치 있게 나열되는 경우가 많다. 가드너(Stephen Gardner)는 그의 시가 "일반적으로 그런 것은 아니라도 종종 기괴하고 초현실적인 풍경들에 뿌리를 내리고 있다"(319)고 요약한다. 그의 시적 경력은 젊은 시절의 전통적 시학에서 출발해 급변하는 현실에 부합하는 새 목소리를 매 시집마다 지속적으로 찾아가는 모습을 보인다.

테이트는 23세 약관의 나이에 첫 시집 『행방불명 비행사』(*The Lost Pilot*)의 원고로 예일 청년시인상(Yale Younger Poets Award)을 수혜했다. 1992년에 『시선집』(*Selected Poems*)으로 퓰리처상을 탔고 1994년에 『존경스러운 플레처 사람들』(*Worshipful Company of Fletchers*)로 전미저작상을 받았으며 1995년에 미국시인협회가 수여하는 태닝상(Tanning Prize)을 수혜했다. 1943년 미주리 주 캔자스 시에서 태어났다. 미주리 대학을 거쳐 캔자스 주립대에서 1967년에 학사 학위를 받고 1967년에 아이오와 대학에서 석사학위(MFA)를 취득했다. 뉴욕 시 소재 콜롬비아 대학에서 강의를 시작했고 1971년 이후 앰허스트 소재 매사추세츠 대학 영문과 교수로 재직 중이다.

I. 일상의 의혹 속으로 모험을 떠나다

테이트는 매년 발행되는 『최상의 미국시』(*The Best American Poetry*) 1997
년도 판의 편집위원으로 위촉되어 그해 최상의 시를 선별하면서 서문을 통해 그
가 중시하는 시의 기준을 제시하였다. 이 글은 약간의 개작을 거쳐 동년 『미국
시평』(*The American Poetry Review*) 9-10월호에 「신선한 야크 파이」("Live
Yak Pie")의 제하에 다시 발표된다. 경력 후기의 시론을 대표할만한 이 글을 통
해 시인은 당대 시인들을 향해 시의 척도를 공적으로 제시하면서 여러 가지 주
목을 요하는 언급을 하고 있다.

첫째, 시가 나아갈 곳은 "새로운 곳"이다. 테이트는 글쓰기의 어려움을 토로
하면서 몇 시간씩 몇 날을 백지만 쳐다보는 경우가 있다고 고백한다. 그가 여행
하고자하는 곳은 언어가 새롭고 생각이 새로운 어떤 곳이기 때문이다("LYP").
그가 표현하고자하는 것은 이미 드러난 것으로서의 관습화된 세상이 아니다. 그
는 상식의 세상을 흔들어 쪼개고 그 부서진 것들 사이의 관계를 끊어놓는다. 이
방식에서 그가 사용하는 언어는 종종 긴축성의 희생을 치르고 다소 다변적이 되
며 재치와 유머에서 활력을 띤다. 애쉬(John Ash)는 『뉴욕 타임스 서평』(*The
New York Times Book Review*)에서 이런 테이트를 "심각하고 전복적인 의도
를 가진 시적 혼란의 지배자"이며 "세련되고 무정부주의적인 광대"라고 지칭한
다.

둘째, 시의 도착점은 미궁에 빠져있다. 테이트의 관심은 세상을 구성한다고
가정해온 것들이 무너진 후 새롭게 드러날 세상에 주어진다. 그에게 있어서 새
로운 세상은 특징적으로 온갖 의혹과 불확실 속에 처해 있다. 새 세상을 향한 여
행에서 그를 촉발시키는 것은 도착의 약속이 아니라 출발의 절박감인 것으로 보
인다. 그는 시 창작과정에 대한 유추로서 콜럼버스(Christopher Columbus)가
처음부터 미국을 찾아 항해하지 않았다는 예를 제시한다("LYP"). 그가 택한 여

행은 도착지가 분명히 정해져 있지 않는 종류의 것이다.

셋째, 시는 과정에 집중한다. 시인은 단지 "가까운 미래나마 슬쩍 두렵게 들여다보면서 우리가 아는 모든 것을 순간에 집중시킨다." 테이트의 시 짓기는 여행의 과정을 구현한다. 그는 "한편의 시 전체가 어떻게 드러날까에 대해 상상하는 실수를 저지를 때" 즉각적으로 "그 계획을 없애버리고자 원한다." 그가 애초에 결말을 염두에 두지 않은 채 시를 쓰고자 하는 것은 "그 어느 것도 진정한 발견의 행위를 대신해서는 안 된다"고 믿기 때문이다("LYP"). 그의 시 짓기는 발견의 행위이고 탐색의 과정이지 궁극의 도달이 아니다.

전체나 결론 대신에 과정에 집중하고자 하는 글쓰기 전략은 그의 시가 첫 시집 『행방불명 비행사』 이후에 긴축성의 결여에서 비판 받아온 이유를 어느 정도 설명해 준다. 그는 초기시편에 쏟아졌던 호평에 안주하지 않고 새로운 언어를 찾아 실험을 계속해온 시인이다. 그가 새 언어를 의식적으로 찾는 것은 세상의 현실을 제대로 담아내기 위해서다. 세상이 관습의 탈을 벗고 불확실하게 다가오는 데 부응해서 테이트의 언어 또한 새 방식으로 열려있을 것을 요구받는다.

넷째, 시의 진리는 변덕스럽다. 테이트에게 있어서 시는 "아름답고 요구하는 게 많은 애완동물"과 같다. 애완동물은 이것을 달라고 졸라댔다가도 금방 마음이 변해 저것을 달라하고 다시 그것을 주면 고개를 돌려버린다. 테이트는 이러한 "수정의 움직임들"이 "진리를 추구하는 언어의 아름다움"이라고 지적한다("LYP"). 시는 애완동물 같아서 변덕스럽지만 귀찮기보다 사랑스러운 존재이다. 이런 생각은 시인 자신의 시에 대한 변명을 이룬다. 그의 시가 하나의 생각이나 상황을 논리적으로 제시하기보다는 이런 저런 것들을 변덕스럽게 드러내는 경우들에서 특히 그러하다. 그의 관점에서 세상은 본질로서가 아니라 그것을 맴도는 이런 저런 변죽으로 드러난다. 시적 진리를 대하고 드러내는 바로 이 방식에서 테이트는 당대 시인들 사이에서 특이성을 드러낸다.

다섯째, 시는 세상의 일상 속으로 여행을 떠난다. 테이트는 큰 모험을 하고 그것을 시로 쓰고자 하는 생각을 어렸을 적에 가졌다고 회고한다. 하지만 그는 실제로 세상에 나가 "큰 모험들"을 찾아냈지만 그것들 중 단 하나도 시 속에 들어오지 못했다고 말한다. 그는 "새 한 마리"가 자신이 목격한 "열차 사고 잔해"보다 자신의 시에 등장할 가능성이 높다고 단언한다("LYP"). 시 짓기의 허기에서 그의 눈길을 붙잡는 것은 뉴스를 장식하는 큰 사건이 아니라 일상의 사소한 것들이다.

그렇지만 테이트가 시의 제재를 일상에서 취한다고 해서 그가 주변 현실을 있는 그대로 받아들이고 그것에 순응하려한다고 보는 것은 잘못이다. 시는 열대림을 배어내는 것이 나쁘다고 말할 수 있다. 그렇지만 훌륭한 시인이라면 이렇게 이미 알려지고 받아들여진 것을 어떤 새로운 이해에로 확장할 수 있어야 한다. 그는 시가 다뤄야할 것을 "우리가 서있는 곳에서 옮겨와야 한다"("LYP")고 하면서 동시에 그것이 상식적으로 관습화된 것이어서는 안 된다고 덧붙이고 있다. 그는 시인이 현실에 처하여 그 표면 아래로 더 깊이 들어가기를 원하고 있다.

여섯째, 시는 일상의 짜임새에 대한 감각에서 시작한다. 테이트에게 있어서 시 쓰기는 삶의 "짜임새를 느낌으로써" 행해진다. 그는 "이 짜임새가 형성하는 것이 무엇일까, 그것의 본질에 근접할 것 같은 단어를 한두 개라도 찾을 수 있을까" 궁금해 하면서 몇 시간이고 서성인다. 시인은 이런 시 쓰기가 시작은 매우 더디더라도 일단 한두 단어가 다른 몇 단어들에게 길을 내주면 결국 수많은 생각들과 심상들이 홍수를 이루게 된다고 설명한다("LYP"). 테이트의 시 쓰기는 기획이나 주어진 관념에 의해서가 아니라 구체적 일상의 짜임새가 감각적으로 촉발하는 어떤 것에 의해서 시작된다.

"시인이 언어에 대해 고도의 긴장 상태에 처할 때 거의 모든 것들은 시 속에 들어오겠노라고 간청한다." 시인이 처할 수 있는 이 "최고의 흥분 상태"를 구성하는 것은 "지하철이나 슈퍼마켓에서 엿듣게 되는 말들, 낙서, 신문 기사 표제, 혹은 아이가 길 따라 걸으며 외워대는 학습내용"과 같이 주변의 일상이다. 이 상태에서 "흔한 단어들은 갑자기 신비로워지고 아름다워진다." 시인이 길거리에서 취하게 되는 단어들이 얼마나 세속적이냐 하는 것은 문제가 되지 않는다. 아무리 "흔해빠진 언어의 조각"이라고 하더라도 시인이 그것을 새롭게 할 수 있기 때문이다("LYP").

일곱째, 시의 힘은 통찰력에 있다. 여기서 통찰력은 일상의 관습적 모습을 그대로 용인하지 않고 비록 변덕스럽고 모호할지라도 진리의 양상으로 여겨지는 것을 지각해내는 사유의 능력을 뜻한다. 평범한 삶의 부분들이 "신비로워지고 아름다워진" 것은 시인의 시선이 일상의 상식보다 한 꺼풀 아래를 들여다보기 때문이다("LYP").

여덟째, 새 생각은 새 언어에 담는다. 일상의 허물을 벗기는 통찰을 수행하고 그것을 전달하는 데는 새로운 언어가 필요하다. 시인은 "언어를 날카롭게 하거나 위험한 생각을 암시하는 은유를 창조함으로써" 혹은 "숱한 다른 방법들"에 의해서 상식을 거스르는 어떤 발견에 도달할 수 있다. 테이트의 언어는 가끔 서로 연결되지 않는 심상들을 병렬적으로 던져냄으로써 다소 다변적이 된다. 그래서 그는 시가 때로 "구석에서 작업 중인 거미처럼" 매우 조용한 방식으로 창조될 수 있지만 때로 시끄럽기 짝이 없어서 여러 단어들이 "양철깡통처럼" 부딪쳐댈 수도 있다고 말하게 된다("LYP"). 테이트에게 있어서 언어는 생각과 느낌을 전달해주는 단순한 매체가 아니다. 그것은 관습의 세상을 해체하고 그 안의 것을 새롭게 드러나게 하는 강력한 수단이다. 그는 (후기)구조주의자들과 마찬가지로 세상에 대한 우리의 일차적 파악이 언어에 의존한다는 것을 잘 의식하고 있다. 그가 현실의 심층에서 발견하는 것들은 그에게 언어의 전통적 사용에 의존하지 않고 온갖 방법을 의식적으로 동원할 것을 요구한다.

테이트가 언어의 새 변경을 개척하고 있는 한 그에 대한 이해는 새로운 접근 방식을 요구한다. 시의 구성력은 부분과 부분 사이의 관계 그리고 부분과 전체 사이의 관계가 얼마나 밀접하게 맺어지느냐에 따라 달라질 수 있다. 테이트는

"시의 모든 부분과 요소들이 서로에게 맺는 관계"가 중요한 문제라고 말한다. 좋은 시를 창조하려면 모든 것이 한 가지 목표를 향하고 있는지 외적인 요소가 없는지 살펴야 한다고 여긴다. 그는 이렇게 자신의 시에서 부분들 간의 관계와 전체의 구조를 의식적으로 고려하는 시인인 것이다. 그런데 그는 이 언급에 이어, "어떤 종류의 표면상 통일성 결여는 … 보다 큰 어느 의도에 의해 정당화될 수 있지 않겠는가?"라고 묻는 자세를 취한다. 여기서 그는 자신의 시가 드러내는 표면상의 통일감 결여에 대해 답하고 있다. 문제는 "보다 큰 어느 의도"를 어떻게 공감하게 하느냐에 달려있을 것이다. 한 이해의 방식에서 동떨어져 보이는 부분들도 보다 큰 다른 이해의 방식에서 서로 연결될 수도 있다. 테이트가 원하는 것은 통일감의 부정이 아니라 보다 큰 의도에 의해 작용하는 어떤 통일감이라고 하겠다.

아홉째, 시의 배경에 침묵이 있다. 언어의 문제는 현실의 문제에 직결되어 있다. 테이트가 언어를 날카롭고 위험한 방식으로 다루는 것은 그가 담아내야 할 현실이 그러하기 때문이다. 대개의 산문이 "일종의 지속적인 재잘거림, 묘사, 설명 혹은 이름 짓기"에 관여한다면 "시는 침묵의 본질적 배경을 등지고서 말한다." 시는 "그것이 의도하는 것의 핵심에 있는 것을 결코 완전히 명명할 수 없는 탓에" 마지못해 겨우 말을 꺼낸다. 그는 시를 구성하는 단어들 사이에, 구와 구 사이에, 심상들과 생각들과 행들 사이에 "신앙심 깊고 고뇌에 시달리는 침묵"이 존재한다고 말한다("LYP").

시에 침묵을 배치시키는 것은 시가 명명할 수 없는 것을 표현하려 하기 때문이다. 테이트는 최종 여행지가 어디인지를 모르는 여행자이다. 여행의 의지와 동기는 분연하고 긴박한 것이지만 최종 목적지를 정확하게 모르는 처지에 있다. 그의 시는 아직 알 수 없는 것을 표현하고자 말과 침묵 사이를 오갈 수밖에 없다. 그는 "미리 알려진 계시란 정의상 계시가 아니다"는 입장에서 시인이 할 수 있는 일이 단지 그것을 희망하는 것뿐이라고 여긴다. 이런 그가 창작 활동에서 시인이 가장 하지 말아야 할 것으로 이론화를 꼽는 것은 마땅할 따름이다. 침묵을 배경에 두고 목소리를 내는 시는 그 의미가 쉽게 드러나지 않을 게 분명하다. 하지만 테이트는 예민한 독자라면 언어가 갈라놓은 현실의 틈새로 "말해지지 않은 것이 어둠 속에 휴식을 취하고 있는 다른 세계"를 엿보고자 자기도 모르는 사이에 갈망하게 된다고 여긴다("LYP").

이 처지에서 테이트는 한편으로 세상의 관습을 재치와 유머의 언어로 유쾌하게 흔들어 놓으면서도 다른 한편으로 새로운 세상의 지향에도 불구하고 그것이 무엇인지 말할 수 없는 까닭에 의혹의 그늘에 처하게 된다. 그가 발휘하는 유희적 언어의 그늘에는 불확실이 자리하고 있다. 이 그늘은 세상의 저쪽에 도달하려는 테이트의 의식적 노력에서 단순히 암울한 분위기를 조성하는 데 머물지 않는다. 그 언어유희의 그늘은 『흰 당나귀의 도시로 돌아가다』(*Return to the City of White Donkeys*)의 경우에서처럼 도시의 온갖 관계의 양상들을 파고들면서 오늘의 세상을 반추하게 한다. 그의 장시와 연작시들은 서정적 감상으로 가늠할 수 없는 규모와 깊이를 제시하고 있다고 여겨진다.

열째, 시는 허기다. 테이트는 시 창작의 원동력을 시가 아니고는 "그 밖의 어느 것도 누그러뜨릴 수 없는 허기와 궁핍"에서 찾는다("LYP"). 이 허기와 궁핍은 일차적으로 개인적이다. 시인은 시가 자신에게 가져다주는 기쁨과 만족을 좇아서 시를 쓴다. 그렇지만 그것은 공적이기도 하다. 테이트에게 있어서 이 결핍의 느낌은 주어진 세상에 대한 불만과 연결되어 있다. 그가 날이 선 언어로 세상의 현실에 금이 가게하고 그 틈새를 지속적으로 엿보는 한, 삶의 의혹 속으로 모험을 떠나는 한, 그의 시는 사회를 향해 열려 있기도 하다.

II. 약관의 시인에게 찬사가 쏟아지다

테이트의 초기시는 1967년에 예일 대학 출판부가 펴낸 시집 『행방불명 비행사』(1967)로 대표된다. 예일 청년시인상이 약관의 23세 시인에게 돌아간 것은 이 상의 73년 역사에서 처음 있는 일이었다고 한다. 그만큼 이 시집에 대한 평가와 기대는 열광적인 것이었다. 시집의 제목은 2차세계대전 당시 독일 영공에서 행방불명이 된 테이트의 아버지를 지칭한다. 가드너는 이 시집에 대해 대부분의 평론가들이 "그토록 젊은 사람이 그토록 많은 것을 그토록 훌륭하게 해낸 것"에 "동시적인 칭송과 놀람"을 표했다고 지적한다(319). 스트로포리노(Chris Stroffolino)는 『2차세계대전후 미국시인들』(*American Poets Since World War II*)에서 이 시집에 쏟아지는 호평이 시 형식의 성취에서뿐만 아니라 시인이 자신 있게 취하고 있는 "특유의 페르소나들"에서도 기인하고 있으며 매력의 일부가 "짧은 서정시의 억제된 어조"에서 생겨난다고 지적한다.

가장 큰 찬사는 시집과 동명의 시에 대해 주어졌다. 「행방불명 비행사」 ("The Lost Pilot")는 테이트가 전사한 아버지를 위해 쓴 시이다. 그는 이 시를 자신이 아버지의 사망 당시 나이가 되던 날에 신비한 경험을 통해서 짓게 되었다고 한다.

> 당신의 얼굴은
> 다른 사람들, 예컨대 어제 만난 부조종사처럼
> 그렇게 상하지 않았어요.
>
> 그의 얼굴은 옥수수
> 죽처럼 뒤범벅인데 아내와 딸
> 그 가련하고 무지한 사람들은 빤히 쳐다봐요
>
> 그가 곧 제 형상을 갖출 것처럼.
> 욥보다 더 학대 받은 모습이었죠.
> 하지만 당신의 얼굴은 상하지 않았어요.

다른 사람들과는 다르게, 그것은
흑단(黑檀)처럼 거무스름해지고 단단해졌어요.
이목구비가

뚜렷해졌어요.

Your face did not rot
like the others—the co-pilot,
for example, I saw him

yesterday. His face is corn-
mush: his wife and daughter,
the poor ignorant people, stare

as if he will compose soon.
He was more wronged than Job.
But your face did not rot

like the others—it grew dark,
and hard like ebony;
the features progressed in their

distinction. (*SP* 15)

시의 화자에게 아버지는 전사할 당시의 나이에 머물러 있다. 시인 화자는 아버
지가 젊은 나이에 사망함으로써 역설적이게도 노화의 과정을 겪지 않는다는 것
을 자각한다. 한 차례도 만난 적이 없고 앞으로도 만날 수 없는 아버지에 대한
갈망에서 그는 아버지의 전우를 찾아 나선다. 이제 화자가 당시의 아버지만큼
나이가 들고 보니 그 아버지의 살아남은 전우는 노화의 결과로서 얼굴의 윤곽이

뒤범벅이 되어 있다. 하지만 화자는 같은 피와 같은 나이의 아버지를 상상함으로써 동질감을 더욱 선명하게 느낀다. 상상의 아버지는 화자의 몸과 마음이 강렬하게 갈망하는 순간에서 흑단처럼 단단한 실체를 이룬다.

화자의 갈망은 아버지의 얼굴을 직접 만져 보고픈 욕구에로 고조된다. 그의 목소리는 불가능한 것에 대한 가정과 소망을 반복적으로 토해낸다.

> … 내가 당신을 부추겨
> 강제 궤도비행에서 하루 저녁이라도
> 돌아오게 할 수 있다면
>
> 당신을 만질 텐데
> 당신의 건달 사수(射手) 댈러스가 이제
> 물집 생긴 눈으로
>
> 브라유식 점자책을 읽듯이
> 당신의 얼굴을 읽을 텐데
> 당신의 얼굴을 만질 텐데, 마치 초연한
>
> 학자가 최초 원본을 만지듯이.
>
> . . . If I could cajole
> you to come back for an evening,
> down from your compulsive
>
> orbiting, I would touch you,
> read your face as Dallas,
> your hoodlum gunner, now,
>
> with the blistered eyes, reads

his Braille editions. I would

touch your face as a disinterested

scholar touches an original page. (*SP* 15)

화자는 아버지가 사고를 당하기 전의 시간으로 돌아가 그를 궤도 비행에서 데려오고 싶다. 얼굴을 직접 만져보고 싶다. 그 손길은 분명 최초 원본을 대하는 학자의 그것처럼 조심스럽고 경외와 애정으로 가득 차 있을 것이다. 이 대면은 단순히 보는 게 아니고 만지는 것이면서 읽는 행위이다. 그는 아버지에 대해 너무나 많은 것을 모르고 있고 그만큼 알고자 하는 마음이 강하다. 화자가 원하는 것은 들어서 아는 것이 아니라 직접 접촉하는 것이다. 화자가 희구하는 것은 점자 책 읽기가 그러하듯이 직접 접촉을 통해 그 내용을 파악하는 것이다. 아버지의 전우 댈러스는 이제 늙고 병들어 시력까지 잃었지만 화자의 지적 추구는 한창 나이의 아버지에게서 이제 갓 시작되었다.

지적 추구는 두려움을 수반한다. 아버지의 존재를 아는 것은 아버지의 부재를 확인하는 것과 함께 이뤄지는 탓이다. 그것은 무서운 일이지만 화자는 스스로 용기를 북돋운다.

아무리 두려워도, 나는
당신을 알아낼 거예요 당신을

돌려주지 않겠어요 당신이 아내나
댈러스나 부조종사 짐을
대면하게 하지 않겠어요.

당신은 정신 나간 궤도 비행에
돌아갈 수 있겠지요 나는 그것이

당신께 무엇을 뜻하는지

다 알려고는 하지 않겠어요.
내가 아는 것은 오직 이것, 내 일생 동안
매년 최소한 한 차례 당신을 보아왔듯이

한 작은 아프리카 신처럼 당신이
거친 창공 가로질러 나선식으로 강하 하는 것을
내가 바라볼 때

나는 내가 마치
이방인의 삶이 남긴 찌꺼기인양 느낀다는 것
내가 당신을 뒤쫓아야 한다는 것, 이것뿐이에요.

However frightening, I would
discover you, and I would not

turn you in; I would not make
you face your wife, or Dallas,
or the co-pilot, Jim. You

could return to your crazy
orbiting, and I would not try
to fully understand what

it means to you. All I know
is this: when I see you,
as I have seen you at least

once every year of my life,
spin across the wilds of the sky

like a tiny, African god,

I feel as if I were
the residue of a stranger's life,
that I should pursue you. (*SP* 15-16)

아버지가 속하는 세계에는 사실 화자가 존재하지 않는다. 그곳에는 어머니가 있고 전우들이 있을 따름이다. 화자는 자신의 상상이 데려온 아버지를 이 세계에 위치시킬 수 없다. 그럴 경우 그는 그들과 함께 노쇠하여 그들의 일부로 사라져 갈 것이다. 그래서 그는 아버지를 그들에게, 혹은 그가 아버지를 데려온 곳으로서 죽음의 세계로, 되돌려 주지 않으려 한다. 화자는 오직 자신과 맺어진 관계의 차원에서 아버지를 알고자 한다. 왜 전쟁을 치러야 했는지 그리고 아버지가 왜 그 목적을 위해 죽어야 했는지는 화자에게 가장 중요한 질문이 아니다. 그건 다 알지 못해도 그만이다.

화자는 해마다 찾아오는 기일에 그리고 그런 날이 아니더라도 종종 아버지를 떠올리고 둘 사이의 관계에 관해 의혹에 처했을 것이다. 아버지의 직접적인 손길을 받아본 적이 없는 처지에서 화자는 한편으로 "이방인의 삶이 남긴 찌꺼기인양" 아버지와 완전한 단절을 느끼면서 다른 한편으로 "[아버지를] 뒤쫓아야 한다"는 것을 알고 있다.

아버지의 부재와 존재가 벌이는 이중주에서 화자는 아버지를 원망하면서도 감싸 안는 어떤 성숙, 단단한 인내, 그리고 그것의 유지가 힘들어진 순간의 간절함을 복합적으로 보여준다.

고개를 하늘로 처든 채
나는 지상을 떠날 수 없고
당신은, 빠르고, 완벽하게

다시 건너가면서, 내게 꺼내기를
꺼려하고 있소, 잘 지내고 있다는 그 말을
당신을 저쪽 세상에 두고

나를 이쪽 세상에 두는 것은
실수였다는 그 말을, 그 불행 탓에
우리 안에 이 세상들이 자리하게 됐다는 그 말을.

My head cocked toward the sky,
I cannot get off the ground,
and, you, passing over again,

fast, perfect, and unwilling
to tell me that you are doing
well, or that it was mistake

that placed you in that world,
and me in this; or that misfortune
placed these worlds in us. (*SP* 16)

화자와 아버지는 서로 다른 세상에 살고 있다. 화자는 아버지에 대한 열망 가운
데서도 두 세계의 차이를 냉정하게 의식하고 있다. 이 의식에서 상상이 불러온
아버지의 강림은 재빨리 완벽하게 철회된다. 화자는 혼자 자란 아들로서 잠시라
도 아버지의 변명을 듣고 싶어 한다. 함께 하지 못해서 미안하다는 말만으로도
그는 아버지의 부재를 참을 수 있을 것 같다. 전쟁은 개인이 어찌할 수 없는 어
쩌면 불운이라고 할 수밖에 없는 것인지 모른다. 화자는 이미 아버지의 입장을
이해하고 있는 자의 온기를 아버지의 변명에 불어넣고 있다. 아버지는 화자의
아쉬움을 부채질 하듯 "완벽하게" 본래의 자리로, 죽음이 갈라놓은 저 세계로,
되돌아간다. 그렇지만 아버지가 속한 저 세계는 아들의 아쉬운 갈망에서 이 세

계 속에 공존하고 있다.

테이트는 경력의 출발점에서 간결한 문체가 압축하는 서정성으로 호평을 받았다. 그렇지만 그는 이러한 형식의 시가 이룩하는 고전적 완성도에서 오히려 미래의 제약을 감지한 듯하다. 이후 그의 시집들은『행방불명 비행사』의 문체에서 벗어나려는 다양한 시도들로 점철된다.

III. 시는 아주 어려운 수수께끼다

언어의 긴축적 사용과 문체의 자유 중에서 어느 쪽에 가치를 더 두느냐에 따라 테이트의『행방불명 비행사』이후의 시집들에 대한 평가가 갈린다. 테이트는 다채로운 목소리를 부단히 모색한다. 이 모색에서 1970년에 발간한『망각의 웃음소리』(*The Oblivion Ha-Ha*)는 그가 거둔 첫 주요 수확이라고 할 수 있다. 이 시집과『행방불명 비행사』사이에는 테이트의 창작열을 반영하듯 네 권에 달하는 소시집들(chapbooks)이 자리하고 있다.『망각의 웃음소리』는 이 소시집들에 실린 상당수를 포함하여 그 일단의 시도들을 묶어내고 있는 셈이다. 이 과도기적 시집에서 그는 첫 시집의 억제력을 결여하면서 후기 시집들의 자유롭고 안정적인 목소리에는 이르지 못하는 중간 지대에 있다.

「산문시」("Prose Poem")는 어정쩡한 상태의 시인을 예시한다.

나는 이 거대한 수수께끼의 조각들로
에워싸여 있다: 여기엔 내가 아내라고 부르는 조각이 있고
여기엔 내가 신념이라고 부른 이상한 조각이 있고, 여기엔
집회가 있고, 여기엔 충돌이 대화재가
축하가 있다. 이것은 아주 어려운 수수께끼다! 나는
다른 모든 사람이 잠든 후에 그 모든 조각에 기름칠을 해서
지하실 중앙에 쌓아두고 싶다. 그때 나는 잠수부처럼

비참한 혼돈 속으로 머리부터 뛰어든다.
나는 몽구스처럼 내뱉고 으르렁거리면서
조각 몇 개를 마구 걷어차고 교살하고 물어뜯는다.
내가 아침에 일어날 때 그것은 완전히 고쳐져 있다!
그 야만스런 재생에 사로잡혀 죽지 않으리라고
내 아내는 말한다. 난 그녀가 그러리라고 말한다.

I am surrounded by the pieces of this huge
puzzle: here's piece I call my wife, and
here's an odd one I call convictions, here's
conventions, here's collisions, conflagrations,
congratulations. Such a puzzle this is! I
like to grease up all the pieces and pile
them in the center of the basement after
everyone else is asleep. Then I leap head-
first like a diver into the wretched confusion.
I kick like hell and strangle a few pieces,
bite them, spitting and snarling like a mongoose.
When I wake up in the morning, it's all fixed!
My wife says she would not be caught dead at
that savage resurrection. I say she would. (SP 43)

시인의 언어는 초기의 시에 비해 볼 때 생각을 어떤 형식에 의해 통제하기보다
는 그것이 가능한 한 자유롭게 유출할 수 있게 하고 있다. 시의 행구분에서 단어
들과 표현들은 앞뒤의 고려를 통해 전체가 통제된 구조에서 주어지기보다는 목
소리가 발화되는 매 순간에 충실하게 던져진다. 그것은 문어의 언어이기보다 구
어의 그것에 가깝다.

　화자가 말하는 "이 거대한 수수께끼"는 그를 둘러싸고 있는 세상 그 자체이
다. 그곳에는 아내가 있고 집회가 열리고 충돌이 일어나고 화재가 발생한다. 화

자는 이 모든 것이 그에게 알 수 없는 것으로 다가오는 상황에 당혹해 하고 있다. 그는 특히 자신의 "신념"을 "이상한" 것으로 단언함으로써 이제까지 옳다거나 정확하다고 여긴 것들에 대해 자신이 그간의 믿음을 잃어버린 것을 확인한다. 이 수수께끼의 근원은 전체의 이념이다. 화자는 지극히 익숙한 숱한 조각들에 포위되어 있지만 그것들의 전체가 구성하는 어떤 것이 무엇인지 알 도리가 없다. 그는 이 조각들에 기름칠을 해서 그것들이 잘 되어가도록 조치를 취해보지만 그 노력은 쓸 데 없는 짓이 되고 만다. 더군다나 그는 이 짓을 "다른 모든 사람들"이 잠든 후에 남들 눈에 안 띄는 지하실에서나 해볼 수 있다. 화자는 자신이 꾀하는 조각 맞추기가 아무래도 세상 사람들의 상식에 반하는 짓이라는 것을 강하게 의식하고 있다. 그 모든 조각들을 한 자리에 모아둠으로써 어떤 전체의 구도를 찾으려는 화자의 노력은 이내 "비참한 혼돈"으로 끝난다. 인간은 누구나 혼돈 속에 처하는 데 익숙하지 않다. 우리는 어떤 방식으로든 대상에 대해 질서를 부여하고 그것에 의존해 안정을 찾으려 한다. 화자는 수수께끼의 조각들에 대해 야생동물 몽구스의 본능적 몸짓으로 사납게 공격을 가한다. 그러나 그가 밤새 가한 상처는 다음날 깨끗이 치유되어버린다. 이 "야만스런 재생"은 어찌해 볼 수 없는 세상의 단단함에 대한 화자의 절망을 표현한다. 그는 아내마저도 그런 세상에서 잘 살아갈 수 없을 거라고 여긴다.

테이트는 이 시의 단계에서 세상에 대해 의혹의 시선을 보내고 있다. 세상에 대해 주어진 그간의 모든 관념들이 그 실체로부터 멀어져 있다고 여기는 듯하다. 자신의 시적 목소리에 대한 추구에서 그는 대개의 큰 시인들이 그러했듯이 세상에 원래의 모습을 돌려주려는 자세를 취한다. 이 자세에서 세상은 기존의 관념을 부정당한 채 수수께끼의 파편들로 흩어진다. 시인은 바로 이 순간에서 자신의 새로운 시적 창조의 계기를 맞이한다. 이 창조가 어떤 선견이나 이념화에 쉽게 이르지 않고 혼돈의 고통으로 남는 것은 테이트의 시에 진실함을 더해준다. 테이트가 종종 산문시의 형식에 의존하는 것은 그러한 언어 사용이 세상에 대한 그의 이해를 포착하고 담아내는 데 더 효과적이기 때문일 것이다. 세상이 통제를 벗어나 있다면 그것을 담아내는 언어 또한 보다 덜 구속적일 필요가 있다. 2008년에 간행된 그의 『유령군인』(*The Ghost Soldiers*)은 217쪽에 달하는 산문시집이다.

테이트는 떠오르는 여러 생각들을 하나의 일관된 전체로 통제하기보다는 그대로 던져내는 방식에 의존하는 태도를 종종 보인다. 그의 시가 이렇게만 써지는 것은 아니므로 이것이 그의 모든 것 혹은 본질적인 것을 대변한다고 말하기는 어렵다. 그렇지만 테이트가 이러한 방식의 언어 사용을 의식적으로 그리고 지속적으로 실험하였고 그것이 그 자신의 목소리를 찾아가는 데 도움을 준 것은 분명해 보인다.

『망각의 웃음소리』 마지막에 실린 시 「친애하는 독자여」("Dear Reader")는 자신의 목소리를 내려는 그의 실험이 얼마나 절박한 것이고 혼자의 힘으로는 불가능한 것인가를 말한다.

　　나는 이 불타는 눈송이로
　　당신의 관을 열어 엿보려 하고 있소

　　당신을 위해 내 잠을 포기하겠소
　　이 얼어붙는 진눈깨비가 계속 내려와
　　나는 좀처럼 볼 수 없소

　　이 묘책이 효과가 있다면 우리는 함께 손을
　　비빌 수 있소, 아마

　　우리의 신분 증명서로
　　작은 불이라도 지필 수 있을 거요.
　　나는 모르지만 계속해서 작업하고, 작업하고 있소

절반은 당신을 미워하면서
절반은 달에 먹힌 채로

I am trying to pry open your casket
with this burning snowflake.

I'll give up my sleep for you.
This freezing sleet keeps coming down
and I can barely see.

If this trick works we can rub our hands
together, maybe

start a little fire
with our identification papers.
I don't know but I keep working, working

half hating you,
half eaten by the moon. (*SP* 65)

화자는 진눈깨비가 내리는 혹한의 밤에 독자의 관을 열려 하고 있다. 첫 행의 "casket"은 보석 등을 넣어두는 작은 상자의 뜻 외에 미국식 용례에서 관(coffin)의 의미를 지니고 있다. 시인으로서의 화자가 독자에게 느끼는 의사소통의 단절은 관의 이미지로 요약된다. 그는 그들 간의 단절의 원인을 독자의 죽음에서 찾고 있는 듯하다. 시인이 세상의 참 모습을 새 언어로 제시한다고 하더라도 그것을 알아주는 독자가 없는 한 세상은 바뀌지 않고 "야만스런 재생"을 이루고 말 것이기 때문이다.

시인의 언어는 대화의 기능을 수행해야 한다. 테이트가 행하는 언어의 실험은 독자와의 새 관계 설정을 요구한다. 화자가 독자를 죽음의 관에서 꺼내는 데 사용하는 도구는 "불타는 눈송이"다. 독자의 마음으로서의 관을 두드리는 겨울 밤의 진눈깨비는 시인의 열정으로 불타면서도 불가능한 것에 대한 기대에서 차갑기 그지없다. 시인이란 누군가에게 다가가기 위해 밤새워 시를 짓는 자이다. 화자는 거의 앞을 볼 수 없게 만드는 진눈깨비에도 굴하지 않고 독자의 속을 엿보기 위해 "잠"을 포기한다. 화자가 가정의 상태로 언급하는 "이 묘책"이란 화자가 관을 열어 독자의 속마음을 엿보는 어떤 방식을 말하는 것으로 보인다. 화자의 독자에 대한 이해는 그가 관을 여는 데 성공함으로써 가능하다. 독자의 관을 연다는 것은 독자를 죽음의 상태에 묶어두고 있는 어떤 것을 깨뜨린다는 것을 뜻한다. 이런 맥락에서 그의 묘책이 효과를 내는 순간은 그의 시가 독자에게 제대로 읽혀지는 순간이라고 할 수 있다. 이 순간에서 독자는 어떤 깨뜨려짐을 통해 새로운 방식으로 시인의 언어에 반응하고 있다. 이 전망에서 화자는 아주 조심스럽게 독자와 함께 서로의 언 손을 맞대어 비비면서 "작은 불"이라도 피울 수 있을 거라고 기대한다. 이 기대가 조심스러울 수밖에 없는 것은 그것이 "우리의 신분증명서로" 이뤄지기 때문이다. 화자와 독자는 각자의 그리고 서로의 정체성을 확인하는 과정을 거쳐야만 제대로 의사소통을 할 수 있는 것이다. 이 조심스러움은 절망에 맞닿아 있다. 화자는 독자가 이 과정에 참여하도록 작업하고 또 작업하고 있지만 독자는 좀처럼 관을 열고 나오지 않는다. 마지막 두 행에서 화자의 마음의 절반은 독자에게 다가가면서 절망하고 있고 다른 절반은 달빛에 삼켜져 시적 욕구로 불타고 있다.

1971년에 발표된 『순례자에게 주는 암시』(*Hints to Pilgrims*)는 『망각의 웃음소리』보다 한층 더 실험적이다. 스트로폴리노는 이 시집이 테이트의 주요 관심사로서 "이치에 맞는 연결들을 단절시키는 … 언어의 병렬적 가능성들에 대한 탐색들"을 보여준다고 평가한다. 시 「숙면을 위한 요리법」("Recipe for Sleep")은 경쾌함의 특성을 드러낸다.

당신 잠옷 안쪽에
모기떼를 뜨개질 하시오
낯선 이가 당신 발을 빨게 하고
당신 자신의 내면에 도달해서
촛불 하나를 꺼내시오
거대한 새우를 더 꼭 잡으시오

계단을 달려 내려가
보랏빛 방 안에서
두 문을 지나 식사하시오
해먹에서 그것의 생명을 비워내시오
인형의 머리에서 코르크 마개를 빼내고
그 안의 장미를 질식시키시오

빙하 호수에 도달하거든
당신 자신을 거즈로 감싸고 나서
두 손을 삼키시오

거꾸로 하면 때때로
잠 깨는 데 효과가 있소

knit the mosquitoes together
beneath your pajamas
let a stranger suck on your foot
reach inside of yourself
and pull out a candle
clutch the giant shrimp tighter

run down the staircase
inside a violet
eat through both doors

empty the hammock of its blood
uncork the head of a doll
and choke the rose inside of it

when you get to the glacial lake
wrap yourself up in gauze
and then swallow your hands

the reverse sometimes works
for waking (*SP* 69)

요리법이란 대개 어떤 음식을 만들어가는 순서에 따라 요리사가 해야 할 일을 알려준다. 화자는 침상에 누워 할 수 있는 여러 상상들을 비법으로 제시한다. 이 비법이 제시하는 것들은 거의 몽환에 가깝고 서로 연결되지 않으면서 현실의 무게가 사라진 상태에 있다. 심각하고 고통에 찬 기억과는 별로 관계가 없는 것이다. 작은 새우가 거대해 지고 잠자는 도구인 해먹은 피가 도는 생명체가 된다. 화자는 그 피를 빼버리라고 한다. 인형머리는 코르크 마개를 갖고 있고 그것을 뽑으면 그 안에 장미가 있다. 이처럼 디즈니 만화 영화의 속성을 띠고 있는 세계에서는 죽음마저도 즐거운 것이 된다. 톰과 제리의 만화에서는 상처와 충돌이 항상 치유와 화해에 연결되어 있다. 화자는 잠을 청하는 마지막 단계에서 얼음 호수에 도달한다. 온 몸을 얇고 흰 천으로 둘둘 감싸서 미라가 된다. 그의 두 손은 갓난아기처럼 입 속에 들어가 있다. 이 죽음의 장면은 공포를 느끼게 하기보다는 만화의 한 장을 넘기다 잠드는 소년을 떠오르게 한다. 모든 마법에는 그것을 풀어주는 마법이 따라야 한다는 듯이 화자는 잠 깨는 요리법까지 친절하게 알려준다.

그런 가운데 이 시는 낯선 이에게 발을 빼게 하는 에로틱한 떠올림과 장미를 질식시키는 섬뜩함 그리고 얼어붙은 호수에로 향하는 죽음에의 욕구까지도 은

밀하게 포함하고 있다. 모든 것이 시인의 너무나 사적인 내면공간에서 이뤄지고 있다. 그렇지만 대체로 시인은 가볍고 즐겁기까지 한 언어사용에 의해 심각한 주제의 추구에서 다소 벗어나 있다. 이런 방식이 어떤 새로운 종류의 주제를 역설적으로 제시하기 위해 의도한 것인지를 짐작하기 어렵다.

「시」("Poem")는 또 다른 방식의 언어 사용을 보여준다. 이 시의 언어는 어떤 전체의 조직화에 반하여 생각이 번득이는 대로 그리고 닥치는 대로 풀려나가는 모습을 보여준다.

네 두 눈 속으로 영원히
굴을 파 들어가는 침묵 아니 아니야 너에게는
눈이 없지 문설주에 갇힌 속눈썹 봐
난 울고 있어 난 알아
네가 이 눈물들 중의 하나 속에
그 속에 있다는 걸 네 몸 취한 물의
색깔 로켓 추진 소함정 밖으로 내던져진 물 그건
이 갈증을 풀어줄 유일한 물
네 귀뚜라미 푸른 몸이 부글부글 끓고 있어
타다 남은 찌꺼기의 하늘처럼 웃음에서
태어난 은하계 네 자신의 몸이 한숨 쉴 때마다
만들어내는 향기의 절벽 넌 날 인도해야 해
빗줄기를 뚫고 다른 곳으로
다른 세계에서 온 키 작은 사람
난 기쁘게 스스로를 교살하는
카나리아 그리고 넌 이 거울 속을
떠다니는 나의 과부

A silence that tunnels forever
through your eyes no no you have
no eyes an eyelash caught in the

doorjamb see I am crying I know
you are in there inside one of
these tears your body the color
of drunk water water thrown out
of a rocketship that's the only
water that quenches this thirst
your cricketblue body sizzling
like a sky of cinders a galaxy
born of laughter the cliff of
scent your own body is making
with each sigh you must guide
me elsewhere through the rain
a small man from another world
I am the canary that strangles
itself with joy and you my widow
floating through this mirror. (*SP* 72)

대문자로 시작해서 마침표로 끝난다는 문장의 정의가 유효하다면 이 시는 그런 의미에서 한 문장으로 이뤄진다. 처음과 끝 사이에는 끝나는 듯 끝나지 않는 문장의 파편들이 쉴 새 없이 이어진다. 이것을 의식의 흐름이라고 해야 할지 몽타주라고 해야 할지 콜라주라고 해야 할지 알기 어렵다. 던져지는 것들은 각 부분 자체로는 평이하고 명쾌하면서도 그것들 간의 전이가 비논리적이다. 시인은 애초에 독자에게 전체와 짜임새의 이념을 포기하도록 요구하고 있는듯하다. 이 요구가 받아들여진다면 그 자체로서도 어떤 의미가 있을 듯싶기도 하다.

　구체적으로 내용을 풀어 쓰는 것은 불가능한 가운데 이 시는 화자와 시 사이의 영원한 긴장 상태를 여러 모습으로 시사한다. 시는 언어로 되어 있지만 그 속을 끝없는 침묵의 굴이 관통하고 있다. 여기서 "너"로 지칭되는 시는 두 눈이 있는가 했더니 사라져버리고 문설주에 끼어 있는 속눈썹만으로 드러난다. 시의 눈을 들여다 볼 수 없는 화자는 눈물짓는다. 그는 이 눈물 속에 "너"가 있다는 것을 안다. 부재에 대한 의식에서 시는 존재하는 것이다. 시의 육체를 이루는 눈물은 "취한" 상태에 있다. 빠른 속도로 질주하는 소함정은 무엇인가를 추구하는 화자의 저돌성을 전달한다. 여기에서 밖으로 내던져진 어떤 것은 성공의 산물이기보다 도전과 실패의 부산물일 것이다. 그래도 화자는 오직 이것만이 자신의 억누를 수 없는 갈증을 해소해 준다는 것을 알고 있다. 눈물만이 그의 살길인 것이다. 눈물의 시는 푸른 색깔을 띠고 한숨이 만들어내는 향기를 낸다. 화자의 심상에서 푸른색은 "귀뚜라미"에 그리고 향기는 "절벽"에 일체화된다. 귀뚜라미가 그 재잘거림으로 유별나다면 푸름은 그 우울함으로 젖어 있다. 시인이란 우울하게 재잘거리는 자인 셈이다. 한숨을 내쉴 때 일어나는 향기는 절벽 앞에서 더 이상 나아갈 수 없는 자의 고통의 냄새를 풍긴다. 시는 숱한 별들로 구성된 은하계에 비유될 수 있을지 모른다. 그런데 화자의 심정에서 이 우주의 공간은 "타다 남은 찌꺼기"가 여기 저기 흩어져 있는 곳이고 터져 나온 웃음이 허공에 퍼지듯이 그렇게 생성된 어떤 것이다. 시 전체의 분위기 탓인지 이 웃음은 기쁨과 충만에서가 아니라 공허한 외침에서 터지고 있다는 인상을 준다.

화자는 자신의 눈물로 몸을 이루고 있는 "부글부글 끓고 있는" 시에게 길 안내를 부탁한다. 그가 가야 할 곳은 시가 인도하는 어느 곳이다. 그는 스스로를 "다른 세계"에서 온 외계인으로 지칭함으로써 이 세계에 동화하지 못한 것을 인정하고 다른 세계로 옮겨가고자 한다. 카나리아는 노래하는 자로서의 시인의 역할을 구현한다. 화자는 세상이 그에게 강제하는 것들에 굴하느니 시인의 위치에서 차라리 스스로 목숨을 끊고자 한다. 화자의 선택적 죽음에서 그의 눈물로 이뤄진 시는 그의 모든 것을 반추하는 거울 속에서 남편을 잃은 과부로 떠돈다. 이 시는 관습화된 세상에 대해 테이트가 보여주는 절망적 거부를 극화한다. 시인은 세상의 관습을 허물고 그 본래의 모습에로 다가가려한다. 그가 일차적으로 해야 할 일은 그런 세상과의 결별을 선언하는 것이다.

테이트의 첫 시집에 찬사를 보냈던 많은 사람들에게 이후의 시집들은 발전이 아니라 쇠퇴를 의미하기까지 했다. 새로운 실험적 시들에서 그의 언어는 연결되지 않는 듯 보이는 것들을 병렬적으로 나열하는 방식에서 한 특징을 이룬다. 그는 결속력의 약화라는 위험을 감수하면서 새로운 현실을 그만의 방식으로 드러내려 했던 것으로 보인다. 그래서 그의 시에서 현실은 좀처럼 붙잡히지 않는 무엇을 안은 채 그의 사회적 의식을 반영하면서 드러나는 경우가 많다. 그의 시는 시선이 내부를 향한 때보다 외부를 향한 때 더 왕성하고 활력적인 측면이 있다. 그와 세상의 접점은 시인의 내면 깊은 곳에서보다 그의 의식이 향하는 외부와의 경계에서 이뤄지는 것 같다. 이렇게 재구성된 세상에서 개인적인 것은 사회적인 것과의 관계에서 의미를 지니게 될 가능성이 높다.

IV. 변치 않는 시의 옹호자로 살다

1983년에 발표된 『변치 않는 옹호자』(*Constant Defender*)는 시에 관한 시들을 많이 싣고 있다. 테이트는 「최근에 쓴 내 몇몇 시들에게 부치는 시」("Poem to Some of My Recent Poems")에서 어머니의 죽음을 계기로 시인의 역할에 대한 자의식을 표출한다.

> 내가 애용하는 귀여운 당구공들
> 나의 공손한 잡종개들, 애국적인 식용 자두들
> 너희들의 아름다움은 네 어머니 덕이다. 그녀는
> 온갖 고명을 곁들이고 소금을 친
> 원주 모양 쇠고기를 닮았다. 신이여 편히 쉬게 하소서
> 그녀의 버려진 영혼을, 이제 그녀는
> 우리 모두를 버렸으니까, 영원히 잊지 못할 것이다
> 그녀가 타다 남아 튀어 오르는 것들과 그 후의 작은 둔덕을.

그렇소, 내 작은 럼주 밀매업자들이여, 그녀의 눈물 도관에는
결함이 있어서 기껏 냉차밖에 흘릴 줄 몰랐소
눈꺼풀 밑에 속치마를 입었소
말년에는 벌집 푸딩에서
구슬 베어링이 나왔고 아비시니아에 대한
충성을 맹세했소 내가 뭘 해야 했겠소?
나는 피아노를 치고 달걀 요리를 했소
볼꼴 사납지 않은 마지막이나마 몰수당하지 않도록
난 그녀의 뇌가 사태가 난 주변을 조심스럽게 항행해야 했소.
그녀의 아름다움은 그래도 영구하오 알다시피
그녀가 죽어갈 때 난 너희들 각자를 그녀의 병상 곁에 데려갔는데
그녀는 자신의 광휘로 너희들을 하나씩 태워버렸소
그녀는 우리의 아세틸렌 여가에 늘 우리와 함께 하고 있소
하지만 너희들은 아름다운데 나는 한 더미 타다 남은 찌꺼기들에 매인 노예일 뿐.

My beloved little billiard balls,
my polite mongrels, edible patriotic plums,
you owe your beauty to your mother, who
resembled a cyclindrical corned beef
with all the trimmings, may God rest
her forsaken soul, for it is all of us
she forsook; and I shall never forget
her sputtering embers, and then the little mound.
Yes, my little rum runners, she had defective
tear ducts and could weep only iced tea.
She had petticoats beneath her eyelids.
And in her last years she found ball bearings
in her beehive puddings, she swore allegiance
to Abyssinia. What should I have done?
I played the piano and scrambled eggs.
I had to navigate carefully around her brain's

avalanche lest even a decent finale be forfeited.
And her beauty still evermore. you see,
as she was dying, I led each of you to her side,
one by one she scorched you with her radiance.
And she is ever with us in our acetylene leisure.
But you are beautiful, and I, a slave to a heap of cinders. (*SP* 209)

시인은 어머니의 죽음에 즈음해서 자신의 시 쓰기에 대해 되돌아본다. 시 제목이 드러내듯이 그는 최근에 쓴 시 몇 편에게 이 시를 부치고 있다. 시 속에 청자로 등장하는 것들은 시인이 근자에 쓴 시들인 셈이다. 화자는 당구공과 잡종개 그리고 식용 자두가 사랑스럽고 아름답다고 여긴다. 이것들이 아름다운 것은 어머니 덕택이다. 시의 대상이 되는 것은 경우에 따라서 그 자체로서보다는 그것이 처하는 토대에서 어떤 의미를 부여 받는다. 이 방식에서는 어떤 사람에게 소중하고 의미심장한 것이 다른 사람에게 그렇지 않을 수 있다. 어머니는 한 가정의 안주인으로서 집안의 대소사에 간여한다. 한 가정의 다른 구성원들이 집에서 경험하는 것들은 어머니의 손길에 의해 매만져진 것들이라고 할 수 있다. 이 경우 대상은 그것이 어머니를 중심으로 집안사람들과 맺어온 관계의 역사에서 의미를 드러낸다. 집 안팎의 모든 것들은 어머니를 닮아 있다. 이 닮음에서 사물은 그저 사물이 아니고 어머니가 집안에서 형성하는 어떤 무엇을 내재하고 있다. 그래서 시인은 "잡종개"가 어머니 덕에 아름답다고 말하게 된다. "온갖 고명을 곁들이고 소금을 친 / 원주 모양 쇠고기"는 그냥 음식이 아니고 어머니의 자식에 대한 관심과 아들의 어머니에 대한 사랑을 담고 있다.

　시인은 어머니의 임종에 직면하여 그녀가 주변 세상에 끼친 영향을 생각한다. 어머니는 시인 자신의 생모이기도 하지만 그의 시의 대상들의 어머니이기도 하다. 주변 사물이 아름다움을 띨 수 있게 해주는 어머니의 힘은 시인의 그것이기도 하다. 시인 또한 사물에 의미를 드러내고 아름다움을 찾아주는 임무를 수행한다. 그렇지만 시인이 찾아내고 시로 표현한 대상의 아름다움은 자신보다 어머니를 더 닮아 있다. 이러한 어머니의 상실은 그의 시적 행위의 근간 자체가 무너진다는 것을 뜻한다.

어머니의 죽음은 시인에게 시 창조의 원동력이 어디에서 생겨나는가를 절박하게 상기시킨다. 그는 어머니의 임종 주변을 절망적으로 맴돈다. 타다 남은 찌꺼기에서 다시 불씨가 산발적으로 튀어나오고 그러다가 끝내 잿더미로 화한다. 이 심상은 어머니의 마지막 순간의 강렬함을 압축하면서 창조의 욕구가 처하게 되는 절망을 예고한다. 화자가 이 순간을 결코 잊지 않겠다고 하는 것은 절망에서 다지는 결의라고 할 수 있다.

화자가 호격으로 불러내는 "내 작은 럼주 밀매업자들"은 시인의 시들을 지칭하는 것으로 보인다. 그의 시들은 세상과의 은밀한 거래에서 독한 술로 빚어진 것일 수 있다. 화자는 자신의 시들에게 창조자로서의 어머니를 얘기했다가 이제 그녀의 늙고 병든 말년에 대해 얘기한다. 그녀는 눈물샘이 고장 난 듯 자주 슬픈 눈물을 흘렸고 정신마저 흐릿해져서 푸딩에 베어링 구슬을 집어넣기도 했다. 눈꺼풀 아래쪽은 처지고 겹쳐서 속치마 같았다. 먼 나라에 대해 충성을 다짐하기도 했다. 이렇게 치매를 앓는 어머니 곁에서 화자는 하릴없이 피아노를 쳤다.

화자가 망가져가고 죽음에 임박해 가는 어머니 곁을 떠나지 못하는 것은 시인이 절망에 이르게 될 시의 운명을 예감하면서도 끝까지 그 자리를 지키겠다는 것과 맥을 같이 한다. 화자는 어머니의 최후가 최소한의 품위를 유지할 수 있도록 그녀 곁에 머문다. 시인은 시를 위협하는 세상의 온갖 것들 속에서도 시의 최소한의 가치를 유지하려 한다.

어머니의 죽음은 시 창작의 근원을 확신시키는 계기가 된다. 화자는 자신의 시들 하나하나가 임종의 병상에서 어머니가 뿜어내는 "광휘"에 의해 시커멓게 타버리는 것을 경험한다. 그의 시들은 아름답다. 그 아름다움은 어머니에게서 나온다. 그 시를 지어낸 자신은 "타다 남은 찌꺼기에 매인 노예"로 남는다. 이 시는 어머니의 죽음에 접한 시인의 비애감, 시 창작의 근원에 대한 숙고 그리고 시 짓기의 열의와 절망 모두를 한꺼번에 담아내고 있다.

시인의 시에 대한 절박한 열정은 「변치 않는 옹호자」("Constant Defender")에서 다시 한 번 구상화된다.

> 새끼손가락이 코카콜라 병 속에
> 끼었다. 조끼주머니에 서양장기
> 붉은 말 세 개 꽂아두었다.
> 천사를 만나러 서둘러가는 길인데 이제
> 누가 내 천사였는지조차 알지 못한다.
> 바비큐 집 픽보이스 바깥으로
> 줄지어 선 일곱 대 심홍색 지프들
> 냅킨 판매업자들의 회합일 게 틀림없다.
> 그들이 11시까지 모자를 다시 집어 쓰는 한
> 무슨 화물을 팔아 치우려 하건 상관없다.
> 내가 피하고자 하는 일은
> 내 노새에게 접착제 선물매매에 대해 이야기하는 것이다.

> My little finger's stuck in a
> Coca-Cola bottle and I've got three
> red checkers lodged in my watchpocket.
> In a rush to meet my angel, now
> I don't even know who my angel was.
> I can see seven crimson jeeps lined up
> outside Pigboy's Barbecue Shack —
> must be a napkin salesmen's convention.
> I don't care what cargo as long as
> their hats are back on by eleven.
> The thing I'm trying to avoid
> is talking to my mule about glue futures. (*SP* 199)

시의 화자는 천사가 누구였는지조차 기억하지 못한다. 그는 천사를 등진 세상에 철저하게 갇혀 있다. 세상의 콜라 맛과 서양장기 재미에 길들여져 있다. 그렇지만 그는 이 완전히 적대적인 분위기에서 천사를 찾아간다. 이런 행보는 천사에 대한 확신에서가 아니라 역설적으로 천사의 부재에서 시작한다. 그가 가고자 하는 곳은 그가 간절히 피하고자 하는 곳에 이어져 있다. 그는 판매업자들과 부딪치는 것을 꺼려하고 선물매매에 대해 얘기하기 싫어한다. 그는 자기가 속한 세상의 이런 것들이 없는 저쪽으로 가고자 하는 것 같다.

그렇지만 그는 천사의 기억을 간직한 대단한 사람이 아니다. 저쪽 세상으로 날아가는 것은 그가 할 수 있는 일이 아니다. 그에게는 현실의 한 구석을 조금 신선하게 바꾸는 것도 힘든 일이다.

> 하찮은 사내가 뭘 하겠는가? 나는
> 천정 선풍기가 꼭 있어야 한다. 날개 돌리는 일을 더 이상
> 미룰 수는 없다. 유일하게 속을 채운 의자는
> 내가 이럭저럭 꾸려가기 백 년 전
> 꼽추의 소유물이었다. 내게 필요한 것은
> 활력 잃은 고구마들의 이 굼뜬 구덩이에
> 깔끔함의 분위기를 암시할 새 장신구 몇 개이다.

> What's a fellow going to do? I must
> have a ceiling fan, I can't postpone
> twirling blades. And my one stuffed chair
> was owned by a hunchback from a hundred years
> before I came along. I need some new
> knickknacks to suggest an air of cleanliness
> to this sluggish pit of extinct sweet potatoes. (*SP* 199)

화자는 현실의 무게에 짓눌려 있는 자신을 의식한다. 그는 숱한 사람들 중의 하

나에 불과하다. 그가 당장에 가장 바라는 것은 천정 선풍기를 갖는 것이다. 세상의 더위에 지친 그는 더 이상 회전날개 구입을 미룰 수 없다. 그가 가진 유일한 사치품은 딱딱하지 않게 속이 채워진 의자 하나이다. 그것도 백 년 전에 세상을 살았던 꼽추의 것이다. 그의 삶의 공간은 이미 못 먹게 된 고구마가 썩고 있는 구덩이와 마찬가지다. 그는 이곳에 "깔끔함의 분위기"를 암시적으로나마 주기 위해서 장신구를 들이고 싶어 한다.

세상의 짓눌림에 견인적으로 대응해오던 화자는 그 고조된 내적 긴박감에서 마침내 어떤 출구를 향해 폭발하고 만다.

> 아, 속임수여, 너 건방진 종다리여, 시든 흑진주여
> 내게서 이 빗장들을 풀어다오
> 미트볼의 매장 때마다 나를 감독자로 만들어다오
> 내가 먹어 치우면서 길을 열어 온
> 이 너무 정적인 공기, 이것 또한 잡아 찢어다오.

> Ah, trickery, you sassy lark, withered black pearl,
> unfetter me from these latches, make me
> the Director at every meatball's burial,
> lacerate this too, too static air
> I've been eating my way through. (*SP* 199)

화자는 우선 시인의 지위에 의존해 탈출을 모색한다. 하지만 세 번씩이나 격하게 호격으로 불러낸 시인의 지위는 "속임수"와 "건방진" 종다리 새와 이미 "시든 흑진주"로 규정된다. 화자가 오래 전부터 이 지위를 알아 왔고 많은 상처를 받았다는 것을 짐작하게 한다. 그럼에도 그는 시만이 그의 속박을 풀어줄 것이라고 믿는 것 같다. 그가 살아온 세상은 미트볼과 "정적인 공기"가 가득하다. 미트볼의 매장이 육체의 지속을 결정하는 현실에서 그는 시에 의존해 그 현실의

감독자로 나서고 싶어 한다.

　화자의 목소리에서 현실의 물리적 속박에 의한 짓눌림은 묘하게 동일한 현실 내의 무사한 안일과 충돌을 빚는다. 화자의 현실 안에서는 짓눌리는 고통과 장난치는 즐거움이 섞이고 있다. 화자의 탈출이 어려운 것은 이 한 가지 것의 양면성에서 기인한다. 현실은 화자가 그 안에서 살아가야 하는 공간이면서 또한 벗어나야 하는 공간이기도 하다. 이 어려움에서 그는 기도의 자세를 취한다.

> 점심으로 뱀장어를 먹고 레몬수 마시며 장난칩니다, 주여
> 오늘 제 정신으로 잠이 깨어 너무 행복합니다.
> 스미티와 봅, 저 병적인 도벽자들이
> 꼽추에게서 땅콩을, 천사에게서 남은 찌끼를 훔쳤습니다.
> 무릎이 째깍댑니다, 예산을 짜지 않으렵니다, 감지 않은
> 태엽 장난감처럼, 두 허벅지 사이에 기타를 꼭 쥔 채로.
> 지난밤에 별들에게서 어느 말 없는 것이 떨어졌습니다.
> 어떤 축제적인 것이, 파악하기 힘든 경우이긴 하지만, 어떤 진동하는 한 물방울이
> 우리 가운데로 들어왔습니다. 나는 어떤 필요에선가 "우리 것"이라고 말합니다.
> 그게 나를 쳤을 때 나는 혼자였습니다.

> I lunch on eels and larks in lemonade, Lord,
> I'm so happy I woke up in my right mind today.
> And those kleptomaniacs, Smitty and Bob,
> stole peanuts from a hunchback, snuff from an angel.
> My knees click, I won't budge, like a wind-up toy
> unwound, my guitar held tightly between my thighs.
> Last night a clam fell from the stars:
> a festive, if slippery occasion, a vibrating blob
> entered our midst—I say "ours" out of some need—
> I was alone when it hit me. (*SP* 199)

화자는 아침에 제 정신으로 일어났고 점심을 즐겁게 먹는다. 그에게는 지난 밤 별들에게서 대합조개(clam)로 상징되는 입을 굳게 다문 어떤 것이 떨어졌다. 그는 그 "어떤 축제적인 것"이면서 "진동하는 한 물방울"이 자신만의 것이 아니고 "어떤 필요에선가" "우리 것"이라고 말한다. 화자는 설령 자신이 그것에 의존해 한 순간 현실의 속박에서 벗어나게 되더라도 결국 무의미한 것이 되고 만다고 생각하는 듯하다. 그의 구원은 그를 포함한 우리 모두의 변화에서 이뤄지는 종류의 것인 듯하다. 그는 병적인 도벽자들이 "천사에게서 남은 찌끼"마저 도둑질 해 가는 세상에서 삐걱대는 두 무릎을 맞댄다. 그의 두 허벅지 사이에 기타를 꼭 죄고 있다. 화자는 아무래도 그 기타로 다시 노래를 시작할 모양이다. 그는 감지 않은 태엽처럼 더 이상 긴장하지 않고 잇속을 챙기려 예산을 짜지 않으려고 한 다.

테이트는 끊임없이 현실에 좌절하면서 끊임없이 시를 옹호한다. 그는 변치 않는 시의 옹호자이다.

V. 세상 속의 세상으로 방향을 잡다

『시선집』(*Selected Poems*)은 테이트에게 퓰리처상을 안겨준다. 이 시집은 『행 방불명 비행사』에서 1986년의 『헤아리는 사람』(*Reckoner*)에 이르기까지 이전 에 발표된 9권의 시집에 실린 시들을 선별적으로 포함한다. 앤절(Ralph Angel) 은 『미국시평』에 실은 논평에서 테이트가 이 시집이 연속적으로 읽혀지기를 원 한다는 점을 주목한다. "[이 시집을] 그런 방식으로 읽어보면, 시의 목소리가, 각 별히 훌륭한 희곡 작품에 등장하는 인물의 경우처럼, 매우 복잡하고 정신적으로 성장을 이뤄 걱정하고, 웃고, 농담을 해대고, 애정을 느끼다가 마침내 근심을 한 다." 20년의 세월에 걸쳐 지은 시들에서 테이트는 폭넓은 생각과 느낌들을 표현 하면서 끊임없이 변하는 환경에 반응하고 있다. 앤절은 이 모든 것으로부터 어떤 방식으론가 "일관된 선견(先見)"이 발전해 나온다고 지적한다. 그는 테이트가 "인간의 복잡성을 껴안음으로써" 힘든 일을 해내고 있고 "우리의 시대를 반영할 수 있을 정도로 충분히 재능 있고 똑똑하며 쉽게 상처 받는다"고 평가한다.

테이트의 최근 두 시집『흰 당나귀의 도시로 돌아가다』와『유령군인』은 산문시집이다. 이 시집들에서 시인이 산문체 문장으로 이야기하는 것은 개인보다 미국 사회의 현실에 더 관련되어 있다. 존(Janet St. John)은『흰 당나귀의 도시로 돌아가다』에 대하여 이렇게 말한다. "무장을 해제시키는 희극적 자세를 취하여, 테이트는 자신만의 것이면서도 넓은 독자층에게 호소할 이야기체 산문시를 다룬다. 그의 대다수 시들은 그 재치와 미묘한 논평에서 매우 뛰어나다. 이야기가 제시하는 것은 창의력이 풍부한 시나리오들이다 … 형식과 목소리에 있어서는 통일을 이루고 있지만 시들은 각자 독특하고 한꺼번에 볼 때는 익살스럽게 철학적인 이야기들로 읽혀진다 … 이것들은 소량 단위로 제조된 맛 풍부한 초콜릿처럼 최상으로 소비된다"(455).

블레어(David Blair) 또한『하버드 평론』(Harvard Review)에서『흰 당나귀의 도시로 돌아가다』에 대해, "지상적이면서 우주적이고 풍자적이면서 이상주의적인 제임스 테이트는 그 평이한 일상어에서 미국의 어느 시인에 못지않게 상상력이 풍부하다"고 평한다. 특히 이 비평가는 이 시집에서 시인이 취하고 있는 자세가 사회를 향하고 있다는 데 주목한다. 이것은 테이트가 자신의 시적 발전에서 궁극적으로 지향하고 있는 것을 확인시켜준다. 그의 기괴하고 초현실적이기까지 한 심상들은 단순한 일탈이나 언어의 유희가 아니라 그의 현실에 대한 진지한 관심의 결과이다. 173쪽에 달하는 이 시집에서 시에 등장하는 인물들은 모두 각자의 이름이 있다. 블레어는 이렇게 다양한 주인공들이 보여주는 것이 사회적 양상들이라는 것을 지적한다. "시는 연이어서 사회적 상황에 관여한다. 이 상황들은 망을 형성하고 그것들 중의 몇몇은 희미하게 서로에게 되울린다. 내레이터들이 슈퍼마켓에 가고 사람들은 집에서 방문객을 맞이하고 남자들이 이상한 밤 모임에 초대된다. 다양한 동물들과의 조우가 존재한다. 가끔 이야기들은 세상 속의 세상을 향한 신비한 열망들로 물든다. 이러한 시들은 사회적 차원을 또한 갖는다"(202).

테이트의 사회적 관심은 산문시에서 두드러진다. 그는 산문이 그가 하고자 하는 종류의 이야기를 더 쉽게 담아낼 수 있다고 여긴다. 그의 산문시는 종종 미국 사회와 관련된 이야기를 우화적으로 담아낸다. 그의 관심은 개인적 감정의 표현에서 성공을 거뒀던 초기 이후에 세상에 의혹의 시선을 보내고 세상의 현실을 흔들어 보여주는 방향으로 진전해 왔다. 그의 시선이 외부를 향하고 그 외부가 주변에서 미국 사회로 확대되면서 그의 산문시는 다변적이 된다. 그는 어느 하나에 모든 것을 담으려 하기보다는 여러 가지를 파노라마처럼 보여주면서 그것들 각자의 깨진 틈새로 뭔가를 보여주려는 것 같다. 그가 이야기보따리를 푸는 것은 옛 이야기를 하듯이 쉽고 유연한 방식으로 이뤄진다. 그의 이야기는 어떤 클라이맥스를 위해 준비하고 긴장하는 식으로 이뤄지지 않는다. 이야기의 전개가 엉김이 없이 자연스럽게 풀려간다는 점에서 테이트는 안정적으로 자신만의 목소리를 내고 있다고 판단된다.

테이트의 산문시가 이야기를 담고 있지만 그렇다고 그것이 단편소설의 그것처럼 제시되는 것은 아니다. 이야기는 최소화되어 비유적으로 접근된다. 그것은 사건에 대한 보고로서가 아니라 그 사건의 함축성에 대한 시인의 반응으로서 의미를 형성하면서 세상의 좀 더 깊은 속내를 드러내게 된다. 이 방식이 만들어내는 이야기의 (비)현실성은 테이트에게 그만의 독특한 시적 목소리를 부여한다. 그가 다루는 이야기는 현실과 비현실의 경계를 오가는 경우가 많다. 그의 산문시가 종종 "우화적"이라거나 "초현실적"이라고 불리는 이유가 여기에 있다.

예컨대, 「유령군인」("The Ghost Soldiers")은 이라크 전쟁 참전이 가져온 후유증을 다룬다는 점에서 현실적이다. 그렇지만 이 현실을 다루는 시인의 이야기는 직설적이지만은 않고 환상을 끌어들이기까지 한다.

난 오늘 오리 한 마리가 나무속으로 처박히는 것을 보았네. 여보게, 그건 흔히 볼 수 있는 풍경은 아니지. 그 놈은 분명히 백일몽을 꾸고 있었을 거야. 난 여기저기 운전하면서 바람을 쐬고 있었는데 이제 생각하니까 그 녀석이 충돌하기 직전에 날 돌아다보았던 것 같아. 그 녀석은 자신이 아주 바보 같다고 느꼈을 게 확실해. 어쨌거나 난 멈춰서 그게 어찌 됐는지 살필 수가 없었네. 난 그러고 싶었지만 그 놈을 난처하게 할까 두려웠던 것일세. 그저 잠깐 날 쳐다본 것뿐인데 그게 그 녀석 안에 그런 영향을 끼쳤을지도 모르니까. 그런 사실에 속이 좋지 않지만 그건 사실 내 잘못이 아니었지. 난 현충일 기념 행진을 보러 가던 길이었네. 이 모든 재향 군인들이 제복을 입고 메인가를 따라 행진하는 것을 갑자기 보고 싶어졌거든. 그런데 이놈의 오리가 스쳐 날면서 날 쳐다보았다가 이제 그만 한 더미 구겨진 사체로 누워있다네. 나는 계속해서 운전했어. 돌아보지 않았지. 경찰이 메인가에서 교통을 차단하고 있어서 샛길을 따라 주차할 곳을 찾아야 했다네. 서너 구획을 지나도 주차할 곳이 없다가 드디어 한 곳을 찾았지. 인도에는 사람들이 끊임없이 이어졌는데 모두 다 행진을 보러 가고 있었네. 난 큰 걸음으로 그들과 합류하여 걸었네. 내 옆에 걷고 있는 자그만 노부인에게 말을 건넸지. "행진하기에 좋은 날씨군요." 그러자 그녀가 말했다네. "당신 생각엔 내가 저 따위 지치고 늙어빠진 행렬에 반할 거 같은가? 생각을 고쳐먹는 게 좋을 거요, 선생." 내가 말했네. "난 그저 날씨에 대해 한 마디 한 거고 화나게 할 생각은 전혀 없었소." 그 다음부터는 남에게 말 걸지 않았네. 행진 자체는 상당히 간소한 편이었지. 내가 헤아린 걸로는 재향 군인이 대략 35명쯤 되는데 나이는 85세에서 18세까지 걸쳐 있었어. 서너 명은 휠체어를 타고 서너 명은 목발을 짚고 있었네. 또 두 명의 고수(鼓手)와 한 명의 혼 주자가 있었지. 사람들은 그저 말없이 그들을 바라보고 있었다네. 경찰은 여왕이라도 지나가는 듯이 거리를 순찰하고 있었지. 내 옆 사람이 날 쳐다보면서 말을 걸었네. "행진 규모가 저리 작은 것은 이 읍내 출신 사람은 누구나 항상 죽임을 당하기 때문이랍니다. 그들은 그냥 싸우기에 적합하지 않은 거죠. 그게 왜 그런지는 모르지만. 분명 물에 뭔가 이상이 있을 거요. 총 쏘기를 그냥 거부한다는 군요. 그거 참 이상하죠. 사람들이 그것에 대해 많은 연구를 해왔는데 여전히 그게 왜 그 모양인지 모른대요." 내가 이렇게 대답했지. "나 하고 친해져 보자는 거면 그것보다 더 나은 줄거리를 찾아내야 할 거요." 그러자 그가 말했네. "도대체 무슨 소릴 지껄이는 거요?" 내가 말했지. "내가 여기 온 건 여왕을 보기 위해서인데 여왕이 없는 게 명백하구먼." 그가 말했소. "그 따위 왕정 쓰레기 따위는 수백 년 전에 치워버렸잖소." 그래 내가 말했지. "아, 글쎄, 아무도 내게 그런 말 해준 적이 없었는데." 난 돌아서서 군중을 헤치고 내 차로 돌아왔지. 집으로 운전할 때는 별 사건이 없었네. 다만 내 상상 속에서 이 오리가 계속 날 쳐다보면서 차 옆을 날고 있었다는 것 외에는 말일세. 내 시선을 계속 길에 둘 수 없어서 정신이 산만해졌다네. 한 순간 그것은 정신적이고 거의 사랑스럽기까지 한 응시였다가 다음 순간 비난 어린 눈길로 변했다네. 마주 오는 화물차와 충돌할 뻔 했는데 운전자가 화가 나서 내게 경적을 울려댔지. 그 일로 난 오리에게 안녕을 고하고 운전에 집중했지. 어느 전쟁에서고 이 읍내 출신자 거의 모두가 돌아오지 않았다는 것은 사실이네. 사람들이 그들을 유령군인이라고 부르는데 심지어 적들도 그들을 무척 사랑했다네. 그게 내가 기념 행진에 갔던 이유일 거야. 난 단지 그들이 행진해 지나가는 걸, 차가운 공기가 그렇게 살짝 밀려가는 걸 느끼고 싶었다네. (*The Ghost Soldiers* 32-33)

산문시라고 해서 다 같은 형식을 띠지는 않는다. 어떤 산문시는 산문으로 되어 있으면서도 그 비유적 언어의 사용이나 긴박한 호흡 혹은 강렬한 심상의 구성에서 운문으로 된 시에 못지않을 수 있다. 그렇지만 『유령군인』에서 테이트는 오히려 산문의 느슨함을 그대로 이용하고 있다. 그것은 긴박함을 일으키는 대신에 평범한 언어가 주는 편안함과 잔잔함의 어조를 형성한다. 그러면서 이 언어는 말해진 것보다 말해지지 않은 것에서 그러니까 그 침묵의 배경에서 어떤 강한 비애감을 불러일으키는 데 성공한다.

시인의 시선은 유령에게 주어져 있다. 나무에 부딪쳐 죽은 오리의 시선이 계속 따라 다니고 죽어 돌아오지 않는 군인들의 유령을 느낀다. 시인은 그 유령이 무슨 의미가 있는지 굳이 말하지 않는다. 그게 자꾸 그를 붙잡고 끌어당긴다는 느낌을 전달할 뿐이다. 기념한다는 것은 기억하여 잊지 않는다는 것이다. 이 시에 등장하는 사람들 모두는 잊지 않아야 할 그 무엇에 진심으로 이르지 못한다는 인상을 준다. 심지어 "유령군인"을 대하는 화자의 태도에도 약간의 냉소와 약간의 비애가 함께 섞여 있다.

시집 『유령군인』에 실린 시들은 대체로 두세 쪽 분량 정도의 길이를 갖는다. 이 길이는 그가 최소한의 이야기를 할 수 있도록 해준다. 일반적으로 우화가 상당한 길이를 지님으로써 사건의 전개를 보여준다면 테이트의 이야기는 그 사건의 단면을 상징적으로 혹은 우화적으로 다룬다. 그렇지만 테이트의 시가 최상의 성공을 거두는 경우에 독자는 이 사건의 단면을 사건 전체의 배경에서 들여다보도록 고무 받는다고 할 수 있다.

지난 서너 권의 시집들을 통해 테이트는 미국시에 새로운 종류의 목소리를 더해준다. 그의 최근 시들은 거의 임의적인 행 구분과 느슨함 탓에 전통적인 기준으로서의 압축미를 결여하고 있는 게 사실이다. 그럼에도 불구하고 그가 시도하고 있는 산문시는 미국의 현실을 이야기하는 새 목소리로 자리를 잡았다고 할 수 있다. 그의 목소리는 수다스럽고 이야기체여서 사회의 다양한 구석들을 담아내는 데 더 적절할 수 있다. 그의 우화적이고 초현실적인 심상들은 사회의 관습적 현실에 금이 가게하고 독자에게 그 틈새를 엿보게 한다. 그의 현실에 대한 인식은 종종 절망에 가까운 것이어서 어떤 전망이나 희망도 발견되지 않는다. 그렇지만 그는 이 어두운 저류가 흐르는 곳에서 현실을 직시하고 흔드는 일을 멈추지 않는다. 그것이 희망이 아니라고 해서 절망이라고 할 이유는 없다. 2008년 65세의 나이에 출판한 『유령군인』은 그의 15번째 시집이다. 오랜 경력을 지닌 시인이 당대를 향해 끊임없이 새 목소리를 추구하는 것은 드문 일이다.

자아의 부재에서 목소리를 내다
루이스 그릭

1993년 퓰리처상 수혜시인 그릭(Louise Glück)은 언어의 한계에 대한 지적 탐구에서 비평계의 주목을 받았다. "그녀의 문체는 변화를 거듭해 왔는데 … 그녀의 장점들 중의 하나는 처음 자세로 버티고 나가는 것을 거부하는 것, 각각의 시집이 새로운 출발점이어야 한다는 고집이다"(Diehl 1). 그녀의 시는 그칠 줄 모르는 변화의 욕구에서 발원한다. 변화는 기존의 것을 버림으로써 이뤄진다. 시인의 변화에 대한 고집은 자신의 자아에서 정체성을 제거할 것을 요구받는다.

그릭은 1943년 뉴욕시 태생으로 롱아일랜드에서 성장했다. 퓰리처상 외에 2008년의 월리스 스티븐스 상 등 다수의 상과 장려금을 받았고 2003년 의회도서관이 선정하는 계관시인이 되었으며 1999년 미국시인협회 의장단에 참여하기도 했다.

I. 자아의 부재

그릭은 1994년에 출판한 『증거와 이론: 시에 관한 에세이』(*Proofs & Theories: Essays on Poetry*)를 통해 자신의 시적 입장을 정리했다. 여기 실린 「시인의 교육」("Education of the Poet")에서 그녀는 자신이 시인으로 성장하는 과정에 대해 언급하는 가운데 자기가 청년기를 지나면서 제 기질에 딱 맞는 "증상" 하나를 발전시키게 되었다고 한 적이 있다. 그녀는 그 증상이 "자아의 부재 (no self)"에도 불구하고 "의지(will)"의 원천은 대단히 많이 가지고 있었던 탓에 생겨났다고 진단한다. 자신의 존재가 무엇인지 혹은 자신이 원하는 게 무엇인지를 "어떤 쓸모 있는 방식으로" 말할 수가 없었던 상태에서 그릭은 자신의 생각을 반대의 방식으로 표출하였고 이 태도가 현재까지도 특징적으로 남아있다고 고백한다(*Proofs* 10).

> 내가 할 수 있는 유일한 말은 '아니요'였다. 내 자신을 고립시키고 주위에 뚜렷한 경계선을 그어 자아를 확립하기 위해 내가 발견한 방법은 다른 사람들이 표명한 욕구에 대해 반대함으로써 그들의 의지를 이용하여 내 의지를 세우는 것이었다. (*Proofs* 11)

그릭은 불안정한 심리상태로 인해 고등학교를 마지막 학년에 중퇴한 후 정신분석학자로부터 7년여에 걸쳐 상담치료를 받았다. 시인은 "나를 심판했던 세상에 대한 경멸"과 "잡아 찢는 자기혐오" 사이를 오가면서 자기 자신을 보호해야 했던 것이다. 이러한 시인의 자아는 일단 세상의 권위에 대해 '아니오'를 말하는 방식으로 움직이지만 그 스스로의 '예'를 찾아가는 과정에서 "혼돈"과 "자아 부재"의 특징을 드러낼 수밖에 없다(*Proofs* 10).

자아의 혼돈상태는 그릭의 시적 진리에 대한 태도를 형성하는데 중요하게 기여했던 것으로 보인다. 그녀는 어린 시절 세상의 인정을 받지 못하는 상태에서도 "표면상으로는 침착하고 냉정하며 무관심한" 자세를 견지했다(*Proofs* 10). 이러한 자세는 어떻게든 자아를 쉽게 혹은 직접적으로 표출하지 않는 그녀의 방식을 함축한다. 그녀가 "시간"과 "마음"을 기울여 학습한 정신분석은 그녀로 하여금 자신의 "타고난 초연함"을 이용하여 "내 자신과 접촉하는 법"을 가르쳐준다(*Proofs* 12). 스스로가 꿈의 분석의 요체라고 파악하는 이 방식을 통해서 그릭은 꿈의 이미지들을 최대한 객관적으로 연구하는 능력을 키운다. 시인은 자기 자신이 꿈의 원천으로서 거기서 생기는 이미지들이 무엇을 뜻하는지 추론한다. 이 과정에서 시인은 결론을 더 오래 억제하면 할수록 더 많은 것을 알게 된다는 것을 깨닫는다. 시인은 바로 이 방식에서 정신분석을 통해 생각하는 법과 글 쓰는 법을 배웠다고 믿는다(*Proofs* 12-13). 그녀가 배운 것은 "글을 쓸 때 이미지들에 투사되는 자아를 갖지 않는 법"이었다(*Proofs* 13).

> … 정신에 의해 방해받지 않는 [이미지들의] 생산을 … 단지 허용하지 않는 것이 아니라, 정신을 활용하여 그러한 이미지들의 공명(共鳴)들을 탐색하는 것, 얕은 것과 깊은 것을 구별하고 깊은 것을 선택하는 것. (*Proofs* 13)

바로 이 방법의 터득에서 그릭의 시적 목소리는 가장 개별적이면서도 유아론적 자기중심에서 벗어나는 게 가능해진 것으로 판단된다. 그녀의 정신은 자아를 분출하는 게 아니라 그것을 억제하고 지체시키면서 보다 더 의미심장한 것을 발견한다.

그릭의 이 정신의 작용은 부정적이면서 긍정적이다. 자아부재의 상태에서 더 깊은 존재로 나아가려 한다. 그릭은 「성실성에 반(反)하여」("Against Sincerity")라는 글의 서두에서 진리와 "사실성(actuality)" 그리고 성실성을 구분하였다. 그녀가 여기서 말하는 진리는 "구현된 통찰, 조명, 혹은 영속적인 발견"을 뜻하였다. 성실성 혹은 "정직성(honesty)"은 "진리를 말하는 것"인데 그릭은 그것이 반드시 "조명(illumination)"에 이르는 길인 것은 아니라고 부언한다. 그릭이 이렇게 굳이 성실성에 반(反)하는 자세를 취하는 것은 그녀가 추구하는 진리가 성실성이나 정직성에 의해 도달할 수 없는 경우들이 있기 때문이다. 그녀는 성실성이나 정직성은 "이미 알려진 것"을 다시 지시할 수 있을 따름이라고 본다. 이 성실성의 상태에서는 모든 언급이 "이미 알려진 것"의 기준에서 평가받게 되고 시인의 목소리와 시의 화자의 목소리를 동일하게 보는 것이 당연시된다(Proofs 34).

그릭의 견지에서 예술가는 "사실적인 것"을 조사하면서 "오직 진리에 봉사하고자 지속적으로 간섭하고 조종하며 속이고 삭제한다." 그녀는 인생이 "어떤 형식에 의해서만 모습을 드러내는 경향이 있는 삶"이어야 한다고 여긴다. 이 관점에서 "이상적 창조물"은 "진리와 구분될 수 없는" 것이므로 진리와 사실성 사이의 간극에서 "예술가의 업무"는 "사실적인 것"을 "진실한 것"으로 변형시키는 일이 되어야 한다. 예술가가 이러한 변형을 이룩하는 데는 진리와 성실성을 의식적으로 구분하고자 하는 자세가 요구된다. 그릭의 진리는 사실성의 어떤 변형을 거쳐야 하는데 성실성은 "이미 알려진 것"을 제대로 옮겨주는 능력에 그치는 것으로서 "구현된 통찰"을 성취하는 데 부족함이 있는 것이다(Proofs 33-34).

그릭은 시 창작 워크숍을 거치면서 "유순한" 어린 소녀에서 "진정한 시를 쓰기 위해 용감하게 권위를 내던졌던" 학생으로 변모했던 기억을 토로하기도 하였다. 이 권위는 그녀에게 가해지는 외적인 것과 스스로가 형성하는 내적인 것 모두를 포함하는 것으로 보인다. 그녀는 변화를 원했다. 그렇다고 이 변화가 외부의 기준에 자신을 맞추는 식으로 이뤄지는 데는 별 관심이 없었다. 그녀는 바깥에 대해서보다 "자기 생각에 열중한" 나머지 "오직 내가 선택한 도구에 의해서만 변화할 채비가 되어 있는" 시인이었다. 이 변화의 욕구는 그것에 의해서만 진리의 구현이 가능하다는 인식의 발로이다. 그것은 그릭이 시인 쿠니츠(Stanley Kunitz)에게서 배운 가장 중요한 원리이면서 그를 통해 원래 자신이 가지고 있던 것으로 그 의미와 가치를 다시 확인하는 것이기도 하다(Proofs 107-08).

그가 원했던 것은 놀람이었다. 이것은 그가 1월에 칭찬했던 시행들이 3월에는 더이상 그의 흥미를 끌지 못할 거라는 것을 뜻했다. 그의 목소리는 어린 시절부터 내 마음의 일부분이 되어 '움직여, 움직여'라고 지칠 줄 모르고 외쳐대던 훈련하사관의 그것이 되었다. (*Proofs* 109)

이런 종류의 새로움에 대한 추구는 어떤 안팎의 권위에 대해서도 순종하지 않음으로써 가능해진다. 여기에는 매순간의 절망과 불안이 수반하기 마련이다. 그릭의 진리는 결코 절대적이지 않은 어떤 것으로서 탐색된다. 그녀는 "불행하게도 진리를 평가하는 일이 불가능하다"는 인식에서 예술가의 고통을 피할 수 없는 것으로 받아들인다. 진리는 믿음의 방식으로 추구되지 않고 "만성적 열망과 만성적 불안"을 통해 느껴질 따름이다(*Proofs* 34).

그릭이 시적 진리를 늘 새롭게 추구하는 방식은 그것의 성취에 있어서 시인의 정신이 어떻게 작용해야 하는가를 말해준다. 그녀는 밀턴(John Milton)과 키츠(John Keats)의 시에서 각각 "지배(mastery)"와 "방종(abandon)"의 정신을 발견한다. 그릭이 성숙한 시인의 위치에서 영문학 전반을 본격적으로 대하는 가운데 19세기 영국 시인 키츠에 주목하는 것은 그녀의 시작 방식과 관련하여 시사적이다. 그녀에게 있어서 키츠는 "수동적이고 … 모든 감각에 응하는" 시인으로서 몸과 분리된 영성(靈性)의 허구를 거부했다. 키츠에게 영혼은 "육체적이고 활력적이며 부서지기 쉬운" 어떤 것으로서 몸을 떠나서는 생명을 잃는다. 그릭은 위대한 정신의 차가운 냉정을 소유한 밀턴 대신에 몸의 변덕스런 감각에 따라 반응하려는 키츠를 택하고 있다. 그녀는 키츠의 "부정적 수용능력(Negative Capability)"이 셰익스피어와 같은 위대한 시인의 자질로서 "진실하게 전달하기 위해 판단을 중지할 수 있는 역량"임을 익히 알고 있다(*Proofs* 41-43).

자아는 … 피뢰침과 같아서 경험을 끌어들였다. 하지만 시인의 임무는 자신에게서 개인적 속성들을 제거하는 것이었다. 따라서 기존의 믿음들은 시금석이 아니라 불이익이었다. (*Proofs* 43)

이 불이익을 피하여 그릭은 키츠와 마찬가지로 자아의 소멸을 꾀한다. 그녀가 성실성의 가치를 존중하면서도 그에 반(反)하고자 하는 것은 자신의 시에서 자아를 없애고자 꾀하기 때문이다.

성실성의 상태에서 시인의 목소리는 시적 화자의 목소리와 같은 것으로 상정된다. 여기서 시인은 자기가 아는 것을 정직하게 말하는 존재이다. 그런데 그릭의 경우에서처럼 시인이 아는 것을 전달하는 데 관심을 두지 않고 아직 알 수 없는 것에서 시적 진리를 구현하는 상황에서는 이러한 성실성이 극복해야할 어떤 것이 되고 만다.

그릭은 자신의 목소리와 시의 목소리가 다를 수 있다는 것을 애써 확인한다. 그녀의 시에는 종종 서로 다른 목소리들이 함께 존재한다. 시 안에서 여러 목소리들은 서로 대화를 나누는 처지에 놓이기도 한다. 그녀가 여러 시집들에서 특징적으로 택하고 있는 연작시의 구조는 다중의 목소리가 용이하게 발화되는 공간이기도 하다. 이 구조에서 시인의 목소리는 그 모든 목소리들 사이의 갈등을 통해 들려온다. 그녀의 시는 서정시의 맥을 이으면서도 시인의 주관적 목소리를 성실하게 드러내는 것을 의도적으로 피한다는 점에서 특이하다. 그릭의 시가 서정시의 지평을 넓힌 것으로 평가되는 이유가 여기에 있다.

II. 「신뢰할 수 없는 화자」와 연작시 「정원」

1990년의 시집 『아라랏 산』(*Ararat*)에 실린 시 「신뢰할 수 없는 화자」 ("The Untrustworthy Speaker")에서 화자는 스스로를 보지 못하는 처지에 있다.

> 내 말을 듣지 마세요 비통한 심정예요.
> 어떤 것도 객관적으로 보지 못해요.

내 자신을 알아요. 정신분석학자처럼 듣는 법을 배웠지요.
내가 열정적으로 말할 때
그때가 내가 가장 신뢰받지 못할 때예요.

진짜 아주 슬픈 일이에요. 일생동안, 똑똑하다고
말 잘한다고, 꿰뚫어볼 줄 안다고 칭찬받아 왔어요.
결국엔, 그런 것들 헛되고 말았지요—

Don't listen to me; my heart is broken.
I don't see anything objectively.

I know myself; I've learned to hear like a psychiatrist.
When I speak passionately,
that's when I'm least to be trusted.

It's very sad, really: all my life, I've been praised
for my intelligence, my powers of language, of insight.
In the end, they're wasted— (*Ararat* 34)

화자의 관심은 스스로를 향해 있다. 자의식이 초점을 맞추는 곳은 피할 수 없는 상심과 그에 따르는 결과이다. 화자는 말(speech)이 진리를 전달할 수 있느냐의 여부가 우선적으로 그 말을 하는 사람의 신뢰성에 달려있다고 생각한다. 말의 신뢰성이 화자가 얼마나 객관적이냐에 달려있다는 것은 당연한 일이다. 이것은 "정신분석학자"처럼 스스로의 정신을 연구해온 나머지 그것이 얼마나 믿을 수 없는 것인가를 여실히 알고 있는 화자에게 문제를 일으킨다. "내 자신을 알아요"는 정체성의 확립을 선언하는 것이 아니라 그것의 어려움을 이해한다는 것을 뜻한다. 화자는 세상의 인정을 받아왔던 자신의 지력(知力)과 언어 구사력 그리고 통찰력까지도 신뢰할 수 없다는 것을 의식하고 있다.

화자는 칭찬 받아온 세월에 못지않게 오랫동안 상처 속에 살아온 자신을 발견하고 있다. "정신분석학자"는 자아를 연구의 대상으로 삼는다. 화자는 자아 속에 함몰되지 않고 오히려 그것을 대상화하여 거리를 두고 관찰함으로써 그것이 상처와 감정의 기복에 따라 흔들린 나머지 사물을 객관적으로 보지 못하는 것을 확인한다. 자신의 뛰어난 능력들도 이로 인해 무의미한 것이 되어버린다는 것을 깨닫는다.

> 나는 결코 내 자신을 보지 못해요.
> 현관 계단에 서서 내 언니의 손을 잡지요.
> 그게 내가 설명할 수 없는 이유예요
> 왜 그녀의 소매 끝 팔뚝에 상처자국이 있는지를.

> I never see myself,
> standing on the front steps, holding my sister's hand.
> That's why I can't account
> for the bruises on her arm, where the sleeve ends. (*Ararat* 34)

화자는 스스로를 보지 못한다. 대개의 경우 불확실한 정체성은 불안을 야기한다. 불확실성 속에 오래 처할 수 없는 인간은 본능적으로 자아의 중심을 세우려 한다. 그런데 화자는 자신에게 자아가 뚜렷한 모습을 드러낸 적이 없다고 토로한다. 화자는, 이러한 자아의 부재에서, 그러니까 세상을 지각하고 해석하는 주체의 사라짐에서, 자신의 기억/꿈/환상 속에 나타난 언니의 팔뚝상처를 설명할 수 없다. (그릭은 자신이 태어나기 전에 죽은 언니에 대한 기억을 수차례 시로 드러냈는데 그 죽음이 자신의 탄생과 생존의 의미에 깊은 영향을 끼쳤다는 것을 밝힌 적이 있다.)

화자가 반추하는 자신의 시공에는 자아가 없다. 그것은 위험한 일이다.

내 마음 속에 나는 보이지 않는다. 내가 위험한 이유다.
자아가 없어 보이는 나와 같은 사람들
우리는 불구자고 거짓말쟁이다.
진리를 위해
우리는 인수분해 되어야할 것들이다.

내가 조용할 때 그때 바로 진리가 출현한다.
청명한 하늘, 흰 섬유 같은 구름
그 아래 작은 회색 집
불그스름하게 선명한 연분홍색 진달래.

In my own mind, I'm invisible: that's why I'm dangerous.
People like me, who seem selfless,
we're the cripples, the liars;
we're the ones who should be factored out
in the interest of truth.

When I'm quiet, that's when the truth emerges.
A clear sky, the clouds like white fibers.
Underneath, a little gray house, the azaleas
red and bright pink. (*Ararat* 34)

화자는 세상과 관계를 맺음으로써 정체성을 갖게 된다. 그녀가 이 관계를 부정
하거나 허용 받지 못할 때 세상과의 정상적인 소통은 불가능해진다. 세상과의
불완전한 관계는 화자의 말을 거짓으로 만든다. 자아가 허용되지 않는 상태는
화자가 자신의 자아를 통해 세상과 교통하는 데 실패했다는 것을 뜻한다. 화자
와 세상은 관계설정에 있어서 화자 중심으로든 세상 위주로든 아니면 어떤 균형
에 따르든 서로 합의점에 도달하지 못하고 있다. 이러한 상태에서 화자는 세상
의 방식에 순응하는 것도 아니고 세상을 자기 뜻대로 규정하는 힘을 발휘하는

것도 아니다. 각자 따로 분리된 처지에서 거대한 세상에 비해 자아가 없는 개인들은 보잘 것 없는 "불구자"에 불과하다.

하지만 이러한 위험은 화자에게 주어진 것이면서 선택된 것이기도 하다. 화자는 진리에 대한 추구를 위해 스스로를 원소에 이르기까지 분해하여 없애고자 한다. 자아의 소멸은 세상과의 단절을 초래하여 세상에 대한 기존의 이해를 버리게 한다. 단절은 새 관계를 위한 창조적 해체를 뜻할 수 있다. 진리는 자아의 소멸을 거쳐 고요의 상태에 이르게 될 때 마침내 출현한다. 화자는 세상이 관념의 때를 벗고 "청명한 하늘"과 "연분홍색 진달래"로 마음에 담기는 기쁨을 누린다.

진리는 관념과 상처에 좌우되지 않을 때 가능해진다.

> 그대가 진리를 원한다면, 맏딸에 대해 그대 자신을
> 닫아걸어야 해요. 밖으로 내몰고 들이지 않아야 해요.
> 살아 있는 것이 그 가장 깊은 작용들에서
> 그처럼 다치게 될 때
> 모든 기능이 바뀌지요.
>
> 그것이 나를 신뢰해서는 안 되는 이유예요.
> 가슴에 상처를 주는 것은
> 또한 마음에도 상처를 주기 때문이지요.

> If you want the truth, you have to close yourself
> to the older daughter, block her out:
> when a living thing is hurt like that,
> in its deepest workings,
> all function is altered.
>
> That's why I'm not to be trusted.

Because a wound to the heart
is also a wound to the mind. (*Ararat* 35)

화자에게 뿐만 아니라 보통의 어머니들에게 맏딸이란 특별한 존재일 것이다. 이 지극히 친밀하고 사적일 수밖에 없는 관계에서 어머니의 딸에 대한 반응은 객관성과는 거리가 먼 것일 가능성이 높다. 이런 방식으로 작용하는 둘 사이의 관계에서 어느 한쪽의 고통은 다른 한쪽의 모든 기능마저도 바꿔놓을 수 있다. 여기서 화자는 자신이 가슴의 상처로 인해 마음의 상처를 갖게 되었으며 그로 인해 세상을 제대로 대하는 데 어려움이 있다고 토로하고 있다.

서정시의 일반적 형식에서 일인칭 화자는 자신의 중심에서 감정을 토로한다. 이에 대한 반성에서 「신뢰할 수 없는 화자」는 화자의 목소리를 믿을 수 없는 것으로 다루면서 그 원인을 살핀다. 이 반성의 자세에서 화자는 목소리가 나올 수 있는 여러 여건들을 두루 살피기까지 하면서 진리의 문제로 의식을 넓히고 있다. 그냥 제 생각이나 느낌을 표현하는 것은 중요하지 않다. 의미 있는 목소리는 진리에 기여하는 종류의 것이다. 화자는 진리의 표준에서 자신의 목소리가 건강해질 수 있다고 여긴다. 화자가 궁극적으로 추구하는 것은 상처에 민감한 자신의 가슴과 마음을 넘어서서 낼 수 있는 목소리이다. 새로운 목소리에 대한 추구는 감상적이고 개인적인 자아를 없애는 것이면서 또한 이겨내고 극복하는 것이기도 하다. 그것은 세상에 대해 관습적 이해를 거부하고 늘 새로운 방식으로 접하려는 시도이기도 하다.

화자가 궁극적으로 추구하는 목소리에는 자아가 없다. 그것과 상처받은 자아의 목소리 사이에는 괴리가 있다. 화자는 이 괴리의 심연에서 둘 사이를 오고가면서 목소리를 낸다. 이렇게 화자가 목소리를 다양한 원근법에서 접근할 수 있는 것은 그 목소리 자체를 관찰과 추구의 대상으로 삼은 결과이다. 스티븐스(Wallace Stevens)는 시 쓰는 행위 자체를 일관된 시의 주제로 삼았었다. 이와 유추적 관계에서 그릭 또한 시의 목소리를, 다시 말해 진리에 보다 근접하기 위해 노력하는 시적 발화자의 가변적 의식의 상태를, 그녀의 시의 핵심적 주제로서 다루고 있다고 생각된다.

예컨대, 1980년에 발표한 시집 『하강하는 형상』(*Descending Figure*)에서, 그릭은 연작시 「정원」("The Garden")을 통해 화자의 가변적 의식을 여실히 보여준다. 다섯 부분으로 이뤄진 연작의 구조에서 그릭은 각 부분이 독립적이면서도 병치에 의해 서로 연결되도록 한다. 1부 <탄생의 공포>("The Fear of Birth")에서 화자는 햇살의 현이 연주하는 음악에 만물이 소생하는 가운데서 그렇게 태어나는 것이 두렵다.

> 다시 마찬가지일 거야.
> 이 두려움, 이 내향성 마찬가지일 거야
> 그러다 나는 마침내 들판으로 끌려올라오겠지
> 뒤틀린 서명의 뿌리를 끌면서
> 흙에서 뻣뻣하게 걸어 나오는
> 가장 작은 관목에게조차도
> 튤립, 발톱 모양 붉은 꽃잎에게조차도
> 면역성을 기르지 못한 채.
>
> 그러면 찾아올 상실들
> 하나씩 잇달아 다가올 것들
> 너무나 지탱 가능한 것들.
>
> It will be the same again.
> This fear, this inwardness,
> until I am forced into a field
> without immunity
> even to the least shrub that walks

stiffly out of the dirt, trailing
the twisted signature of its root,
even to a tulip, a red claw.

And then the losses,
one after another,
all supportable. (*First Four* 106)

엘리엇(T. S. Eliot)의 『황무지』(*The Waste Land*)에서 한 주인공은 생명이 약동하는 4월에서 잔인함을 느꼈다. 이와 유사하게 그릭의 주인공 또한 생명이 탄생하는 순간에 그것이 결국 예전과 마찬가지로 상실되리라는 두려움을 느낀다. 화자의 두려움은 "내향성"이다. 화자의 시선이 마음 안을 향하고 있는 한 이 두려움은 그치지 않을 것이다.

　하지만 화자는 반복되는 상실의 두려움에도 불구하고 여전히 생명의 욕구에 대한 "면역성"을 기르지 못하고 그것이 가져올 고통을 알면서도 땅밖으로 이끌려 나가고 만다.

　화자가 "햇살의 현"에 의해 "들판"으로 끌려나와 그나마 향하게 되는 곳은 "가장 작은 관목"이거나 한 송이 붉은 튤립이다. 튤립은 발톱 모양을 하고 있고 뒤틀린 뿌리의 관목은 경직되게 땅밖으로 걸어 나온다. 이러한 화자의 인식에는 탄생 이전의 두려움에 이어 탄생 이후에도 어떤 고통이 함께 하리라는 느낌이 묻어 있다. 화자는 이렇게 힘든 재탄생을 가정한 다음에 바로 상실을 떠올린다. 그 숱한 상실들은 하나하나가 "너무나 지탱 가능한" 것이어서 화자의 기억 속에 강하게 살아 있다. 1부의 화자는 육체의 건강 그 이상을 원하면서도 그러한 삶이 가져올 아픔을 두려워하면서 자신의 안에서 밖으로 혹은 땅 아래에서 위로 빠져나가려는 자의 위태로운 목소리를 낸다.

　2부 <정원>("The Garden")의 목소리는 문제에 빠진 누군가에게 조언을 주는 자의 어떤 권위의 분위기를 드러낸다. 1부의 목소리와는 사뭇 다른 이 목소리는 1부 화자의 또 다른 자아일 수도 있다. 이 전환의 구조에서 화자는 스스로를 둘로 나누어 무대 위에 올려놓고 문제에 처한 자와 충고를 주는 자 사이에 대화를 나누게 하고 있다. 2부의 화자는 정원이 "녹색 안료"와 "장미의 황홀한 적색"으로써 스스로를 온통 칠하고 있는 것이 청자를 위한 것이라고 말한다. 화자에 따르면 시 속의 청자인 "당신"은 정원의 찬탄을 받는 존재이지만 여전히 뭔가를 더 필요로 한다.

> 하지만
> 당신에게 필요한 뭔가가 여전히 있어요.
> 당신의 몸은 너무 부드럽고 너무 생동적이요. 석제 동물들 사이에서.
>
> 손해를 입지 않고
> 그들처럼 된다는 것이 소름끼치는 일이라는 것을 인정하세요
>
> Yet
> there is still something you need,
> your body so soft, so alive, among the stone animals.
>
> Admit that it is terrible to be like them,
> beyond harm. (*First Four* 107)

화자는 청자에게 손해 보지 않고 만족 속에 살아가는 "석제 동물들"과 거리를 두라고 충고한다. 청자의 몸은 "너무 생동적"이어서 육체의 만족 그 이상의 무엇을 요구받고 있다. 이 목소리가 정원사의 것이든, 신의 것이든, 혹은 1부 화자의 또 다른 자아이든 간에, 두려움 속에 있는 1부 화자에게는 오히려 그 두려움을 용기 있게 받아들이라고 힘을 북돋우고 있는 셈이다.

3부 <사랑의 두려움>("The Fear of Love")에서 화자가 끔찍해 하는 것은 화석화된 사랑이다. 화자는 자신의 연인을 "순종하는 돌처럼 내 옆에 누워있는 저 몸(/시체)"으로 파악한다. 그들의 사랑은 처음 시작할 때도 위태로웠다.

> 그때는 이미 겨울이었어요
> 낮이면 태양이 불의 헬멧을 쓰고 떠올랐고
> 밤에도 역시 달에 반사되었지요.
> 눈밭에 얕게 눌린 이 두 자국 외에
> 어떤 그림자도 남기지 않으려고
> 우리가 드러누웠다는 듯이
> 그 빛은 우리 위로 자유로이 지나갔어요.
> 고요하고 복잡하며 꿰뚫을 수 없는
> 과거가 언제나처럼 우리 앞에 펼쳐졌지요.

> At that time it was winter already.
> By day the sun rose in its helmet of fire
> and at night also, mirrored in the moon.
> Its light passed over us freely,
> as though we had lain down
> in order to leave no shadows,
> only these two shallow dents in the snow.
> And the past, as always, stretched before us,
> still, complex, impenetrable. (*First Four* 108)

사랑을 위협하는 것은 과거이다. 사랑을 나누는 "우리"는 밤낮없이 위세를 떨치며 그림자를 남기려는 빛의 무심함과 이해할 수 없는 과거 사이에 끼어있다. 윌리엄슨(Alan Williamson)은 이 시가 "성적 정열에서의 저세상다움"의 속성을 잘 전달해서 "섬뜩하고 심지어 유령이 나올 것 같은" 분위기를 만든다고 지적한다. 때는 여름이 아니라 겨울이다. 눈밭의 침상에 자발적으로 눕는 것은 "얼어 죽고자 하는 것"일 수 있다. 그림자는 인생의 고통을 상징할 수 있고 그것을 없애는 것은 "자신의 정체성을 상실하는 것"일 수 있다(Diehl 63-64). 화자의 사랑에는 흔히 정열에 기대되는 들뜸과 열기가 전혀 발견되지 않는다.

3부의 화자에게 과거란 임박한 미래처럼 눈앞에 펼쳐져 있다.

> 우리가 신들을 위해 세웠던 산에서
> 그들이 깃털 외투를 걸치고 팔짱을 낀 채
> 걸어 내려오는 동안
> 우리가 그곳에 얼마나 오래 누워있었던가?

> How long did we lie there
> as, arm in arm in their cloaks of feathers,
> the gods walked down
> from the mountain we built for them? (*First Four* 108)

신은 믿음의 방식으로 존재하는 대상이다. 한때 "우리"가 믿었던 신들이 그들을 위한 제전으로 우리가 세웠던 산에서 내려오고 있다. 우리가 신들에게 더 이상 믿음을 주지 못하면서 그들이 상징하던 모든 것들은 사라지게 된다. 화자에게 과거는 믿음이 사라져가는 역사의 시간이다. 그것은 개인적일 수도 공동체적일 수도 있다. 3부에서 사랑은 꿈꾸는 것에 대한 믿음의 방식으로 존재한다. 이 방식에서 사랑은 믿음이 부재하게 되는 순간에 돌처럼 굳어버리기 마련이다. 이 고통을 확인하는 화자의 목소리는 개인사적이면서도 사랑의 문제를 문명의 역사에 비춰보고 있기도 하다.

4부 <기원>("Origins")의 1연에서 화자는 "어떤 목소리"가 "당신은 지금쯤 잠들어 있어야 하는데"라고 말하는 것 같았는데 실제로 아무도 없었다고 말한다. 2연에서 화자는 정원에서 그 "어떤 목소리"를 듣는 청자를 관찰하는 위치에 있다. 그리하여 화자는 "꽃으로 꽉 찬 정원에서" "어떤 목소리"가 "너무 낭랑하고 너무 중복적인 이 황금빛 꽃들, 그것들이 얼마나 활기 없는가"라고 말하는 소리를 듣다가 마침내 청자 "당신"이 그것들 사이에 누워 "두 눈을 감았다"고 전한다. 화자는 이렇게 청자의 상태를 현상적으로 바라본 후 보다 심층적인 진단을 이어간다.

> 그렇지만 아직 당신은 잠들 수 없었어요
> 가여운 몸이여, 땅이
> 여전히 당신에게 달라붙어 있으니—
>
> And yet you could not sleep,
> poor body, the earth
> still clinging to you— (*First Four* 109)

이 진단에서 화자는 청자에게 육체의 개화가 아무리 낭랑해도 활기가 없다는 것을 설득하고 있다. "어떤 목소리"는 청자에게 1연에서처럼 잠을 권하기도 하고 2연에서처럼 화려한 꽃들이 활기가 없고 중복적이라는 것을 알려주기도 하지만, 화자는 그 "어떤 목소리"와 청자로서의 "당신" 모두를 관찰하는 위치에서 최종적으로 청자에게 방향을 제시한다. 화자는 청자가 세상과의 관계를 "달라붙음"의 방식으로 유지하면서 육체의 개화 그 이상의 것을 추구하라고 촉구하고 있다. 4부에 등장하는 두 개의 어떤 목소리와 청자 그리고 화자는 모두 한 자아의 내면세계를 극화한 것일 수 있다.

연작시 「정원」을 마감하는 5부 <매장의 두려움>("The Fear of Burial")에서 화자는 4부에서처럼 전지자적 관점에서 빈 들판에 시선을 준다. 몸을 떠난 영혼이 근처 바위에 앉아 있다. 몸은 이제 어떤 것도 다시 찾아들지 않아 "형식"을 취하지 못하는 처지에 있다. 화자는 청자에게 이 몸(/시체)의 외로움을 생각하라고 말한다. 5부에서 청자는 4부에서처럼 구체적인 "당신"이 등장하지 않아서 독자 일반에로 쉽게 확대될 수 있다. 이제 몸은 매장의 여정을 걸어갈 수밖에 없다. 몸은 "그림자를 둘레에 꼭 조이고" 빈 들판의 밤길을 걷는다.

그토록 먼 여행

이미 멀리 떨고 있는 마을의 불빛들
그것들이 거리들을 영상으로 주사(走査)하는 동안에도 멈추지 않는데
식탁 위에 문진(文鎭)처럼 놓인
빵과 우유, 목제 문들
그것들이 얼마나 멀어 보이는지.

Such a long journey.

And already the remote, trembling lights of the village
not pausing for it as they scan the rows.
How far away they seem,
the wooden doors, the bread and milk
laid like weights on the table. (*First Four* 110)

화자가 주시하는 것은 영혼과 갈라선 몸(/시체)이 그간 살아왔던 마을로부터 멀어져 들판의 어둠 속으로 사라져가는 뒷모습이다. 생전에 몸을 생기 있게 해줬던 빵과 우유마저도 무거운 물건으로 화한다. 그것들마저 아주 멀어져 간다. 마지막 부분에서 화자는 죽음의 공포에 대면하여 애도나 미화 혹은 초연의 목소리가 아니라 냉정하게 직시하는 목소리를 낸다.

연작시 「정원」을 이야기의 구조로 상세히 바꿔 쓰는 것은 매우 힘든 일이다. 2부 정원의 이미지는 1부와 5부에서 "들판"으로 그리고 3부에서 신들의 산으로 확대되기도 한다. 이 시는 배경 상황에 관한 구체적 제시를 회피함으로써 여러 시공에로 열려 있다. 각 부분이 독립적으로 완성되어 있으면서 다소 떨어진 채

로 서로를 마주보면서 전체적으로는 하나의 구조를 형성한다.

실제로 이 연작시는 처음부터 5부의 구조로 구성된 게 아니었다. 시인은 <매장의 두려움>을 써낸 직후 이와 짝을 맞춰 <탄생의 두려움>을 썼는데 처음에는 이 두 편으로 어떤 완성의 느낌을 가졌다가 다시 3주 후에 여기에 잘 어울릴 것 같은 <정원>을 덧붙였다고 한다. 이후 시인은 <사랑의 두려움>을 "의도적으로" 쓰게 되는데 아마도 기존의 것들에 주제적 다양성과 깊이를 주고자 꾀했을 것이다. 시인은 이 시가 "불법소득(gravy)"이었다고 술회한다. 이후 시인은 "「정원」의 균형을 잡기 위해" 다시 다섯 번째 시가 필요하다는 것을 깨닫고 <기원>을 썼다고 한다(Turner 113).

「정원」은 정원을 배경으로 탄생과 사랑 그리고 기원과 죽음에 대한 탐색을 담고 있어서 포괄적이다. 무엇보다 시인이 자아의 부재에서 여러 가변적 목소리를 내고자 시도하고 있다. 5개의 부분들과 각 부분 속의 부분들에서 들려오는 다양한 목소리는 한 자아의 여러 심리적 층위들을 세밀하게 구상화한다.

III. 꽃이 건네는 말—『야생붓꽃』

1992년에 발표된 『야생붓꽃』(*Wild Iris*)은 1993년에 그릭에게 퓰리처상을 안겨준다. 그레거슨(Linda Gregerson)은 그릭의 이 여섯 번째 시집과 1996년의 일곱 번째 시집 『초원』(*Meadowlands*)이 "너무나 현저해서 새로운 출발에 이르게 되는 깊이"를 형성한다고 높이 평가한다. 그레거슨에 따르면 『야생붓꽃』은 "뒤섞인 일련의 극적 독백들"로 구성되어 있고 이 독백들은 세 가지 종류의 목소리에 의해 발화되고 있다. 첫째는 "인간의 페르소나가 신에게 혹은 신의 지위를 차지하고 있는 것에게 말을 건네는 목소리들"이다. 둘째는 "인간의 페르소나에 의해 경작되는 정원의 식물적 거주자들이 내는 목소리들"이다. 그리고 셋째는 "신성(神性)에 의해 발화되는 목소리들"이다(Diehl 28-29). 『야생붓꽃』은 시집 전체가 연작시 형태로 화자가 일인칭 화자의 시점에서 말하고 있는데도 서정시의 일반적 경우와는 다르게 목소리의 주인이 여럿으로 나타난다. 다변적 목소리는 시의 진행에 따라 한 가지 것에 대한 여러 가지 각도의 접근을 통해서 내적 극을 형성할 수 있다.

그렇다고 이 극이 어떤 결론을 위해 의도적으로 그리고 어떤 순서에 따라 체계적으로 진행되는 것은 결코 아니다. 그릭은 위대한 정신의 소유자였던 밀턴보다 부정적 정신의 소유자였던 키츠에서 시의 모범을 찾았다. 그녀의 언어는 한 순간에 현장에서 지각된 것에 의존한다. 비다트(Frank Bidart)는 그릭의 시행에 특징적인 "불행의 강세(accent of fatality)"의 원인을 "한 번에 한 가지만 너무 심오하게 바라본 나머지 흔한 바라봄은 이에 비해 못쓰게 되는 것"에서 찾는다(Diehl 23). 『야생붓꽃』의 여러 목소리는 각자 이런 깊이에서 서로에게 엉겨 복잡성과 아이러니의 상황을 형성한다.

여러 목소리의 주인을 확정하는 일은 독자의 몫으로 남는다. 그레거슨은 주된 목소리들을 삼각관계로 요약하였다. 우선 화자인 내가 있는데 그 목소리를 듣는 청자인 "너"가 있다. 그리고 이 "너"가 자기 차례에 일인칭 화자가 되어 이제 청자가 된 나에게 말을 건넨다. 그리고 이 둘 옆에 그들의 대화를 지켜보다가 일인칭 화자의 전지자적 목소리를 내는 신 같은 존재가 있다. 애초의 화자였던 나는 이 전지자적 청자에게도 말을 건넨다. 나, 너, 그리고 제3의 전지자적 관찰자가 경우에 따라서 일인칭 화자로 등장한다. 그래서 이 목소리들은 독자들에게 한 사람의 내면에서 일어나는 혼란스런 충돌의 느낌을 준다.

시집의 첫 시 「야생붓꽃」("The Wild Iris")의 화자는 붓꽃속의 식물이다. 이 시집에는 많은 시들이 꽃의 목소리를 내면서 사람처럼 사색과 감정의 능력을 지닌 존재로 등장한다. 꽃은 정원의 주인에게 혹은 시인에게 말을 건넨다.

내 고통의 끝에
문이 있어요

내 이야기를 들어주세요. 당신이 죽음이라 부르는 것을
나는 기억해요.

머리 위, 소음들, 소나무 가지들이 움직여 내는 소리들.
그 후의 정적. 연약한 햇살이
마른 표면 위로 깜박였어요.

어둔 지하에 묻힌
의식으로
생존한다는 것은 소름끼치는 일이에요.

At the end of my suffering
there was a door.
Hear me out: that which you call death
I remember.

Overhead, noises, branches of the pine shifting.
Then nothing. The weak sun
flickered over the dry surface.

It is terrible to survive
as consciousness
buried in the dark earth. (*The Wild Iris* 1)

야생붓꽃의 목소리는 그 말을 듣고 있는 독자와 시 속 청자 모두에게 호소한다.
시 속 청자는 시인 자신 혹은 정원사의 위치에서 독자와 함께 꽃이 건네는 말을
듣는다. 시인은 시 속 청자로 있으면서도 꽃과 청자 모두에 대한 관찰자로서 시

밖에 나와 있기도 하다. 시인은 자신이 시의 안과 밖에 동시에 존재한다는 것을 의식하고 있다. 꽃의 목소리는 시인을 청자로 내세워 둘 사이에 선을 긋지만 이 구분은 시인의 의식 안에서 이뤄지고 있다. 꽃은 시인과 대척점에 있으면서도 "고통의 끝"에 있는 "문"을 통해 시인과 연결되고 그녀의 부분을 반영한다. 시인은 꽃에 대해 가깝고도 먼 관계를 맺음으로써 꽃과 자기 자신 양쪽에 존재한다.

시인은 자신의 목소리를 직접 낼 때보다 꽃의 목소리를 낼 때, 자의식에서 상대적으로 자유로운 상태에서, 보다 솔직해 질 수 있다. 이 솔직성은 욕망의 깊이를 파고드는 데 유효하다. 그렇다고 이 솔직성이 감정의 몰입을 뜻하지는 않는다. 벤들러(Helen Vendler)는 1993년 『신공화국』(*The New Republic*) 5월호에서 『야생붓꽃』에 실린 시들의 목소리가 "완전히 냉정한" 특성을 띤다고 했다. 이 특성이 화자가 드러내는 욕망과 고통에 신뢰성을 부여한다.

야생붓꽃은 청자가 두려워하는 것을 해내는 위치에 있다.

> 그때 끝이 났어요. 당신이 두려워하는 것이,
> 영혼으로 존재하면서 말할 수
> 없는 상태가, 갑자기 끝나고, 딱딱한 땅이
> 약간 휘었어요. 그러자 내게 새라고 여겨지는 것들이
> 낮은 관목들 속으로 돌진했어요.
>
> 당신에게, 저세상으로부터의 통로를
> 기억하지 못하는 당신에게
> 내가 말하지요, 나는 다시 말할 수 있으리라는 것을, 무엇이든지
> 망각에서 되돌아오는 것은 되돌아와
> 목소리를 낸다는 것을.
>
> 내 삶의 중심에서
> 담청색 바닷물에 얹힌 심청색 그림자들
> 커다란 샘물이 솟았지요.

Then it was over: that which you fear, being
a soul and unable
to speak, ending abruptly, the stiff earth
bending a little. And what I took to be
birds darting in low shrubs.

You who do not remember
passage from the other world
I tell you I could speak again: whatever
returns from oblivion returns
to find a voice:

from the center of my life came
a great fountain, deep blue
shadows on azure seawater. (*The Wild Iris* 1)

화자는 "저세상"에서 이 세상으로 돌아오는 "길"을 걷는다. 화자는 그 길을 기억하지 못하는 청자에게 자신의 변화를 확인시킨다. 가장 큰 변화는 목소리의 회복이다. 야생붓꽃은 지표면을 뚫고 나와 날아가는 새를 목격한다. 그리고 일생의 핵심을 모아 꽃을 피운다. 그 꽃잎들은 "담청색 바닷물"에 여러 농도의 "심청색 그림자들"이 얹혀 있는 색을 띠면서 "커다란 샘물"을 이룬다. 이렇게 형성된 어떤 것의 목소리는 세상에 단 하나일 게 분명하다.

시집의 첫 시에서 청자 "당신"은 영혼을 지니고서도 목소리를 내지 못하는 두려움 속에 있다. 청자에게 가장 큰 유혹은 진리에 값하는 목소리를 얻는 것이다. 꽃의 목소리 "나"는 청자가 내적 욕구에 충실하지 못하다는 것을 의식한다. 청자에게는 그 욕구를 실행에 옮기는 것을 꺼리게 하는 또 다른 무엇이 있다. 마지막 연에서 청자에게 붓꽃의 개화는 갈망하면서도 얻지 못하고 있는 어떤 목소리의 아름다움을 그 선명성과 개별성을 통해 절실하면서도 조용하게 구상화한다.

이 시집에는 7편의 「아침기도」("Matins")와 10편의 「저녁기도」("Vespers")가 있다. 이 시들의 목소리는 신 혹은 그에 준하는 어떤 대상에게 기도의 방식으로 말을 건네는 자의 것이다. 이 기도들에서 청자는 "도달할 수 없는" 존재의 위상을 지닌다.

도달할 수 없는 아버지, 우리가 처음
천국에서 추방되었을 때, 당신은
어떤 의미에선가 천국과는
다른 장소, 닮은꼴을 만들어
교훈을 주려했지요. 그렇지 않았다면
똑같은 것이 되었을 텐데—어느 쪽에서도 아름다움
대안이 없는 아름다움이었을 텐데— 유일한 문제는
그 교훈이 무엇인지 우리가 몰랐다는 사실이었죠. 홀로 남아서
우리는 서로를 소진시켰어요. 세월의
어둠이 이어졌어요. 우리는 차례로
정원을 가꿨는데, 지상이
더러는 심홍색, 더러는 살색을 띤 꽃잎들로 흐려졌을 때
첫 눈물이 눈에 고였지요—
당신을 숭배하도록 배우고 있었지만
우리는 결코 당신을 생각하지 않았어요.
우리가 단지 알았던 것은 사랑을 되돌려주는 것만을
사랑하는 것이 인간의 본성이 아니라는 것이었죠.

Unreachable father, when we were first
exiled from heaven, you made
a replica, a place in one sense
different from heaven, being
designed to teach a lesson: otherwise
the same—beauty on either side, beauty
without alternative— Except

we didn't know what was the lesson. Left alone,
we exhausted each other. Years
of darkness followed; we took turns
working the garden, the first tears
filling our eyes as earth
misted with petals, some
dark red, some flesh colored—
We never thought of you
whom we were learning to worship.
We merely knew it wasn't human nature to love
only what returns love. (*The Wild Iris* 3)

기도하는 자는 원래 절대적인 신에 대해 간절한 마음으로 복종하기 마련이다. 그렇지만 이 시의 목소리는 신을 대하면서도 그렇게 순종적인 것 같지 않다. 신은 "도달할 수 없는" 위치에 있어서 그만큼 높은 존재이지만 그만큼 동떨어지고 심지어 관계없는 존재일 수 있다. 우선 화자는 신이 인간의 장소를 만들 때 천국에서와 "똑같은 것"을 만들지 않고 "닮은 꼴"을 만든 것을 책망하는 태도를 취한다. 그것이 인간에게 "교훈"을 주기 위해서라고 하지만 그렇지 않았으면 허용되었을 "대안 없는 아름다움"을 아쉬워한다. 화자가 주목하는 것은 신 없이 홀로 남겨진 채 서로 갈등하며 살아온 세월이다. 이 갈등의 세월에서도 인간은 정원을 가꿔 꽃을 피웠다. 이 지상의 정원은 인간이 홀로 가꾼 것이다. 화자는 신을 경배하도록 배우는 중에도 신을 생각하지 않았다고 말한다. 일인칭 화자는 단수 "나"가 아니라 복수 "우리"로 말한다. 이 목소리는 인간과 신 사이의 관계가 개인의 문제이면서 문명의 문제이기도 하다는 인식을 반영한다.

시집 『야생붓꽃』은 여러 목소리들 간의 말 건네기에도 불구하고 궁극적 소통이 이뤄지지 못할 가능성을 함축하고 있어서 그만큼 절실한 호소력을 띤다. 그레거슨은 이 작품의 "긴박성"이 "유령의 가능성 ⋯ 사랑하는 이가 귀를 기울이지 않는다는 것이 아니라 아예 존재하지 않을 가능성"에서 나온다고 지적한다 (Diehl 37). 이 맥락에서 보면, 위 시의 화자는 신에게 기도하면서도, 그의 애정에 호소하거나 의존하지 않고, 인간 스스로의 본성을 옹호하는 입장을 취하고 있다. 화자는 인간이 "사랑을 되돌려주는 것"뿐만 아니라 그렇지 않은 것까지도 사랑할 수 있다고 말한다.

벤들러는 이 시집의 다양한 꽃들, 기도하는 사람, 신 등과 같은 여러 목소리들 사이에서 관계의 양상을 발견한다. 꽃이 정원사・시인에게 맺는 관계는 시인이 정원사・신에게 맺는 관계와 그 작용방식에서 유사하다. 꽃은 그 생물학적 힘에서 자기연민이나 자기중심에 빠져 있는 정원사・시인에게 때로 책망하듯 공격을 한다. 정원사・신은 "고귀하고 비꼬는" 양면성을 지닌다. 시인은 "식물학적으로 활력적인 세계"와 "냉혹한 신의 세계" 사이의 중간지대에 위치한다 ("Flower Power" 35-38). 시의 목소리에 독자가 공감하는 것은 이러한 중간지대의 곤경이 독자가 경험에 가깝기 때문일 것이다.

시인을 책망하는 꽃의 목소리는 「실라」("Scilla")에서 확연하다.

> '나'가 아니야, 너 이 천치야, 자아가 아니라, '우리'야, '우리' – 물결들
> 천국의 비판 같은
> 푸른 하늘빛의 물결들.
> 한 가지 것이 되는 것이
> 아무 것도 아닌 것이 되는 거나 마찬가지인 때에 왜
> 너는 너의 목소리를 소중히 하니?
> 왜 위를 올려다보니? 신의 목소리 같은
> 어느 메아리를 들으려고?
> 외롭고, 우리 위에 서서, 어리석은 네 생활들이나 계획하는
> 너는 우리와 완전히 마찬가지야. 너는
> 네가 보내지는 곳으로 갈 뿐, 모든 것이 그러하듯이
> 바람이 너를 심어주는 곳으로 갈 뿐

너 중의 하나 혹은 다른 하나가 영원히
내려다보다가 물의 이미지를 보고서
무슨 소리를 들을까? 물결들
그 위 물결들, 새들이 노래하고 있는데.

Not I, you idiot, not self, but we, we—waves
of sky blue like
a critique of heaven: why
do you treasure your voice
when to be one thing
is to be next to nothing?
Why do you look up? To hear
an echo like the voice
of god? You are all the same to us,
solitary, standing above us, planning
your silly lives: you go
where you are sent, like all things,
where the wind plants you,
one or another of you forever
looking down and seeing some image
of water, and hearing what? Waves,
and over waves, birds singing. (*The Wild Iris* 14)

무릇 속의 식물 실라는 여러 종류가 있지만 페루비언 실라(Peruvian scilla)의 경우 꽃대의 위쪽으로 수십 개의 작은 꽃들이 빈틈없이 모여 꽃 덩이 전체가 큰 돔 형태를 이룬다. 대부분 푸른빛이거나 푸른빛을 띤 보라색이다. 실라가 바람에 흔들려 이루는 "하늘빛의 물결"은 그 숱한 파장 속에서 물의 흐름과 새들의 노랫소리의 떨림 그리고 심지어 천국에 대한 어떤 "비판"까지도 함축한다. 물결은 하나의 단절된 움직임에서가 아니라 모든 움직임들의 연속에서 형성된다. 실라는 청자에게 무언가 되겠다고 "계획"하거나 절대적인 "신의 목소리"를 찾는 노력을 그만두라고 요구한다. 풀꽃의 생명은 계획에 의해서가 아니라 자연에 순응하면서 이뤄진다. 실라의 입장에서 만물은 바람이 그 씨앗을 데려다놓은 자리에서 싹이 튼다. 인간은 신을 따를 게 아니라 자연의 흐름에 따르는 식물의 생명력을 배워야 한다. 실라는 하나의 자아를 고집하려는 청자를 "천치"라고 부른다. 그릭은 자신이 영국시인 키츠의 경우에서처럼 자아부정의 상태에서 세상을 대하려 한다고 밝힌 바 있다. 실라의 목소리는 꽃의 것이면서 청자·시인의 욕구를 반영하기도 한다.

시인으로서의 화자는 꽃의 책망을 받고 신을 향하는 경우에도 위안을 얻지 못한다. 「물러나는 바람」("Retreating Wind")에서 신의 목소리는 그저 신랄할 따름이다. 신은 처음 인간을 창조할 때 인간을 사랑했지만 지금은 불쌍하게 여긴다. 이유는 "네가 [인간이] 필요한 모든 것"을 주었는데도 기대에 미치지 못했기 때문이다.

> 너희에게서 더욱 멀어질수록
> 너희가 더 분명하게 보인다.
> 네 영혼들은 지금쯤 거대해 졌어야 해
> 그것들의 실제 모습, 말하는 소소한 것들이 아니라-

> As I get further away from you
> I see you more clearly.
> Your souls should have been immense by now,
> not what they are,
> small talking things- (*The Wild Iris* 15)

이 시의 목소리는 바람의 것이면서 신의 것이기도 하다. 신은 인간을 말을 할 줄 아는 "소소한 것들"로 간주해 버린다. 그의 입장에서 보면 인간은 식물의 순환적 생명력도 갖추지 못하고 있다.

> 너희가 희망하는 게 무엇이든지 간에
> 정원에서, 자라는 식물들 사이에서
> 너희 자신을 발견하지는 못할 것이다.
> 너희의 생명은 그들의 것처럼 순환적이지 못하다.

> 너희의 생명은 새의 비행과 같아서
> 정지 속에서 시작하고 끝난다—
> 흰 자작나무에서
> 사과나무에 이르는 이 궁형(弓形)을 모방하는
> 형식에서 *시작한다* 그리고 *끝난다*.

> Whatever you hoped,
> you will not find yourselves in the garden,
> among the growing plants.
> Your lives are not circular like theirs:

> your lives are the bird's flight
> which begins and ends in stillness—
> which *begins* and *ends*, in form echoing
> this arc from the white birch
> to the apple tree. (*The Wild Iris* 15)

정원의 식물은 올 겨울에 죽어도 다음 해 봄에 새 생명을 일으킨다. 사람은 이 자연의 순환에 참여하지 못한다. 새의 비행은 정지에서 시작해서 정지로 끝난다. 인간의 생명은 순환의 원의 형식에 대조되게 그 일부분의 궁형(弓形)의 형식을 모방의 방식으로나마 허용 받는다. 신의 목소리는 인간의 한계를 분명히 각인시킨다. 영생은 믿음의 방식에서 허용된다. 통렬하기 그지없는 신의 목소리는 믿음이 없는 인간을 향한 것이다. 시인으로서의 청자는 식물의 세계와 신 사이에서 어느 곳에도 동참할 수 없다. 자신과 같은 곤경에 처한 독자들과 함께 할 수 있을 따름이다.

시집의 마지막 시 「흰 백합」("The White Lilies")에서 목소리는 꽃의 것으로 돌아온다.

> 조용하세요, 연인이여. 얼마나 숱한 여름을 내가
> 살아서 되돌아왔는지, 그게 내겐 중요하지 않아요.
> 올해 한 차례 여름으로 우리는 영원에 들어섰어요.
> 당신의 두 손이 느껴져요
> 그 광휘를 풀어 놓으려고
> 나를 묻는 손길이.

> Hush, beloved. It doesn't matter to me
> how many summers I live to return:
> this one summer we have entered eternity.
> I felt your two hands
> bury me to release its splendor. (*The Wild Iris* 63)

화자 백합은 자신의 구근을 땅에 묻는 손길을 느낀다. 백합은 매해 꽃이 지지만 구근의 매장을 통해 다시 돌아온다. 정원의 식물은 순환의 고리 속에 있으므로 세월의 길이는 전혀 문제되지 않는다. 이 식물에게는 매해의 여름이 영원과 같은 것이다. 시집 『야생붓꽃』은 영원의 "광휘"를 위해 백합의 구근이 기꺼이 땅에 묻히는 장면으로 끝을 맺는다. 브레슬린(Paul Breslin)은 이 시집이 "피할 수 없는 죽음의 압력"을 "그토록 완전히" 인정하기 때문에 종말에서 역설적이게도 "어떤 긍정의 분위기"로 끝이 난다고 본다(Diehl 127). 그렇지만 이 긍정은 시인의 여러 목소리들 가운데 식물 화자의 것을 통해 발화되고 있을 뿐이다. 연작의 구조에서 마지막 시의 끝은 첫 시의 처음으로 이어지고 다시 끝으로 진행한다. 시인의 진정한 목소리는 그 과정의 목소리들 사이에서 어떤 궁극적 결합이나 선택에 이르지 않고 자아의 부재 속에 존재한다. 그 목소리는 때로 자기연민을 때로 내버려짐의 고통을 냉정하고 초연한 어투로 전달함으로써 매우 효과적인 울림을 자아낸다. 시인은 자아의 부재에서 목소리를 내고 있다.

IV. 서정시의 새 목소리

그릭은 1993년 『최상의 미국시』(*The Best American Poetry*)를 위해 한 해 동안 미국 내 문학지에 발표되었던 시들 중에서 최상의 것들을 선정하는 역할을 맡는다. 그녀는 평가의 척도가 다양해야 한다는 것을 전제하는 가운데 자신이 중시하는 시의 가치를 서문에서 피력한다. 그녀가 최상의 시의 기준으로서 특히 주목하는 것은 시적 목소리의 성격이다. 그녀는 시의 목소리가 "말하는 법(a style of speech)"을 넘어서는 어떤 것에 의해 나오기를 바란다. 그것은 보다 근본적으로 "생각하는 법(a style of thought)"에 따라 발화되어야한다. 그녀가 요구하는 것은 말투의 변화가 아니라 생각의 전환인 것이다. 그녀는 "우리[시인]가 없이도 세상은 완전하다"는 "참을 수 없는 사실"에 대해 저항하면서 "지울 수 없는 목소리"로써 그러한 세상에 대한 "인간의 경험을 심오하게" 변화시켜 "다른 하나의 사실"로 확립시키려한다(*Proofs* 91-92).

그릭은 "말하는 법"이 의사전달의 양식을 전제한다고 지적한다. 시의 목소리가 "말"의 양식에 준할 때 그것은 시인의 생각을 독자에게 전달하는 "옮겨 쓰기(transcription)"의 행위에 관여할 따름이다. 이 옮겨 쓰기의 과정에는 화자와 청자 모두가 참여한다. 이에 대해 그릭은 시의 목소리가 "말"의 경우와 다르게 "직접적인 사회적 압력"을 지니고 있지 않아서 의미를 드러내 보여줄 상대가 존재하지 않을 수도 있다고 여긴다. 그녀가 이렇게 청자가 부재할 가능성에 대해 지적하는 것은 다른 자리에서 그녀가 "성실성"에 대해 했던 언급을 상기시킨다. 그녀는 시인의 주된 역할이 "이미 알려진 것"의 기준에 따라 사람들에게 세상을 성실하게 전달하는 데 있다고 보지 않는다. 그녀는 시인이 청자에게 세상을 충실히 전달해야 하는 의무로부터 자유로워져야 제 목소리를 낼 수 있다고 판단하는 것이다.

그릭은 시인의 "사회적 기능이나 사회적 유용성의 부재가 … 선을 행하고자 하는 욕구와 … 가끔 결합한다"는 데 대해 부정적 태도를 취한다(*Proofs* 92-93). 그녀는 시인이 질서의 부재에 대한 인식과 선에 대한 욕구에 떠밀려 교훈적이 되어서는 안 된다는 것을 분명히 한다.

> 가르침, 현명, 도덕적 건전성, 혹은 고귀성 등과 같은 그러한 발언은 시인으로 하여금 위대한 목소리들과 자신의 목소리를 외관상 나란히 두게 함으로써 자신의 유약한 자아를 한층 더 달래도록 만들어 놓는다. 그런데 이 위대한 목소리들은 자신들의 지각들을 이미 진리로서 내면화하고 있다. 그러나 예술가가 활력적인 예술을 만들려면 단연코 이러한 동맹을 그만두어야 한다 … 왜냐하면 그 동맹이 생산하는 것은 반복이기 때문이다. (*Proofs* 93)

시의 진정한 목소리는 대가의 목소리에 맞춰져서도 안 되고 사회적 책무나 어떤 외적 진리 혹은 도덕적 가르침에 따르는 것이어서도 안 된다. 그릭은 이 모든 것들이 반복에 불과하다고 여겨 현장의 "지각"에 의해 대체되기를 바란다. 반복은 앞서 이뤄진 "지각의 지속에 대한 감흥"일 뿐이어서 "목소리에 역설적 지속성을 가져다주는 직접성 혹은 휘발성의 느낌"을 결여하고 있다(*Proofs* 94).

그릭은 시인의 지성이 "지루한 근엄함으로 흔히 위장하고 있는 높은 진지성"을 허물어주기를 바란다(94). 창의적인 목소리는 자신만의 독창적인 삶에서 나오기 때문이다.

존재한 적이 없는 목소리는 존재한 적이 없는 삶에서만 생길 수 있다. (그 삶이
모험적이든 은둔적이든 간에) 전적으로 그리고 감상의 단순화가 없이 체험된 삶
에서만 생길 수 있다. (*Proofs* 95)

그릭이 당대 시인들에게 요구하는 새 목소리의 척도는 곧 자신의 시 창작 이론
을 요약하는 것이기도 하다. 그녀는 자신의 시가 "과거로부터 말하는 게 아니라
현재에서 말하기"를 원하고 기존의 권위나 가치에 순응하기보다 "구체적이고
확인 가능한 목소리로 순간에서 발생하는" 지각을 구현하기를 바란다(*Proofs*
91, 94).

그릭의 시는 이렇게 의식적으로 다뤄진 목소리에서 특성을 드러낸다. 그녀
의 시적 경력은 새로운 진리를 담아낼 목소리에 대한 추구라고 할 수도 있다. 당
대 시인들에 대한 개괄적 설명을 제공해주는 『당대문학비평』(*Contemporary
Literary Criticism*)은 "순전히 자전적인 주제들을 초월하도록 '나'를 다룰 줄 아
는 능력"이 그릭을 당대의 시인들 중에서 독특한 재능을 지닌 시인으로 자리매
김했다고 요약한다. 비다트는 그녀가 갖춘 형식이 "자아, 즉 영혼을 그 위 혹은
아래에 있는 세계들과 관련하여 그리고 그 과거 혹은 임박한 미래와 관련하여
수직적으로 '배치시키는' 항상 새롭고 예기치 못한 방식"을 지니고 있다고 평가
한다(Diehl 24).

그릭의 시는 일인칭 화자의 목소리로 발화되지만 고백파 시와는 구
분되는 어조를 발전시킨다. 벤들러는 그녀가 "반박할 여지없이 개인적이면서도
일인칭 '고백'에 대한 대안을 제공한다"고 평가기도 했다(*Part of Nature* 311).
그녀가 연작시의 구조를 자주 사용하는 것도 사적인 주제를 보다 복잡하고 보다
폭넓게 인간 일반의 문제로 다룰 수 있게 하는 데 도움을 준다. 또한 그녀는 개
인적인 소재들을 신화나 성서적 인유의 배경에서 다룸으로써 그것들을 사유의
대상으로 삼고 거리를 유지하기도 한다.

덧붙여서, 그릭에게 특징적인 언어의 단순성과 간소성은 시의 배경에서 상

세한 상황을 제거해버리면서 "냉정(dispassion)"과 "억제력(power of restraint)"의 어조를 형성한다(Diehl 2). 그녀의 시의 간소성(austerity)은 구체적 정보를 극히 배제하여 거의 최소주의(minimalism)의 특성을 드러내는 데서 강화된다. 벤들러는 1978년에 발표한 논문 「루이스 그릭의 시」("The Poetry of Louise Glück")에서 그릭의 두 번째 시집 『소택지의 집』(*The House on Marshland*)을 평하면서 그녀가 "거의 거꾸로 잡은 망원경을 통해서 경험을 아주 멀리서 바라본 나머지 … 시간과 공간에서 투명하게 멀어져 있는" 분위기를 띤다고 했다. 이러한 자세는 이후의 다른 시집들에서도 지속적으로 관찰된다.

그릭의 초기시에서 화자는 종종 시인의 자전적 목소리를 낸다. 첫 시집 『맨 처음 태어나서』(*Firstborn*)가 1968년에 나왔을 때 시인은 로월(Robert Lowell)에서 플라쓰(Sylvia Plath)로 이어지는 미국의 고백파 시인들의 계보를 잇고 있다는 평을 듣기도 하였다. 하지만 시인은 이후의 시집들에서 자신의 시적 목소리를 지속적으로 새롭게 추구하는 가운데 당대 순수시를 대표하는 시인으로서 정확하게 사용된 일상어와 간결한 이미지 그리고 거리를 유지하는 정서적 어조 등에서 특징을 드러낸다. 여러 평자들은 그녀의 시적 목소리의 새로움을 자아의 직접적 분출이 아니라 그녀 나름으로 추구하는 자아의 통제에서 발견한다. 그녀의 자아는 외적 권위와 내적 중심을 모두 거부함으로써 세상에 대해 보다 포괄적인 관계를 맺을 수 있는 유연성을 획득한다. 그릭의 목소리는 개인적인 고통의 순간을 표현하면서도 그것이 보다 포괄적인 인간의 문제에로 확장하도록 하는 여러 장치에 대한 실험에서 종래의 서정시에 새 가능성을 제시한다.

네온 불빛 사투리로 재즈를 노래하다

유셉 코문야커

코문야커(Yusef Komunyakaa)는 아프리카계 미국 시인이다. 루이지애나 주 동남부에 위치한 보우거루사(Bogalusa)에서 목수의 아들로 태어났고 고급문화에 접할 기회가 거의 없는 환경에서 흑인들의 재즈와 블루스를 들으면서 성장했다. 베트남 전쟁에서 정보 기술병 및 미 육군 신문의 통신원으로 활약하였고 동성무공훈장(Bronze Star)을 수여받았다. 병역을 마친 후 귀국하여 1975년에 콜로라도 대학을 졸업하고 1979년에 콜로라도 주립 대학교에서 석사, 1980년에 캘리포니아 대학교에서 예술학석사(MFA)를 취득했다. 1994년에 『네온 불빛 사투리』(Neon Vernacular)로 퓰리처상을 수혜했다. 어린 시절 흑인 빈민가에서의 생활과 전쟁 경험이 그의 시에 주된 주제로 등장하지만 시인 자신은 인종 차별이나 전쟁의 주제를 일부러 다루지는 않는다고 하면서 그의 시 전체에 근본적으로 흐르고 있는 것은 재즈의 정신이라고 밝혔다.

I. 재즈의 정신에 따라 즉흥적으로

코문야커가 주목을 받는 데는 이유가 있다. 그는 아프리카계 미국 시인으로서 인종과 성(性) 그리고 베트남 전쟁에 대한 남다른 통찰력을 보여준다. 그의 언어는 퓰리처상 수상시집 『네온 불빛 사투리』의 제호(題號)에서 암시적으로 드러나듯이 자신이 성장한 루이지애나 지역의 사투리를 사용한다. 그는 20세기 초엽 모더니스트 시인들이 보여준 언어의 혁신을 이어가지만 당대 일부 시인들이 "언어시"의 이름으로 행한 실험들에는 고개를 젓는다. 그의 언어는 간결하고 시행은 짧으며 이미지를 초현실적으로 병치시키는 기교에 의해 화자의 이야기에 강한 흥미와 신뢰감을 일으킨다.

퓰리처상 발표 당시에 웨버(Bruce Weber)는 『뉴욕 타임스』(*The New York Times*)를 통해 시인에 대해 평하면서 그가 워즈워드(William Wordsworth) 유형의 시인이라고 했다. "시인의 전형(典型)들을 모셔놓은 만신전(萬神殿)의 한쪽에는 신랄하고 정열적인 주정뱅이가 있고 다른 한쪽에는 얼굴을 찌푸리고 신경이 날카로운 외톨이가 있다. 코문야커 씨는 … 그렇다기보다 꿈 많은 지식인이다." 웨버의 이런 지적은 시인들에 대한 일반의 부정적 인상에서 일단 코문야커를 구해낸다. 그가 코문야커를 워즈워드에 연결하는 것은 주변의 일상적인 것에서 의미를 찾아내는 방식 탓이다. 웨버는 코문야커가 워즈워드의 유형으로서 "그 세속적이고 철학적인 마음이 수선화 핀 들녘을 산책할 때처럼 집 근처에 있고 개인적인 어떤 것에서 흔들렸을 것이다"고 추정하면서 "그의 시의 많은 것들이 지독히 자전적인 세부사항들의 토대에서 이뤄져 있고 … 경험이 삶에 남긴 얼룩을 다루고 있으며 흔히 해결책이 없이 아프게 함축적이다"고 덧붙인다(May 2, 1994).

그렇지만 코문야커의 시 어디에도 워즈워드 시의 목가적 아름다움이나 키츠(John Keats)가 워즈워드의 특성으로 비판한 "자기중심적 숭고미"는 보이지 않는다. 그는 철저하게 미국적이고 모더니스트적이다. 그렇지만 웨버가 코문야커의 특성으로서 주변적이고 개인적인 것에 대한 지적 관심을 꼽는 것은 지극히 유효하다. 시인은 아프리카계 미국인으로 베트남 전쟁에 참여했던 시인으로서 그가 다루는 주제의 특이성에서 주목받는 경우가 있을 수 있다. 시인은 자신이 처한 특수한 위치와 그 위치가 형성하고 또 뒷받침하는 어떤 정치적 입지에서 목소리를 내는 것을 경계하는 것으로 보인다. 그는 아프리카계 미국인으로서의 정체성을 확인하고 긍정하는 입장을 분명히 한다. 하지만 그는 그것을 전형화된 집단의 목소리로서가 아니라 개인적으로 겪는 사건들에 대한 감흥을 거쳐서 그 안에서 뭔가를 발견하고 다시 독자가 자신의 시의 경험을 통해 그것을 발견하도록 하는 방식으로 목소리를 내고 싶어 한다. 『청색 노트』(*Blue Notes*)의 「편집자 서문」("Editor's Introduction")에서 크리터스(Radiclani Clytus)는 이 목소리를 가리켜 "국가주의와 여타 제도적 요청에 의해 구성되는 편협한 도식에서 벗어난 목소리"라고 한다(vii). 이것이 코문야커의 시에서 일상적인 것에 대한 지적 관심을 주목해야 하는 이유이다.

코문야커는 『최상의 미국시』(*The Best American Poetry*) 1994년 호에 객원 편집자로 초대받아 시 선정에 임한 적이 있다. 여기서 그는 아방가르드를 "탐색적" 운동이라고 칭하고 그런 움직임이 "양식(養殖)된 문법파격의 경계에 머물면서 이론가들에게 해독을 간청하는 시"를 낳게 한다고 비판한다. 그는 그런 시가 "언어에서의 죽음"인 반면에 자신이 고른 시들은 "내용"을 지니고 있다고 옹호한다.

코문야커가 언어의 지시적 기능 자체를 위협하는 전위적 실험에 공개적으로 반대하는 입장을 취하는 것은 뜻하는 바가 크다. 그에게 있어서 시인은 시 창작에 있어서 관념이나 이론에서 출발해서는 안 되고 자신이 경험하는 것에서 그것의 깊이에 감춰진 것을 찾아야 한다.

코문야커는 2000년에 첫 산문집 『청색 노트』를 발간한다. 여기에는 자신의 시 창작 원리와 관련하여 주목해야할 몇 편의 글들이 실려 있다. 「시와 탐구」("Poetry and Inquiry")에서 그는 콜로라도 대학교 시 워크숍에서 첫 시를 써냈을 때의 기억을 되살린다.

> 그 시를 쓰고 나서 꽤 다수의 세계들이 한 데 모여 날 위해 합체하였다는 것을 깨달았다. 그 시는 숱한 놀람들로 광채를 뿜었다. 그때 이후로 쭉 내 작업에서 내가 놀람을 원한다는 것을 깨달았다. (*Blue Notes* 26-27)

코문야커가 말하는 "놀람"은 미지의 것을 깨닫는 데서 생긴다. "시는 무의식으로 돌아가는 과정이다"는 인식에서 코문야커가 경계하는 것은 기존의 관념이나 섣부른 도덕의 도입이다. 시 창작에서 시인이 자신의 생각에 앞서 우선적으로 해야 할 일은 경험의 현장에서 주변을 받아들이는 것이다. 시인은 "이미지들의 저장소"로서 "우리 주변에 있는 것을 받아들인다." 그는 자신의 시 수업 학생들에게 이러한 수용을 거친 후 자신의 마음에 일어나는 "모든 것을 써낼 것"을 가르친다. "모든 단어들이 써내려질 때까지 시의 모양을 생각하지 말 것"을 가르친다. 그 후 시인은 즉흥적으로 써 내린 그 모든 것들에서 놀랄 채비를 하고 수정을 가한다(*Blue Notes* 27). 이 수정에서 그가 중시하는 것은 "정확"과 "균형"이다. 시인은 선입견 없이 모든 것을 써 내리는 즉흥성과 거기에 형식을 찾아주는 엄밀성을 둘 다 요구받는다. 여기서 시인의 지적 능력은 세상에 대한 선입견의 관여를 배제하는 가운데 주어진 것들의 이면에서 놀랍게 드러나는 형식을 찾아내는 데서 발휘된다.

코문야커가 제재의 선택에 제한을 두지 않으려 하는 태도에는 자신의 정체성의 문제에 대한 고려도 자리하고 있다. 그는 쉽게 아프리카계 미국 시인으로 분류된다. 이 범주화에서 그는 세상이 흑인에게 부여하고 있는 틀에 갇히는 느낌을 받는다. 그는 사회가 흑인에 대해 만들어 온 주로 부정적인 "전형적 이미지들"을 흑인 스스로의 정신에서 제거해야 할 필요성을 느낀다(*Blue Notes* 29).

그는 검은 피부색에 대해 이야기할 때 자신의 정체성에 대해서 뿐만 아니라 자신의 시에 대해서도 "자동적으로" "심리적 압박"을 느낀다고 술회한다. 이 압박에서도 그는 "흑색의 문제를 내 시의 제재 그 자체로서 생각해본 적이 결코 없다"고 밝힌다(*Blue Notes* 28). 그는 흑백의 문제를 다룸에 있어서 그것으로써 세상을 겨냥하지 않고 그것을 있는 그대로 관찰하고 반응하는 자세를 취한다. 이 자세에서 그는 한 집단의 목소리가 아니라 인간 본연의 목소리를 낼 수 있다.

시인은 주변의 "모든 것이 절박하다"고 느낀다. 시인은 자신이 가치 있다고 여기는 것을 통해 세상을 대하지 않고 세상에 접해 의미를 찾기 때문에 "어떤 것이라도 그리고 모든 것이 [그의 시의] 제재(題材)가 된다." 시 창작에서 어떤 제재의 선택을 의식적으로 피하고자 하는 처지에서 그가 취할 수 있는 방책은 "아주 가까이 있는 것이 … 글로써 다루기에 최상이다"고 믿는 것이다. 코문야커의 비판에서 "사람들은 수차례 자신의 삶의 중심에서 벗어나려고 하지만 바로 그곳이 에너지가 존재하는 곳이다"(*Blue Notes* 27)는 것을 모르고 있다. 그가 시에 지극히 사적인 것을 다루는 것은 그것이 그에게서 가장 가깝게 일어나고 그 접촉의 강도에서 그에게 가장 큰 에너지를 불러일으키기 때문이다.

그렇다고 코문야커의 시에서 사적인 것이 개인적 정서의 출구로서만 다뤄지는 것은 아니다.

> 내 인생에서 매우 사적인 것들에 대해 쓰는 것은 나로서는 어려운 일이다. 하지만 나는 내가 끊임없이 내 개인의 영역에로 더욱 가까이 움직여가고 있다고 느낀다. 내 정체의 깊이에로 도달하겠다는 생각으로 말이다. 나는 우리가 너무나도 철저히 복잡한 인간이고 우리 모두의 내면에 층을 이루고 있는 중심부가 있다는 것을 깨닫는다. (*Blue Notes* 29)

시를 쓰는 행위는 자신의 사적인 문제를 다루는 것이면서 그런 자아의 내면에 켜켜이 감싸고 있는 것들을 헤치고 들어가 "핵심에 있는 것을 이해하는 것"이다.

그것은 자아의 분출이 아니라 진리에 대한 추구의 양상을 띤다.

코문야커의 진리는 완전한 객체성 속에 있는 외부의 어떤 것이나 믿음의 방식으로 존재하는 절대자를 뜻하지 않는다.

> 상상력과 현실을 구분하는 일이 내게는 힘겹다. 두 가지가 동일한 주관성에서 발생한다고 깨닫고 있기 때문이다. 그들은 끊임없이 싸우면서 서로를 재형성하고 있다. 그리하여 [그들 사이에] 화학반응과 상호작용이 진행되어 [그 안에] "진리"의 정보를 지니게 된다. 나는 시 속에 이러한 유기적 상호성이 진행되고 있고 그것을 써낼 필요성이 존재한다는 사실이 마음에 든다. (*Blue Notes* 29)

시를 써낼 필요성은 시인에게 그의 존재의 당위성을 제공한다. 위 언급은 스티븐스(Wallace Stevens)의 시론을 떠오르게 한다. 스티븐스에게 있어서 현실의 구조와 시의 구조는 다르지 않다. 시가 상상력의 산물이듯이 현실 또한 우리의 정신을 통해 드러나는 것일 따름이다. 시 또한 최상의 경우에 현실이 상상력에 의해 원초적 실재로서 드러난 것이다. 시와 현실 모두 인간의 정신을 거쳐서야 드러날 수 있다. 상상력과 현실 모두는 인간의 정신에 의존하므로 주관성을 피할 수 없다. 관심을 둘 곳은 그 주관성을 어떻게 최상의 상태로 유지할 수 있느냐의 문제일 것이다. 코문야커가 이 문제를 체계적으로 다루고 있지는 않지만 스티븐스의 전제를 받아들이고 있는 것으로 보인다.

코문야커의 관심은 진리에 도달하는 어려움에 쏠려 있다. 상상력과 현실의 화학반응이 주관성 속에서 잉태하는 것은 정의할 수 없는 어떤 것이 되고 만다. 그것은 그냥 인간의 근원 같은 것으로서 아직 혹은 영원히 신비 속에 있다. 코문야커는 시인이 여기에 이르려면 "[기존의] 통제의 메커니즘을 제거해야 하고 우리의 삶을 실제 우리 자신의 손아귀에 쥐어야 한다"고 말한다. "[관습의] 경계가 사라지고" 스스로의 힘으로 자신의 삶의 의미를 찾는 것은 그에게도 "겁나는 모험"이다(*Blue Notes* 29).

코문야커는 재즈 시인으로 불리기도 한다. 재즈가 그의 시에 주제나 제재로서 등장할 수 있고 또한 그 분위기나 리듬의 모방에서 영향을 끼칠 수 있다. 그렇지만 재즈가 그의 시 창작에 끼친 근본적인 영향은 그 영혼이다. 그는 「형상과 음조의 균형」("Shape and Tonal Equilibrium")에서 자신의 시와 흑인 음악사이의 관계에 대해 설명하면서 재즈가 "사물 뒤에 있는 정서적 신비"를 발견하고 "땅과의 연결"을 제공하며 시인을 "그 형식이 발생했던 곳들에로" 다시 연결해준다고 하였다(*Blue Notes* 4). 그에게 있어서 "그[재즈의] 형식이 발생했던 곳들"은 아프리카계 조상이 삶의 고통 속에서 재즈를 통해 스스로를 지탱하고 그 정체성을 유지해온 곳들을 뜻한다.

> 종종 우리는 거의 무(無)의 상태에서 우리의 예술을 창조해온 것 같다. 음악은 흑인 공동체에서 아주 진지한 사업이다. 그 이유는 주로 음악이 우리의 정체성과 매우 복잡하게 얽혀있기 때문이다. 우리의 음악은 드럼에 의해 추진력을 갖는데 문화의 통일성과 의사소통을 명확하게 하기 때문에 직접적인 위협으로 여겨졌다. 그래서 노예 소유주가 통제하는 지역들에서 드럼이 불법악기가 되었다는 것을 놀랄 일도 아니다. 우리 조상들은 잃어버린 악기를 대신하여 손바닥을 마주치고 발을 구름으로써 그들의 문화유산에 그토록 중요한 표현의 통일성을 유지했다. (*Blue Notes* 4)

코문야커가 재즈에 역사적 시선을 보내는 것은 그 음악이 흑인 공동체 구성원들의 상처와 투쟁의 역사에서 발원하기 때문이다. 그는 최근까지도 재즈가 "악마의 음악"이라거나 뉴올리언스의 홍등가였던 스토리빌(Storyville)의 매음굴에서 나왔다는 조롱을 받아왔다고 지적한다. 그가 재즈에서 자신의 시의 영혼을 구하는 것은 아프리카계 미국인으로서 스스로의 정체성을 확인하는 일이기도 하다.

그렇지만 코문야커는 자신이 "재즈 시인으로 전형화되는" 것을 달가워하지 않는다. 그는 "내 상상력을 사로잡는 모든 것에 대해" 쓰고 싶어 한다. 인종갈등이나 전쟁과 같은 사회적 문제들을 다뤄 관점을 세우기보다는 자신에게 의미 있게 다가오는 어떤 것이라도 다루고 싶어 한다. "철학, 심리학, 자연, 문화, 민담, 역사, 성, 과학, 본능적인 것에서 불가해한 것에 이르는 관심들," 이 모든 것들에 대해 열려 있고 싶어 한다(*Blue Notes* 5). 그는 자신이 아프리카계 시인의 정체성보다 더 넓은 영역의 것들에게 더 깊게 열려 있다고 말하고 있다.

코문야커가 재즈에서 가장 근본적으로 흡수한 것은 자유의 정신이다. 그는 "시가 재즈와 관계를 맺기 위해 명백한 재즈의 주제를 다룰 필요는 없지만 이 음악의 전적으로 즉흥적인 정신을 껴안아야 한다"고 주장한다. 그에게 재즈는 조상이 물려준 유산이면서 미래를 이끌어가는 힘이다. 그가 발견하는 재즈의 미래적 힘은 "움직임 속에 있는 것"으로서의 "즉흥연주와 변화"이다. 그는 이러한 "우리의 창조성의 양식"에서는 "부정적인 것이 우세할 때에도 긍정적인 것에" 강조가 주어진다고 본다(*Blue Notes* 4). 코문야커는 재즈가 신호하는 "어떤 종류의 자유"가 바로 "내가 내면화한 것"으로서 자신이 창조의 세계에로 활기차게 여행을 떠나도록 허용해 주는 힘이라고 단언한다(*Blue Notes* 5).

II. 네온 불빛 사투리로 재즈를 노래하다

코문야커의 창작 기법은 기획에 의해 꼭 필요한 것을 적재적소에 배치하는 방식이 아니다. 애초에 무엇을 의도하는지 모르고 시작할수록 좋다. 다만 현장에 처하여 그에게 일어나는 어떤 것들을 다 쏟아내듯이 적어놓고 나서 그 언어들 이면에 작용하고 있는 어떤 형식을 찾아간다. 형식은 거의 무의식적으로 거기 있었거나 이제 그가 구성해야 하는 어떤 것이지 그가 관념적으로 이미 가지고 있던 것은 아니다.

코문야커에게 있어서 이렇게 추구된 형식은 즉흥성과 균형의 특성을 동시에 갖는다. 자신의 감흥을 쏟아낼 때 거기에 어떤 통제도 있어서는 안 되지만 그런 무의식적 반응이 일어나도록 자신을 유지하는 통제는 필요하다. 또한 일어난 것들에게 어떤 형식을 찾아내는 지적 통제 또한 필요하다. 이 과정에서 "놀람"과 "전환"이 일어나는 것은 당연하다. 그의 시는 쏟아냄과 찾아냄의 연속이다. 이 과정의 지속에서 시인은 정신의 희열을 느끼는듯하다. 그는 아는 것을 설파하는 데서가 아니라 끝내 모를지라도 그것을 향하고 분명히 모를지라도 찾아낸 그것을 형상화하는 데서 기쁨을 느끼는듯하다. 그리고 그는 독자가 자신의 시에서 이미 아는 것을 확인하는 게 아니라 한 번에 이해가 되지 않으면 다시 찾아와 자신의 의미를 덧붙여서라도 그 어떤 것을 창조하기를 바란다.

시가 보여주는 이미지나 상황은 경우에 따라서 쉽게 그 의미가 이해되지 않을 수 있다. 하지만 시인의 경험의 강도와 그것의 언어적 압축이 성공을 거둔 경우 독자는 읽기를 되풀이함으로써 새로운 것을 깨닫게 된다. 이러한 읽기의 과정은 경험에서 오는 감흥을 우선 쏟아내 적은 후 그것들의 배후에서 어떤 형식을 찾아가는 창작 과정과 유추적 관계에 있다.

코문야커의 시 「알몸 연구」("Nude Study")는 1995년 『케년 리뷰』(*Kenyon Review*)에 처음 게재되었다가 『최상의 미국시』 1996년 호에 다시 실렸고 2000년 『청색 노트』에 자신의 시작 노트와 함께 재수록 되었다. 이 시는 대상에 대한 감흥을 거쳐 그 이면의 의미를 찾아가는 시인의 눈길과 그의 지적 통제력을 가늠하게 해준다.

> 누군가 가볍게 남근을 붓질하여
> 　살려냈구나. 믿음이란 거의
> 　　육체려니. 날개치고
>
> 먼지가 숨 쉬려 하고 그 형상이 마치
> 　유화에서 솟아오르려는 듯

그리하여 죽은

화가의 화실을 벗어나려는 듯. 수년 동안
    이 작품이 금빛 몸부림인양
        그곳에 있었구나.

보스턴 커플리 플라자
    호텔의 흑인 승강기 기사
        토마스 맥켈러를 그늘지게 하면서

존 싱어 사전트의 친구—사생화와 선화(線畵)들 사이에
    숨겨져서, 아리온의 양각(陽刻)과
        아폴로를 위한 모델로.

너무 많은 것이
    허용되면서 거부된 것으로 받아들여졌구나. 오직
        호의와 변덕만이

먼지의 베일로써
    거세된 희랍 육체들에
        속하는 이 얼굴을 완성할 수 있으련만.

Someone lightly brushed the penis
    alive. Belief is almost
        flesh. Wings beat,

dust trying to breathe, as if the figure
    might rise from the oils
        & flee the dead

artist's studio. For years

this piece of work was there
    like a golden struggle

shadowing Thomas McKeller, a black
    elevator operator at the Boston
        Copley Plaza Hotel, a friend

of John Singer Sargent — hidden
among sketches & drawings, a model
for Apollo & a bas-relief

of Arion. So much taken
for granted & denied, only
grace & mutability

can complete this face belonging
to Greek bodies castrated
with a veil of dust (*Blue Notes* 46)

화자의 첫 시선은 남성의 성기에 쏠린다. 그것이 화가의 가벼운 붓질에 살아나
는 것을 확인한다. 살려낸 것이 발기를 뜻할 수도 있겠다. 하지만 시의 전체 분
위기로 보건데 화가가 관심을 두는 것은 대상에서 발현되는 성적 욕구가 아니라
대상의 정체성과 그것의 왜곡의 문제이다. 여기서 화가의 손길에 의해 살아나는
것은 창조의 과정을 통해 무의미한 것이 의미 있는 것으로 바뀌는 것을 뜻한다.
되살아난 것의 실체는 정신이 아니다. 그것은 "육체"로서 정신을 감싸는 껍질이
아니라 그 자체로서 믿음에 버금가는 어떤 것이다. 화가가 살려내고 그것에 의
해 화자가 압도된 것은 바로 육체인 것이다.

    코문야커의 시행은 특징적으로 짧다. 그 짧은 시간 속으로 시인의 감흥을 압

축하는 이미지들이 던져진다. 한 번에 하나씩 간결하게 던져지지만 그것들이 서로에게 연결되는 데는 독자의 참여가 요구된다. 그는 "독자들이 들어와 의미에 참여할 수 있는 공간"을 창조하려고 노력한다. 그에게 "시는 결론을 가져서는 안 되는 것이다." 코문야커는 "독자가 … 외부인으로서 시를 읽을 뿐만 아니라 내부에서 그것을 경험하도록 하는 열린 끝냄"으로 시를 마무리하고 싶어 한다 (*Blue Notes* 30). 이 시에서도 화자는 자신의 느낌의 원인을 설명하지 않는다. 이 시의 목소리는 자신을 자극하고 긴장시키는 것을 하나씩 제시하면서 자기가 주목하듯이 독자도 그 관찰에 참여하기를 바란다.

화자는 그림 속의 남자의 육체에 매료된 상태에서 날개가 퍼덕이는 소리를 듣는다. 고요히 쌓여있던 먼지가 숨을 쉬려는 듯 움직이는 느낌을 받는다. 독자는 이러한 감흥들이 유화 속의 형상 탓에 일어난 것을 깨닫는다. 알몸의 형상은 수년 동안 그 자리에 외부에 노출되지 않고 갇혀 있었다. 자신을 창조한 화가는 이미 죽었고 화실에 먼지는 쌓였다. 죽음과 황폐의 배경에서 화자는 그림 속 인물의 생명력을 더 강하게 느낀다. 그래서 그는 그 형상이 자신이 처해있는 공간을 벗어나려 한다고 여긴다.

수년 동안 외면 속에 치러진 이 몸부림은 "금빛" 투쟁으로 묘사된다. 작품에 대한 시작 노트에서 코문야커는 그림의 "품위와 사실성"이 "놀라운" 것이었고 "금동색[으로 그려진 형상]이 주의 깊게 화폭에 칠해졌다"고 적고 있다(*Blue Notes* 47). 금빛은 일차적으로 그림 속 인물의 피부색을 뜻한다. 그렇지만 반복 읽기에서 나중에 깨닫게 되는 것이지만 화자는 금빛 투쟁이 육체의 긍정을 위해 분투해온 역사의 황금기들과 맥락을 잇고 있다고 여겼을 법 하다.

화자는 발견의 방식으로 새 깨달음을 이어간다. 그는 알몸의 주인공이 일으키는 심미적 아름다움에 만족하는 데 그치지 않고 그것이 처한 현실과 역사의 맥락에서 정체성의 문제를 확인하는 데로 나아간다. 그림 속 인물 맥켈러는 승강기 기사이고 흑인이다. 그는 당대 유명 화가였던 사전트에게 친구로서 모델이 되 주었다. 화가 사전트가 그리고자 했던 대상은 흥미롭게도 희랍의 신들이었다. 예술의 역사에서 가장 완벽한 육체로 묘사되는 희랍 신들의 모델로 보잘 것 없는 한 흑인이 등장한다. 이 사실에 대한 깨달음은 흑인의 육체가 오랫동안 그늘 지워지고 감춰진 채로 있어 왔다는 인식과 함께 한다. 코문야커는 시작노트에 이 그림이 "흑인의 진정한 육체적 아름다움을 껴안고 있기 때문에 숨겨져 있었다"고 적고 있다(*Blue Notes* 47).

화자는 흑인과 육체에 대해 주어져 온 관습적 불신을 냉소적으로 지적한다. "허용된 것"으로 받아들여 진 것과 "거부된 것으로" 받아들여진 것은 둘 다 인간이 인위적으로 그어놓은 금기의 선을 전제한다. 거부된 것과 받아들여진 것은 한 경계의 양쪽에서 불완전할 따름이다. 화가는 "희랍의 육체들"에 어울릴 얼굴을 창조해냈지만 그것은 "먼지의 베일"에 싸여 거세되어 있다. 그 창조가 완성되기 위해서는 관습의 부정적 시각을 벗어나는 일이 요구되고 "호의"와 "변덕"이 필요하다. 화자의 냉정한 뇌까림에서 변화의 너그러움에 인색한 세상이 드러난다. 영시 원문은 마지막 행 "먼지의 베일로써" 끝나고 있다.

짧은 행들이 사선으로 배열된 이 시는 마치 계단을 하나씩 내려가면서 그때마다 그 층위에 어울리는 새 이미지와 새 생각을 내던져 놓는 듯하다. 억제되어 있으면서 안정적으로 진행되는 어떤 보조(步調)를 느끼게 한다. 경험의 진행에 따르는 느낌과 생각의 발현은 코문야커가 말하는 "놀람들"을 지향한다. 그리고 숱하게 일어났을 여러 감흥들에서 이렇게 "균형" 잡힌 구조를 찾아내 만들어내는 능력은 결코 쉽지 않은 일이다.

코문야커의 1993년 시집 『네온 불빛 사투리』는 앞서 발표된 7권의 시집들에서 시를 선하고 12편의 새 시를 합하여 만들어졌다. 이 통합 시집에서 시인의 아프리카계 미국인으로서의 정체성과 베트남 전쟁의 경험은 여러 시들의 배경 혹은 전면에서 자주 다뤄진다. 코문야커는 동료 시인이며 교수인 배어(William Baer)와 가진 한 면담에서 루이지애나에서의 어린 시절과 베트남 전쟁의 경험이 자신의 시에 지니는 의미에 대해 언급한 적이 있다. 여기서 그는 자신의 기억이 "몸 전체의 떨림에 의해 정보가 주어지고 얼마간 내면화되어 있는 심상"으로 이뤄져 있고 그가 시에서 표현하고자 했던 것도 "직접적 진술"이 아니라 "이미지들"이다고 말했다. 그는 자신의 시 「그것에 직면하여」("Facing It")가 베트남에 관한 기억을 본격적으로 다룬 1988년의 시집 『미친놈』(*Dien Cai Dau*)에서 "표준"이 되었다고 말하기도 했다(6-7). 이 시는 31행으로 연 구분 없이 진행한다.

> 검은 화강암 안에 숨어서
> 내 검은 얼굴이 희미해진다.
> 그러지 않겠노라고 말했건만
> 빌어먹을, 눈물은 없다.
> 난 돌이다. 난 살(肉)이다.
> 아침에 기대 기울어진
> 밤의 윤곽, 맹금처럼
> 내 흐려진 영상이 나를 쳐다본다. 내가 이 방향으로
> 돌자−돌이 날 떠나보낸다.
> 내가 저 방향으로 돌자−나는 다시
> 베트남 전쟁 참전용사 기념비
> 안에 있어서, 빛에 따라
> 차이를 만든다.
>
> My black face fades,
> hiding inside the black granite.
> I said I wouldn't, dammit: No tears.
> I'm stone. I'm flesh.
> My clouded reflection eyes me
> like a bird of prey, the profile of night
> slanted against morning. I turn

this way—the stone lets me go.
I turn that way—I'm inside
the Vietnam Veterans Memorial
again, depending on the light
to make a difference. (*Neon Vernacular* 159)

화자는 워싱턴 D.C.에 소재한 "베트남 전쟁 참전용사 기념벽" 앞에 서 있다. 이 기념비는 디자인 공모에 선정되던 당시 21세에 불과했던 예일대 2년생 린(Maya Ying Lin)에 의해 설계되었다. 이 구조물은 75미터에 달하는 두 개의 검은 화강 암 벽으로 되어 있고 그 위에 베트남 전쟁의 전사자와 실종자의 이름이 새겨져 있다. 화자는 검은 화강암 벽에 비친 제 모습을 발견한다. 돌의 벽에는 전몰자들 의 이름이 빼곡하게 무수히 새겨져 있다. 순간 그는 자신의 영상으로 벽 속에 들 어가 "돌"이 되면서 동시에 그것을 마주하여 "살"로 서있다. "영상"은 되비친 것 이다. 화자는 이 영상이 자신을 바라보는 눈길을 마주 대하면서 자신 속으로 그 리고 과거 속으로 빠져들지 않을 수 없다. 영어 "reflection"은 영상(影像)이면서 반성(反省)을 뜻하기도 한다. 화자는 이 되돌아봄에서 "흐려진" 마음을 다스려 눈물을 억누른다. 화자는 충격에서 자세가 기울어지고 화강암에 비친 그림자는 밤의 윤곽처럼 어둡게 그리고 맹금처럼 사납게 화자를 대한다. 그가 저어하여 돌아서면 영상 또한 화강암을 빠져나오지만 돌아서 마주하면 다시 그 속에 처한 다. 화자는 이 관계에서 자신의 영상이 빛에 따라 모습을 바꾸는 것을 살핀다. 코문야커의 언어는 정확하고 단단한 이미지를 간결한 호흡으로 이어간다.

연기 같은 글자들 속에서 내 이름을
찾을까 반쯤 기대하면서
58,022명의 이름을 따라 걷는다.
앤드류 존슨의 이름에 손을 대본다.
부비트랩의 흰 폭발을 본다.

I go down the 58,022 names,
half-expecting to find
my own in letters like smoke.
I touch the name Andrew Johnson;
I see the booby trap's white flash. (*Neon Vernacular* 159)

화자의 시선은 숱한 전몰자들의 이름을 따라가다가 글자들이 연기처럼 흐려지는 상태에서 벽의 표면을 뚫고 베트남 전쟁의 포연 속으로 들어간다. 부비트랩에 희생된 전우를 기억한다. 이 순간 요동쳤을 화자의 감정이 단 한 줄로 요약된다. 화자는 "흰 폭발"을 직접 "본다." 화자의 기대가 "반쯤"에 머무는 것은 스스로가 살아있는 처지에서 전몰자 가운데 처했어야 한다는 의식을 반영한다. 이것은 화자가 극단의 소외 속에서 환상 속에서나마 죽음의 경계를 반쯤 넘어간 처지를 암시하기도 한다. 코문야카는 이 시에 대한 시작 노트에서 "화강암 벽에 직면하는 사람은 누구나 그 일부가 되어버린다"고 회고하면서 "서로 속으로 그리고 서로를 통해 움직이는 영상(影像)들"이 "죽은 자와 산 자 사이의 춤"이 된다고 했다(*Blue Notes* 55).

이 시는 관찰에서 반응으로 그리고 사색으로 그 후 다시 관찰로 순환의 고리를 이어가고 있다. 관찰은 대상과 어느 정도의 거리를 두면서 효과적으로 진행될 수 있다. 반응과 사색은 이 관찰의 흐름이 크게 방해받지 않는 정도로 관여한다. 이 시는 화자가 보여주는 정확한 관찰과 간결한 표현 그리고 그럼으로써 불러일으켜지는 풍부한 암시들 덕택에 추도시의 애도나 진혼 혹은 행사시의 미화에 빠지지 않을 수 있다.

이름들이 희미하게 반짝인다, 여인의 블라우스 위에
하지만 그녀가 멀어지는 순간
벽에 남는다.
붉은 새의 날갯짓이 내 응시를 자르듯이 가로지르자

붓질들이 섬광을 일으킨다.
하늘. 하늘에 뜬 비행기.
흰 퇴역군인의 상이 떠올라
내게 더 가까이 오더니 창백한 눈으로
내 눈을 통해 바라본다. 난 창문이다.
석벽 안에서 그는
오른팔이 없다. 까만 거울에서
한 여인이 이름들을 지우려 하고 있다.
아니, 한 소년의 머리를 빗질하고 있다.

Names shimmer on a woman's blouse
but when she walks away
the names stay on the wall.
Brushstrokes flash, a red bird's
wings cutting across my stare.
The sky. A plane in the sky.
A white vet's image floats
closer to me, then his pale eyes
look through mine. I'm a window.
He's lost his right arm
inside the stone. In the black mirror
a woman's trying to erase names:
No, she's brushing a boy's hair. (*Neon Vernacular* 159)

화자는 기억과 현실 사이의 아주 좁은 중간지대에 있다. 과거 속에 빠지지 않는
것은 바로 옆에 현실이 있는 탓이다. 쉽게 환상에 빠지는 것은 바로 곁에 과거가
있기 때문이다. 화자는 여인의 블라우스가 석벽에 비친 것을 본다. 여인이 가버
리자 그녀의 영상 위에 머물던 이름들이 다시 석벽에 남겨진다. 이때 화자와 석
벽 사이에 새가 날아간다. 새의 날갯짓의 영상이 석벽에서 섬광을 붓질한다. 섬

광의 순간 이후에 석벽에는 하늘이 고이고 비행기가 날아가는 게 비친다. 석벽에 새겨진 것들 위에 비치는 것들이 고요한 응시 속에 겹쳐간다. 그리고 화자는 그 자리에 서있는 자신을 깨닫는다. 석벽 속의 화자는 밖에 서 있는 화자의 눈을 통해 바라본다. 화자가 자신의 영상을 대하는 응시에서 서로는 서로의 눈을 통해 자신을 들여다보고 있다. 화자는 스스로가 창문이 되어 그것을 통해 석벽 속의 자신에 이르려 한다. 그는 마음의 상처를 안고 있는데 석벽 속의 그는 한 팔이 없다. 이 영상은 화자가 벽의 밖으로 절반쯤 걸어 나가면서 비쳐진 모습일 것이다.

벽에 비치는 모습들은 화자의 심리를 효과적으로 극화한다. 현상에 대한 간명한 언급이 독자에게 그 이면의 것을 깊이 생각하게 한다. 화자는 석벽에 비치는 대로 그저 "창문"이고 팔 없는 사내라고 말할 따름이다. 마지막 두 행에서 석벽의 이름을 지우려는 여인의 시도는 아이의 머리를 빗겨주는 여인의 손길로 드러난다. 하나의 이미지가 지울 수 없는 과거의 아픔을 이토록 차분하고 서늘하게 전달하기란 쉽지 않다. 그것은 어떤 진술이나 주장으로는 도달할 수 없는 경험 그 자체를 구성한다. 코문야커는 이 시가 저절로 끝을 맺어서 더 이상 나아갈 수 없었다고 말한 바 있다(Baer 6). 시인이 겪는 경험의 끝에서 시가 끝나고 있다.

III. 베트남 투도 거리에 서다

코문야커는 아프리카계 미국인으로서 베트남 전쟁을 경험한 시인이다. 그는 인종차별의 고통을 직접적으로 이야기할 수 있는 위치에 있기도 하다. 그렇다고 그에게 호의적인 평가가 이러한 제재의 특이성에 크게 의존하는 것은 아니다. 그는 전쟁의 경험이 불러일으키는 고통과 죄의식에서 벗어나고 싶어 했다. 또한 그는 시의 주제에 제한이 없다고 누차 말한다. 다만, 그는 자신의 정체성과 인종차별의 문제가, 그가 일부러 의식하지 않아도, 이미 그의 생활 속에 깊이 들어와 있는 것이라고 말한다. 일부러 다루려 하지 않아도 자신의 시 속에 어쩔 수 없이 드러날 수밖에 없다고 말하는 것이다.

코문야커의 시 「투도 거리」("Tu Do Street")는 인종차별과 전쟁의 제재가 한꺼번에 배경을 이룬다.

음악이 저녁을 나눈다.
사내들이 먼지 속에 선을 긋는 것을
내 눈을 감으면 볼 수 있다.
미국이 안개와 연기의 막을 뚫고
나아간다. 그리고 나는 다시 보우거루사에 사는
작은 소년이다. 백인 외 출입금지
표지판과 행크 스노우의 컨츄리 음악. 그러나 오늘밤
나는 여급들이 열대 새들처럼
사라지는 곳으로 걸어 들어간다.

Music divides the evening.
I close my eyes & can see
men drawing lines in the dust.
America pushes through the membrane
of mist & smoke, & I'm a small boy
again in Bogalusa. White Only
signs & Hank Snow. But tonight
I walk into a place where bar girls
fade like tropical birds. (*Neon Vernacular* 147)

화자는 베트남의 투도 거리에 있다. 하루 일과가 끝나고 저녁은 음악이 있는 곳에서 시작된다. 이 나눔은 낮과 저녁의 분리에 그치지 않고 음악이 있는 곳과 그렇지 않은 곳을 나누기도 한다. 음악이 있는 곳은 사이공 유흥가의 미군 출입지역이다. 화자가 말하는 "안개와 연기"는 채 정복하지 못한 베트남의 상황을 압축한다. 그곳은 미답의 안개와 포연 속에 싸여 있다. 화자는 음악에 젖어 눈을 감는다. 그렇지만 그의 마음의 눈에 떠오르는 것은 음악을 만들어내는 자의 환대의 온기가 아니다. 그는 사내들이 긋는 선을 지켜볼 수 있는 능력을 지니고 있다. 그렇게 사내들이 선을 긋는 곳은 먼지 속이다. 화자는 미군이 이렇게 경계를 정하고 자신들을 위해 음악을 트는 짓들이 하릴없는 짓이라고 여기는 듯하다. 이 나눔과 선긋기에 대한 관찰과 성찰에서 화자는 자신의 어린 시절을 떠올린다. 그곳에도 역시 "백인 외 출입금지"라는 선긋기와 나누기가 있었고 음악이 있었다. 그러나 오늘 화자는 미국의 흑인 병사로서 금기의 선을 넘으려 한다. 그는 찾아간 술집에서 여급들이 열대어처럼 화려하게 치장하고 꽁무니를 빼는 것을 지켜본다. 그곳은 백인 미군 출입지역이다.

> 내가
> 맥주를 주문할 때, 계산대 뒤 여주인은
> 백인의 얼굴 하나하나를 시선으로 둘러싸면서
> 이해할 수 없다는 듯이 행동한다.
> 환각적인 쥬크박스에서 행크 윌리엄스가
> 소리쳐대는 동안

> When
> I order a beer, the mama-san
> behind the counter acts as if she
> can't understand, while her eyes
> skirt each white face, as Hank Williams
> calls from the psychedelic jukebox. (*Neon Vernacular* 147)

여주인은 문제를 원치 않는다. 그는 흑인인 화자가 미리와 죽치고 있는 백인 병사들과 충돌하게 될 것을 아는 까닭에 주문받기를 꺼려한다.

화자는 자신이 미국의 가치를 위해 베트남 전쟁에서 목숨을 걸고 있는데 여전히 흑백으로 나뉘어 인종차별을 겪어야 하는 것에 대해 생각하지 않을 수 없다.

우리가 유다 역할을 하는 곳에서는
기관총 발사만이 우리를
하나로 엮는다. 길 아래쪽에서는
검둥이 미군들이 역시 제 영역에 들러붙었다.
내가 아름다움과 전쟁에 의해 상처 입은
이 목소리들의 뒤에서 부드러움을 찾는 동안
제한구역 표지판이 나를 더 깊이
뒷골목 속으로 끌어들인다.

We have played Judas where
only machine-gun fire brings us
together. Down the street
black GIs hold to their turf also.
An off-limits sign pulls me
deeper into alleys, as I look
for a softness behind these voices
wounded by their beauty & war. (*Neon Vernacular* 147)

미군은 공통의 위협에 대해 총질을 해댈 때 흑백 구분 없이 하나가 된다. 모두가 원하지 않는 유다의 역할과 그것에 의한 결속에서 베트남 전쟁은 냉소의 대상이 된다. 흑인 병사들은 다른 술집에 자리를 잡고 있다. 화자는 더 깊이 뒷골목으로 들어가는 것은 "제한구역"이 만들어내는 소외감을 벗어나기 위한 것이다. 그가 원하는 것이 상처받은 여인의 부드러움인 것은 자신 또한 상처받고 있기 때문인지 모른다.

베트남 여인은 전쟁의 와중에서 자신의 아름다움을 뒷골목에서 팔고 있다. 화자는 여인을 탐한다는 점에서 스스로가 백인 병사와 다르지 않다는 것을 깨닫고 있다.

> 닥토와 케산의 덤불 속으로
> 다시 돌아와 우리는
> 이 여인들의 동포와 싸웠고
> 이제 그 여인들을 품에 안으려 달려간다.
> 이 방들이 터널처럼 서로 연결되어
> 지하세계에 이른다는 것을
> 알지도 못 한 채
> 흑인 그리고 백인
> 병사들이, 몇 분을 사이에 두고,
> 똑같은 연인들을 접하고
> 서로의 숨결을 맛보는 동안, 우리 안에는
> 국가 이상의 것이 있다.

> Back in the bush at Dak To
> & Khe Sanh, we fought
> the brothers of these women
> we now run to hold in our arms.
> There's more than a nation
> inside us, as black & white
> soldiers touch the same lovers
> minutes apart, tasting
> each other's breath,
> without knowing these rooms
> run into each other like tunnels
> leading to the underground. (*Neon Vernacular* 147)

전투에서 돌아온 병사들이 욕망을 채우기 위해 여인을 취한다. 동일한 여인이 몇 분 차이로 백인병사와 흑인병사 모두와 관계를 가질 수 있다. 병사들은 한 여인에게서 서로의 체취를 맛보고 있는 셈이다. 이러한 상황은 성적 관계의 양상들이 하나씩 던져져 쌓이는 방식으로 구축된다. 그리고 그것은 다시 터널의 이미지에로 나아간다. 마빈(Tom Marvin)은 이러한 진행 방식을 가리켜 "짧은 구절과 문장들이 시의 대부분에 스타카토 리듬을 부여한다"고 보았다(250). 여인과 성관계가 이뤄지는 뒷골목의 방들은 얼기설기 서로에게 연결되어 지하세계로 이어진다. 코문야커가 화자의 입을 빌어 시의 마지막에서 구축하는 심상은 가히 위압적이다. 이 심상에서 흑인과 백인은 본능의 충족에서 하나가 된다. 그들은 목숨을 건 총질에서 하나가 되었기도 하다. 화자는 미국의 역사와 문화에 자리하고 있는 흑백 사이의 경계선과 나뉨을 누구보다 잘 알고 있다. 그의 냉랭한 시선 속에서 이 결속이 도달하는 곳은 "지하세계"이다. 전쟁 와중의 공포와 본능 속에서 병사들이 무의식적으로 만들어낸 이 흑백의 결합은 아마도 지옥에 이를 것 같다.

코문야커에 대한 평가는 그가 다루는 내용의 위대성이 아니라 그것이 다뤄지는 방식에 더 단단히 매여 있다. 그의 시가 제시하는 흑인과 전쟁의 심상은 그런 종류의 다른 시들이 흔히 보여주기 쉬운 전형성에서 벗어나 있다. 그는 흑인의 문제를 인간의 문제로 다룬다. 그는 흑인 병사의 전쟁 경험을 인간 욕구의 발현에서 백인 병사의 경험과 뒤섞어버린다. 그의 언어는 짧은 행의 간결한 호흡을 이어가면서 진술의 논리보다 이미지들의 병치에 더 의존한다. 그는 자신의 제재를 관찰의 대상으로 이미지화 하고 그것에 대한 직접 경험과 그에 따르는 반응과 성찰을 이끌어간다. 이 방식은 그가 전달하려는 경험에 아주 효과적으로 신뢰성을 부여한다.

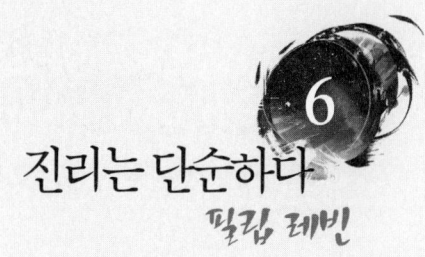

진리는 단순하다
필립 레빈

레빈(Philip Levine)은 1961년의 『모서리에서』(On the Edge)에서 2004년의 『호흡』(Breath)에 이르기까지 16권의 시집을 발표했다. 시의 분량에 비해 그의 시적 태도는 크게 변하지 않았다. 그의 시에서 가장 두드러진 제재는 경제적으로 착취당하는 위치에 있는 도시 노동자와 그들의 일상생활이다. 이러한 계열의 초기시집들로는 1968년의 『이 돼지가 아니야』(Not This Pig)와 1972년의 『그들이 배를 채워 그들이 사자가 되어』(They Feed They Lion)를 우선적으로 꼽을 수 있다. 그는 미국사회가 안고 있는 문제들에 대해 분개하는 목소리를 자주 내면서 보통 사람들에게서 굴하지 않는 정신의 위엄을 발견하기도 한다.

레빈은 1928년에 미시간 주 디트로이트에서 태어났다. 웨인대학(Wayne U)에서 수학했고 졸업 후에 시보레 기어 공장에서 야간작업조로 근무하는 등 여러 노동일을 하면서 시를 쓰기 시작했다. 본격적인 시 공부는 아이오와 대학에서 이뤄졌고 예술학석사를 취득했다. 여기서 로월(Robert Lowell)과 베리먼(John Berryman)을 연구했는데 후자를 지칭하여 자신의 "위대한 멘토"라고 했다. 『단순한 진리』(The Simple Truth)로 1995년 퓰리처상을 수혜했고 2000년에 미국시인협회 의장단에 선정된 바 있다. 현재 강의활동은 그만 둔 상태이다.

I. 공업 중심지의 휘트먼

레빈은 웨인주립대학(Wayne State University)에서 1950년과 1954년에 각각 학사와 석사를 마치고 아이오와 대학에서 1957년에 예술학석사(MFA)를 취득했다. 그는 프레스노 소재 캘리포니아 주립 대학 에서 1958년에 강의를 시작한 이후 국내외의 여러 대학들에서 시를 가르쳐왔다. 그는 한동안 스페인에 거주하기도 했는데 이 기간의 경험이 그의 많은 시에 소재를 제공했다. 그는 한때 무정부주의와 반(反)파시즘의 입장에 동조하기도 했다. 1976년의 시집 『상실의 이름』(*The Names of the Lost*)은 1930년대 무정부주의 운동을 다루고 있다. 그는 스페인에 갈 당시에는 스스로를 무정부주의자라 칭했지만 처음으로 집을 구입했을 때 그렇게 말할 권리를 잃었다는 것을 알게 되었다고 1994년의 자전적 에세이 모음집 『세월의 빵』(*The Bread of Time*)에서 회고하고 있다.

허쉬(Edward Hirsch)는 레빈을 가리켜 "야간 근무의 시인"이고 "공업 중심지의 뒤틀린 휘트먼(Walt Whitman)"이며 "반복적으로 '실패자들에게 승리를' 이라고 외쳤던 낭만주의의적 무정부의주의자"라고 칭했다. 레빈은 휘트먼처럼 노동자의 삶에서 아름다움을 발견하지만 그처럼 줄기차게 노래할 수는 없었을 것이다. 도시 노동자들에 대한 그의 따뜻한 마음은 그들을 억압하고 착취하는 세상에 대한 저항과 분노로 뒤틀려 있다. 그는 1928년에 미시간 주 디트로이트 시에서 러시아계 이주 유태인의 자손으로 태어났다. 어려서는 아버지와 사별한 후 편모슬하에서 대공황의 시기를 어렵게 보냈고 성장해서도 대학 등록금을 벌기 위해 디트로이트 자동차 부품 공장 등에서 일하기도 했다. 이 시기에 형성된 그의 세상에 대한 태도에서 노동계급의 문제들이 그의 시에 주된 모티프로 등장하게 된다.

레빈의 시에서 발견되는 자전적 요소들은 사회적 문제의식에서 일단 주목을 끈다. 그렇지만 그의 시인으로서의 평가는 주제의 심각성보다 프로스트(Carol

Frost)가 지적하듯이 그것을 "예술적 현실"로 구성해내는 능력에 더 많이 기인하고 있다. 그의 시에 등장하는 인물은 자전적 분위기를 띠고 있더라도 가공된 것인 경우들이 있다. 프로스트의 평가에서, 레빈은 이러한 가공의 인물들이 그가 "알고지내는 사람들이거나 친척들이라고 독자들이 가정하게 만들 정도로" 감정이입과 상상력에서 뛰어나다. 레빈은 자전적 목소리의 직접성에서보다 그것에 현실의 느낌을 실어내는 능력에서 기교의 시인으로서 평가받고 있다.

레빈은 한편으로 가난한 노동자로서 그리고 사회의 변혁을 꾀하는 몽상가로서 고통과 좌절의 경험을 가졌지만 다른 한편으로 대학 강단에서 시를 가르치는 시인의 위치에 있기도 했다. 두 가지 지위는 시적 경력 전반에 걸쳐 병행되고 있다. 그는 스탠포드 대학에서 연구비를 지원받는 가운데도 경제적 목적을 위해 우편집배원과 같은 단순 노동을 하기도 했다.

레빈은 2004년 당시 76세의 나이에 시애틀에서 동료 시인 허쉬와 시 낭송을 겸하여 대담을 가진 적이 있다. 여기서 그는 "일하러 가는 사람들을 담고 있는 시들을 보지 못했다"고 당혹해 하면서 "내가 쓸 거리를 얼마나 많이 가지고 있는지 보라"고 말했다고 한다. 그는 당대의 다른 시인들과 다르게 노동자의 삶에서 끊임없이 창조의 동력을 끌어냈던 것이다. 레빈은 30세 무렵에 디트로이트를 떠나 캘리포니아로 이주했고 프레스노 소재 캘리포니아 주립대에서 40년 넘게 시 창작을 지도해 왔다. 그가 경제적으로 어려웠던 시기를 벗어난 처지에서도 지속적으로 노동자의 삶에 관심을 갖는 것은 특기할 만한 사실이다. 그의 시에 그 밖의 다른 주제들이 성공적으로 다뤄지는 것 또한 사실이다. 그는 집 밖의 세상에 대해서뿐만 아니라 아버지와 어머니 그리고 자식에 관한 가정적 시를 곳곳에 써내고 있다. 하지만 그의 시적 경력 전체에 걸쳐 보통 사람의 힘든 삶의 모습 그리고 그 와중에서 강하고 거칠게 살아가는 미국인의 근성이 그의 시적 상상력을 줄기차게 고취시키고 있는 것은 분명하다. 무애럼(Jon Mooallem)은 이날 행사를 『시애틀 피-아이』(*Seattle Post-Intelligencer*)에 보도하면서 레빈이

"많은 사람들이 두려워하는 것으로서 점증하는 문화적 균열 위에, 다시 말해 시인·교수와 일반인 사이의 균열 위에, 양다리를 벌리고 걸터앉아 있다"고 적고 있다.

두 가지 지위 사이에서 취하는 자세는 레빈의 시에 부정적이든 긍정적이든 간에 한 특성을 부여한다. 그의 시에서는 노동자의 요소와 지적 시인의 요소가 묘하게 결합한다. 20세기 미국시의 발전 양상은 시인의 개별성에 대한 존중의 흐름을 보여준다. 미국시의 언어적 실험이 지향하는 것은 기존의 권위와 관념에 대한 도전이다. 시인에게 진리는 관념적으로 정형화된 것으로서가 아니라 구체적 역사의 맥락에서 파악되는 것으로서 추구된다. 미국의 젊은 시인들이 엘리엇(T. S. Eliot)을 멀리하고 윌리엄스(William Carlos Williams)와 스티븐스(Wallace Stevens)에게서 시적 영감을 발견하는 것은 그들이 사물과의 직접적 만남을 중시하기 때문이다. 미국시의 한 연속성은 사물의 객체성에 대한 존중에서 발견될 수 있다. 시인은 이 존중의 태도를 유지하는 한에서 주어진 관념으로부터 해방되어 사물과 자유롭게 새 관계를 추구할 수 있다. 이 관계에서 진리는 객관적으로 추구된 것이면서도 시인이 처한 사적 및 공적 역사의 구체적 맥락 속에서 개별적인 것이 될 수밖에 없다. 미국시의 다양성과 풍요로움은 이 터전에서 가능하다. 그런데 레빈이 노동자를 대신하여 내고자 하는 목소리는 자칫 이 개별성을 해치는 것이 될 수 있다. 노동자의 고통과 힘이라는 주제는 프롤레타리아 문학이 종종 그러하듯이 사회 비판 및 개혁의 의지와 맞물리면서 시를 수단으로 격하시킬 가능성이 높다. 시인은 자신이 처한 사회 구조 속에서 노동자의 고통을 목격한다. 노동자는 경제적으로 약자이고 사회 속에 그 목소리가 들지 않지만 미국인의 불굴의 근성을 지니고 있다. 시인은 노동자의 고통과 정신의 노래에서 시인으로서의 소명과 삶의 의미를 느낀다. 그런데 이러한 목소리는 그것이 사회에 대한 참여의 방식으로 생성되는 한에서 하나의 도식으로 화할 위험이 있다. 이 도식에서 시인이 시를 창작할 경우 소재와 배경이 아무리 바뀌더라도 그 목소리는 대동소이한 것이 될 가능성이 높다. 동일한 것의 무한한 변주는 진정한 창조의 순간에 맛볼 수 있는 직접성과 구체성을 해칠 수 있다. 계산에 의한 시가 만들어질 수 있는 것이다. 레빈의 창의성은 공적인 목소리를 사적인 목소리로 얼마나 잘 육화할 수 있느냐에 따라 평가가 달라질 수 있다.

레빈은 자신의 노동자의 목소리가 계산된 것이 아니라는 것을 밝히고 싶어 한다. 그는 2004년에 문예잡지 『파이브 포인쓰』(Five Points)를 위해 루미아노(Jeff Rumiano)와 대담을 가진 적이 있다. 그는 지난 50여년의 시작 활동을 되돌아보는 시점에서 이 대담을 통해 노동계급 주제들에 대해 집중적으로 질문을 받는다. 그는 자신이 자주 연관을 맺어온 여러 주제들과 성공을 이룬 현재의 입장 사이에 "어떤 긴장이나 분리의 느낌"을 지각하느냐는 질문에 대해 단호하게 "아니오"라고 답한다. 예술가의 삶이 그가 작품 속에 표현한 주인공들의 삶과 같아야할 필요가 있느냐는 질문에 대해서도 아니라고 분명하게 답한다. 그는 성공적인 시인으로 살면서 노동자의 생활을 시로 표현하는 것이 이중적이지 않느냐는 비판을 정면으로 반박하고 있다. 그는 자신이 중류계급 출신이라고 하면서 단지 아버지의 사망 후 가세가 기울어 빈곤하게 되었지만 집안의 가치는 중산계급의 그것을 계속 이어갔으므로 자신이 속해 있던 것을 뭐라 불러야 할지 모르겠다고 말한다. 시인으로서 활동한지 50여년이 지난 시점에서 레빈은 자신이 계급의 시인으로 분류되는 것을 꺼려하고 있다.

레빈은 "계급과 시 사이의 연계"가 계속 줄어들고 있다고 진단한다. 변화의 물결 속에서 10년 전까지만 해도 지극히 배타적이었던 미국시인협회까지도 변하고 있다. 그는 협회 의장단에 포함된 남부인이 자신의 노력에도 불구하고 아직까지 코문야커(Yusef Komunyakaa)가 유일하다고 하면서 더 많은 수가 들어와야 한다고 요구한다. 그는 코문야커가 남부인이어서가 아니라 아프리카계 미국인으로서 포함되어 있다고 덧붙인다. 그는 코문야커가 계급 혹은 집단의 대변자로서가 아니라 뛰어난 시인으로서 그 자리에 있다고 보았다. 그가 관찰하고 또 기대하는 변화가 이런 것이라면 레빈은 최소한 말년의 경우에라도 노동계급의 대변자로서 시를 쓰고 있지는 않는 셈이다. 그는 이런 입장이 바뀐 적이 없다고 말한 바 있다.

같은 맥락에서 레빈은 그를 좌경시하는 평가에 대해서도 일언지하에 불쾌감을 표현한다. 그는 "나는 공산당에 참가할 생각을 아예 가져본 적이 없는데, 그게 내가 학생이었을 당시는 웨인 지역에서 활발했었죠"라고 하면서 그 구성원들이 "공론가들이고 천치들이어 그들 가운데 하나가 된다는 생각은 전혀 호소력이 없었어요"라고 회고한다.

> 나에게 있어서 공산주의는 일하는 사람에게 소유권을 주고, 모든 이익을 취해가는 기식자들을 제거해 주는 경제이론입니다. 사회주의 국가는 나에게 호소하는 바가 있어요. 그런데 솔직히 그런 것이 하나라도 존재한 적이 있다고 여겨지는 않구요 … 소련연방은 전체주의의 악몽 같은 것이었지요 … 나는 미국의 계급제도 속에 살면서 탐욕이 광포하게 날뛰는 것을 봅니다. 자본주의체제는 정치체제를 어떻게 통제할지를 알고 있어요. 대부분의 미국인들이 권리를 박탈당하고 있지요. 우리가 그 안에 살고자 희망하게 되는 그런 종류의 나라를 건설하는 데는 어떤 강력한 뒤흔들림이 요구될 것입니다. (*Five Points* 9)

레빈에게 공산주의의 이념은 현실로서가 아니라 경제에 관한 이론으로서 의미가 있다. 사회주의의 이념 또한 비현실적이라는 것을 익히 알고 있다. 그렇지만 그는 "천치들"로 구성된 정치세력들과 거리를 두면서도 살만한 사회의 조건을 위해 뭔가 뒤흔들림이 필요하다고 여긴다. 그의 분노의 목소리는 특정 파당의 것이 아니라 개인의 것인 셈이다. 그가 좌익의 기치를 추구하지 않았다는 것은 그의 "산업주의"에 대한 견해에서도 분명하다. 그는 그것이 보통 사람들에게 "매우 싼 값에" 유용한 것들을 제공하고 또한 많은 사람들에게 일자리를 제공할 수 있다고 긍정적으로 평가한다.

레빈에게 있어서 시는 자신의 정치적 신념을 효과적으로 실현하기 위한 수단이 아니다. 그는 노동계급의 시를 의도하고 계획적으로 쓰지 않는다. 그의 노동계급의 시들 중에서 얼마나 많은 것들이 산업사회 내의 문제들을 제기하는 데 목적을 두고 있느냐는 질문에 대해 그는 이렇게 답한다.

> 글쎄요, 진실로 말하거니와, 내가 앉아서 시를 쓸 때는—그런데 모든 시는 각각 분리된 사건으로 써지지요—그러니 그런 생각들이란 내 마음에 떠오른 적이 없답니다. 나는 그런 종류의 생각을 마음에 품고 [시를 쓰겠다고] 자리를 잡아본 적이 거의 없어요. 내가 그것을 기억할 수 있는 한 가지 경우가 있긴 한데—「일이란 무엇인가」("What Work Is")라는 시에서 그랬지요. 내가 그것을 기억할 수 있는 것은 최근에 그 원고를 의회도서관에 보내야 했기 때문이지요. 나는 첫줄에 "디트로이트는 엿 같다"고 적었죠. 나는 앉은 채로 의아해 했죠. "내가 왜 그렇게 썼지?" 그때 이유가 생각났답니다. 시를 쓰기 전날 밤에 젊은 중국인을 패서 죽음에 이르게 한 어느 부자(父子)에 관한 프로그램을 PBS에서 시청한 적이 있었지요. 그 부자는 디트로이트 자동차 산업의 위축으로 일자리를 잃었던 터라 일본인에 대해 분노가 일었는데 그가 일본인인줄 알고 일을 저질렀다던가 뭐 그런 얘기였지요. (*Five Points* 11)

레빈의 답변을 그대로 받아들인다면 그의 시 「일이란 무엇인가」는 어떤 앞선 계획에 맞춰 써진 게 아니다. 지극히 당연한 것이지만 레빈은 우선적으로 자신에게 일어난 어떤 감흥에서 시의 첫 원동력을 찾는 것으로 보인다. 더군다나 그는 개별 시들 사이에 어떤 의도적 연관도 존재하지 않는다는 것을 분명히 한다. 이것은 그의 시들이 다양한 제재들에도 불구하고 어떻게 보면 동일한 주제를 변주하는 것으로 비치는 것에 대해 의식적으로 항변하는 것이라고 볼 수 있다.

레빈은 그가 시청한 프로그램에 의해 자신이 "격렬한 반(反)일본 정서"와 함께 성장했다는 것을 기억하게 되었다고 전한다. 그는 그 기억에 의존해 미국이 일본의 침공을 받았을 당시 미국 내 일본인들이 겪어야 했던 인종적 편견의 두

가지 예를 자신의 목격담으로 구체적으로 옮기기까지 한다. 레빈이 밝히는 시 창작 과정에서 현재는 과거와 밀접히 엉겨있다. 그에게 있어서 현재의 순간은 아무리 과거와 다르게 성공의 모습을 띠고 있더라도 역사 속에 연관된 모든 사건들과 하나의 전체를 이룬다. 이 기억의 방식에서 그는 현재의 구체적 현장에서 시를 쓰면서도 그 현장의 느낌의 배경에서 그의 인생을 형성하고 받쳐주는 그 어떤 것으로 항상 확장한다. 그의 시들 사이의 긴밀한 연관은 기획에 의해서가 아니라 자연발생적으로 이뤄지는 어떤 것인 셈이다.

그렇다고 이 확장이 엘리엇의 경우에서처럼 "유럽의 정신"과 같은 어떤 거대한 정신세계로 나아가는 것은 결코 아니다. 레빈은 시가 "높고 외로운 직업"이라는 것에 대해 어떻게 생각하느냐는 질문을 받자 "외로운" 것은 알겠는데 시가 그림이나 석탄채굴보다 왜 더 높은지 모르겠다고 답해버린다. 그에게 있어서 시는 일터에 나가 최선을 다하면 그뿐인 직업에 불과하다. 그것은 그의 주변 환경과 구체적 역사에서 연원하면서 자신의 관점으로 삶의 문제를 드러내고 그 안에서 긍정적인 어떤 것을 찾으려는 노력의 결실이다(*Five Points* 16).

레빈에게 있어서 진리는 그가 시에게 찾아주는 어떤 것이다.

> 진리에 대한 내 느낌은 [그것이] 시에게 주어지는 진리라는 것이지요. 다시 말해 당신은 시를 믿을만한 것으로 만들어야 해요. 당신은 당신이 아는 것을 사용하지요. 당신은 무슨 일이 일어났는지 어떻게 해도 진실로 알지 못해요. 당신은 당신의 관점에서 사건을 볼 따름이지요. 그러니 진리를 "안다"고 가정하는 것은 말도 안 되는 소리지요. (*Five Points* 16)

레빈에게 중요한 것은 어차피 알 수 없는 진짜 진리보다 자신이 만들어내는 시가 믿을 만한 것이 되도록 하는 일이다. 이런 입장은 자칫 진리를 무한한 상대주의의 늪에 빠뜨릴 위험이 있다. 그래서인지 레빈은 이 "믿을만한" 것의 개념을 아리스토텔레스의 극시의 개념에 빗대어 설명을 시도한다. 아리스토텔레스에게 있어서 진리는 이원론적으로 현상의 이면에 내재하는 것이 아니라 그것이 인과 관계의 법칙에 따라 시작에서 중간을 거쳐 끝에 이르는 완벽한 구조를 통해서 실현되는 어떤 것이다. 레빈이 아리스토텔레스에게서 빌려오고자 하고 스스로의 것으로서 추구하는 것은 내재적 진리가 아니라 진리를 실현하는 시의 형식이다.

아리스토텔레스에게 있어서 내재적 진리는 절대적인 것으로 간주된다. 또한 그 진리는 일원론의 방식에서 시적 형식과 한 가지 것으로서 추구된다. 그렇지만 앞선 대담을 고려할 때 레빈이 절대적 진리를 추구한다고 보기는 어렵다. 그가 아리스토텔레스에게서 배워와 스스로의 것으로 터득한 바는 "시의 작용이 불가피한 것으로 보이게 만드는 것"(*Five Points* 16)이다. 그는 자신의 경험에서 발견하는 어떤 것을 시의 형식을 통해 "불가피한 것"으로 만들고자 한다. 그는 여기서 형성되는 진리의 느낌이 자신의 시에 힘을 실어줄 것을 기대하고 있다.

시의 사회적 기능은 노동계급의 시인들에게 마땅하게 기대되는 것일 수 있다. 루미아노는 마땅하게도 레빈에게 시가 "보다 큰 의미의 인류 혹은 사회"에 기여하는지의 여부를 묻는다. 레빈은 기대와는 다르게 이것을 부정한다. 그는 자신의 시가 무엇으로 사회에 기여해야 하는지에 대해 아주 젊었을 때를 제외하고는 생각해 본 적이 없다고 답한다. 그는 젊었을 때는 사람들이 어떻게 살아야 하는지 알고 있다고 여겼는데 지금은 그렇지 못하다는 것이다. 그는 "나에게는 실제로 사회적 프로그램이 없다. 나는 한때 스페인의 무정부주의자였지만 지금은 아니다"고 말한다. 루미아노는 레빈이 예언자 혹은 진리의 전달자로서의 목소리를 부정하는 것이 "[그의] 시의 강점들 중의 하나"라고 본다(*Five Points* 17-18). 레빈은 시가 진리나 사회적 기여 때문이 아니라 아름다움 때문에 자신의 인생에 중요하다고 생각한다. 그는 많은 사람들이 시에 거창한 것을 기대하지만 자신이 글을 쓰는 것은 그것이 주로 "자신을 기쁘게 하기 때문이다"고 말한다. 그는 "그런 방식으로 50년 넘게 느껴왔다"고 술회한다(*Five Points* 19).

레빈은 도시 노동자의 시인으로 일컬어진다. 그렇지만 정작 시인은 계급과 자신의 시 창작 사이의 의도적 관련을 부인한다. 자신의 시는 기본적으로 자신을 위해서 창작될 따름이라고 말한다. 그는 시의 사회적 기능이나 시인의 사회적 책무에 부담을 갖지 않으려 한다. 시 쓰기가 어떤 진리나 대의를 추구하는 방식에서 계획적으로 이뤄지지 않는다고 강조한다. 시에 대한 이러한 태도는 20세기 미국시인들에게서 어렵지 않게 찾아볼 수 있다. 그들의 시는 대체로 시인과 세상 사이의 직접적 만남의 결과로서 다양하고 개별적인 진리의 양상을 구현한다. 그렇지만 레빈의 시는 휘트먼처럼 보통 사람들의 고통과 힘을 표현한다는 점에서 당대의 다른 시인들의 시와 다르게 공적 목소리를 내리라는 기대를 갖게 한다. 레빈의 시의 성취는 사적 목소리의 진실성을 통해 어떻게 공적 목소리를 담아내느냐에 따라 달라질 수 있다.

II. 개인적인 것과 역사적인 것의 결합

레빈의 시는 종종 작은 것을 이야기한다. 이야기가 장광설로 번지지 않는 것은 화자가 자신의 관심을 구체적 시간과 장소의 한계에서 표현하는 데서 가능해진다. 그렇지만 성공적인 시에서 이렇게 완성된 한 장면은 그 안으로 독자를 끌어 들이고 또한 삶의 현상과 본질 둘 다를 끌어들인다. 1991년의 시집 『일이란 무엇인가』(*What Work Is*)는 레빈에게 전미저작상을 안겨주었다. 이 시집에 실린 동명의 시는 초기의 시에 비해 차분해진 목소리를 내면서 시인에게 특징적 제재를 이루는 노동자의 삶을 압축적으로 다룬다.

　　빗속에 긴 줄 지어 서서 우리는
　　포드 하이랜드 공원에서 기다리고 있어요. 일거리를.
　　일이 뭔지는 알 거예요─이 글을 읽을 정도로
　　나이가 들었다면, 비록 일을 하지는 않는다 해도
　　그게 뭔지는 알 거예요

We stand in the rain in a long line
waiting at Ford Highland Park. For work.
You know what work is—if you're
old enough to read this you know what
work is, although you may not do it. (*What Work Is* 18)

시의 목소리가 이야기체로 발화된다. 화자는 궁금해 하는 청자에게 이제부터 사건의 전말을 들려주겠다는 듯이 어느 한 장면으로 시선을 이끈다. 그곳은 공원이고 사람들이 비를 맞으면서 줄을 서서 기다리고 있다. 기다림의 대상은 곧바로 "일거리"라는 것이 드러난다. 그런데 화자가 이야깃거리로 삼고자 하는 게 바로 그 일인 듯싶다. 화자는 입심 좋게 청자를 물고 늘어지면서 이야기를 펼친다.

> 당신을 잊으세요. 이 이야기는 기다림에 관한 것
> 한 걸음씩 옮겨 딛는 것에 관한 것이랍니다.
> 가랑비가 머리카락 속으로 안개처럼 스며드는 걸
> 시계(視界)가 흐려져 가는 걸 느끼다가, 마침내 당신은
> 저 앞쪽, 아마 열자리쯤 앞쪽으로
> 친형을 본 듯한 생각이 들게 되지요

Forget you. This is about waiting,
shifting from one foot to another.
Feeling the light rain falling like mist
into your hair, blurring your vision
until you think you see your own brother
ahead of you, maybe ten places. (*What Work Is* 18)

화자는 돌연 청자에게 스스로를 잊으라고 요구한다. 화자는 청자가 "일"에 대해 알 것이라고 인정하는 듯한 태도를 취하다가 이내 못미덥다는 듯이 설명을 시작

한다. 알 것 다 아는 사람이 뜸 들여가며 이야기의 보따리를 푸는 방식이다. 청자더러 자신을 잊으라고 하는 것도 그가 이제까지 알고 있는 것을 잊으라는 것일 수 있다. 화자는 청자가 "일"이라고 알고 있는 것과 다른 어떤 것을 이제 말하고자 하는 것이다. 이제 이야기꾼은 "일"이 자신에게 뜻하는 바를 드러내기 위해 초점을 기다림에 맞춘다. "기다림"의 실체를 증명하려는 듯이 그 행위가 일어나는 장면을 세세하게 묘사한다. 청자는 화자의 이야기의 마법에 걸쳐 긴 행렬 속에 비를 맞고 서있게 된다. 기다림이라는 것은 줄을 서 있다가 차례가 돌아갈 때마다 앞선 사람의 자리로 한걸음씩 내딛는 것을 뜻한다. 이 기다림은 그리움이나 동경의 그것과는 성질이 다르다. 그것은 좌절과 분노까지도 함축하는 어떤 것이다. 이 기다림은 청자 개인의 문제가 아니고 줄 지어 선 "우리"의 일이기도 하다. 청자는 인력시장에서 나와 있는 사람들과 함께 머리카락 속까지 젖고 시계가 흐려지도록 서 있다. 화자는 청자가 이 분위기에 젖어 친형의 모습을 봤다고 여기게 될 거라고 이야기한다.

하지만 곧이어 화자는 청자에게 그 모습이 기다림의 분위기가 만들어낸 환상이라는 것을 일깨운다.

> 당신이 손가락으로 안경을 문지르고 보면
> 그 사람은 물론 다른 사람의 형이지요.
> 여러 어깨들 너머로 몸집이
> 당신보다 더 작지만 그에게는
> 당신이 그러 하듯이 그 슬프게 구부정한 자세가
> 옹고집을 숨기지 않은 히죽거림이, 그리고 비가 내려도
> 기다리느라 시간이 허비되더라도
> 앞쪽 어디에선가 누군가 기다리고 있다가, 그가 원하는
> 어떤 이유에선가, "아니오, 오늘 사람 안 써요"라고
> 말하리라는 걸 알게 되더라도
> 끝내 굴복하지 않는 그 슬픈 거부가 함께 하고 있지요.

You rub your glasses with your fingers,
and of course it's someone else's brother,
narrower across the shoulders than
yours but with the same sad slouch, the grin
that does not hide the stubbornness,
the sad refusal to give in to
rain, to the hours wasted waiting,
to the knowledge that somewhere ahead
a man is waiting who will say, "No,
we're not hiring today," for any
reason he wants. (*What Work Is* 18)

청자가 친형으로 착각했던 사람은 청자와 여러 면에서 닮았다. 사실 줄 지어 서 있는 사람들은 모두 한 처지에 놓여 한 가지 고통과 욕구를 공유한다는 점에서 서로 닮았다고 볼 수 있다. 청자와 그의 친형 그리고 그가 친형으로 여겼던 사람은 물론 다른 사람들까지도 서로 간에 대화가 없이도 동병상련의 연대를 이루고 있다. 그들은 휘트먼의 시에서 보통 사람들의 모습이 그러하듯이 세련되지 못하고 고집스러운 육체노동자의 근육을 느끼게 하면서 어떤 고난에도 굴하지 않을 근성을 드러낸다. 기다림의 장면에 이 모든 것들을 한꺼번에 함축하기는 쉽지 않다.

청자는 기다림 속에서 형에 대한 사랑을 새롭게 자각하게 된다.

당신은 형을 사랑해요
형에 대한 사랑이 당신을 넘쳐흘러서
이제 갑자기 버티기조차 힘들 거예요
형은 옆에도 뒤에도
앞에도 없어요 캐딜락 공장에서 비참한 야간 근무를 마치고
집에서 잠자려 노력하고 있지요

그래야 정오 전에 일어나
독일어 공부를 할 수 있을 테니까.
여덟 시간 야간 근무를 하지요. 그래야 바그너를
당신이 가장 싫어하는 오페라
이제껏 최악으로 만들어진 그 음악을 노래할 수 있으니까.

                    You love your brother,
     now suddenly you can hardly stand
     the love flooding you for your brother,
     who's not beside you or behind or
     ahead because he's home trying to
     sleep off a miserable night shift
     at Cadillac so he can get up
     before noon to study his German.
     Works eight hours a night so he can sing
     Wagner, the opera you hate most,
     the worst music ever invented. (*What Work Is* 18)

화자는 전지자적 시점에서 이야기를 이끈다. 그는 청자에게 형이 주변에 없는
이유를 환기시킨다. 그 형은 바그너의 오페라를 노래하고 싶어 한다. 이를 위해
그는 독일어 공부를 해야 하고 주간에 이뤄질 수업을 위해 야간조업을 하지 않
을 수 없다. 여기서 화자는 청자에게 형에 대한 사랑을 일깨우기 위해 형이 해온
힘든 일에 조명을 가하고 있다.

　청자는 비에 젖은 채 줄을 서있다. 그렇게 일자리의 기회를 기다리다가 화자
의 도움으로 일에 함축된 여러 가지를 느낀다. 노동자의 위치에서 동생에게서
형으로 이어지는 강한 사랑을 경험한다. 그렇지만 화자는 청자에게 사랑이 아직
부족하다고 말한다.

얼마나 오래 전 일인가? 마지막으로
형에게 사랑한다고 말했던 때가, 그의 넓은 어깨를 안았던 때가
두 눈을 크게 뜨고 그 말들을 했던 때가
아마도 그의 볼에 키스를 했던 때가, 그때가 언제였던가?
그토록 단순하고 그토록 분명한 일을 당신은
해본 적이 없지요. 너무 어리다거나 너무 말문이 막혀서가 아니다.
질투가 났다거나 비열하다거나
다른 사람 면전에서 울 줄 몰라서가 아니다, 아니다.
이유는 딱 하나 일이 뭔지 당신이 모르기 때문이다.

How long has it been since you told him
you loved him, held his wide shoulders,
opened your eyes wide and said those words,
and maybe kissed his cheek? You've never
done something so simple, so obvious,
not because you're too young or too dumb,
not because you're jealous or even mean
or incapable of crying in
the presence of another man, no,
just because you don't know what work is. (*What Work Is* 18-19)

화자가 청자에게 사랑의 부족을 지적하면서 궁극적으로 일깨우는 것은 그가 아직 그의 형만큼 "일"의 의미를 모른다는 사실이다. 이 시에서 일은 그것 없이는 삶의 유지가 힘들어지는 필수적인 것이다. 일은 원하는 자에게 모두 주어지는 것이 아니라 거친 근성의 사람들이 빗속에서 줄을 서 기다려도 쉽게 "오늘 사람 안 써요" 소리를 듣게 되는 어떤 것이다. 레빈은 루미아노와 가진 대담에서 "미국의 꿈"이 한낱 허상에 불과하다고 내뱉은 적이 있다. 그렇다고 일이 이 시에서 그저 힘들고 희망 없는 기대로서 끝나지만은 않는다. 그것 속에는 비슷한 처지의 사람들이 보여주는 연대와 힘든 세월 속에서 생겨난 불굴의 근성이 자리하고

있기도 하다. 또한 이 시의 결말부 화자의 목소리에는, 일의 어려움 속에서 추구되는 어떤 꿈이 제대로 이해되는 순간에, 동생과 형의 사랑이 더욱 견고해 지리라는 희망이 작용하고 있다. 이 시에서 레빈의 언어는 그에게 특징적인 이야기체로 내던져지듯 발화되면서 잘 통제되어 있어서 사회에 대한 저항의 외침이 직설적으로 표출되지 않는다. 고통과 저항 그리고 희망이 일자리를 찾아 줄 서서 기다리는 한 사건에로 단단하게 응축되고 있다.

III. 진리는 단순하다

레빈은 1994년에 출판한 『단순한 진리』로 이듬해에 퓰리처상을 받는다. 그의 나이 67세였다. 그는 수상 후 같은 해에 가졌던 한 대담에서 축하인사에 대해 "나이 들어 받으니까 더 좋은 것 같다"고 답하기도 했다. 이 시집은 한편으로 보통 사람의 일상생활에서 단순한 진리를 확인한다는 점에서 칭송되기도 하고 다른 한편으로 시인이 지금까지 추구해 왔다고 여겨지던 노동자 계급의 목소리 대신에 패배와 낙담이 깔려 있다고 비난받기도 한다. 두 가지 평은 모두 종전의 거칠고 근성이 담긴 레빈의 목소리가 좀 더 차분해졌다는 것을 인정한다. 이 차분함이 뜻하는 것이 성숙인지 낙담인지는 더 살펴볼 일이다.

『북리스트』(*Booklist*)에 기고한 서평에서 올슨(Ray Olson)은 레빈이 이제까지 "인간정신과 민주주의의 승리에 대한 신뢰의 나팔소리"를 내왔는데 이 시집에서는 지치고 체념에 빠져 있다고 지적한다. 시인은 「어느 날」("One Day")에서 주변에서 일어났고 앞으로 일어날 죽음과 피할 수 없는 이별에 대해 생각한다. 화자의 목소리는 "나"와 "우리" 사이를 오가면서 시간과 거리에서 서로 떨어져 있는 작은 사건들을 전달한다. 이 시의 마지막에서 화자는 뜨거운 여름 오후에 한 도시에 도착한다. 그곳에 화자가 찾고자 했던 "그들은 떠나고 없다." 청자는 "그들이 여기에 없다면 / … 어디에 있죠?"라고 묻는다. 화자와 청자 모두는 "푸른 하늘"이 자신들의 "유일한 집"인 것처럼 쳐다보다가 찾아온 도시에 머물지 못하고 "가능한 한 멀리 계속 나아가서 / 끝나지 않는 하루 속으로" 빠져들고 만다. 올슨은 이 시에서 레빈의 "낙담"을 느낀다. 「겨울의 말, 맨해튼」("Winter Words, Manhattan")의 결말에서 화자는 "내가 발견하기 전에 내게서 / 상실된 나라"를 바라보면서 "내가 울어야 할까? 누굴 위해서?"라고 묻고 있다. 올슨은 화자가 민주주의의 희망을 철저히 상실한 나머지 이제 아무것도 아닌 것이 되어버린 것에 대해 눈물을 흘리는 것이 어리석다고 여긴다고 해석한다. 올슨에게 이 시집은 "민주주의의 절망의 노래"인 것이다(395).

이러한 비판적 평가는 레빈에게 쏟아지는 세인의 기대를 반영한다. 그는 휘트먼의 계보를 이어 노동자의 고통과 그의 강건한 목소리를 대변해 주는 시인으로 흔히 그리고 쉽게 받아들여져 온 것이다. 그렇지만 레빈 자신은 노동자계급 대변자의 지위를 달가워하지 않는다. 시인에 대한 평가는 사상에서뿐만 아니라 언어의 예술성에서도 다뤄지지 않을 수 없다. 레빈의 시에서 노동자의 목소리를 중시하고 평가하려고 하면 상대적으로 언어의 기교는 크게 문제되지 않는다. 반대로 언어의 완성도를 따지고 높이 치자고 하면 계급의 목소리는 그 계산된 논지에서 오히려 거부해야할 게 된다. 그에게서 어느 쪽을 기대하느냐에 따라 그의 변화는 성숙이 될 수도 있고 퇴보가 될 수도 있다. 레빈은 두 가지 모두를 겸비하고자 했을 것이다.

그렇지만 올슨의 비판적 견해와는 다르게 나이트(Jeff P. Knight)는 『당대문학비평선』(Contemporary Literary Criticism Select)에서 『단순한 진리』가 "재현, 지각, 기억, 사랑, 그리고 언어" 등의 "어려운 문제들"을 다루면서 "문학이 (사랑처럼) 젊음의 불과 열정을 넘어 제공하는 기쁨들을 가지고 있다는 사실"을 독자에게 환기시킨다고 말한다. 그는 이 시집이 독자에게 "살아온 대로의 삶의 세부들에 대한 주의 깊고 사랑에 찬 집중"을 경험할 수 있게 해준다고 호평하고 있다.

시집 『단순한 진리』에 실린 첫 시 「가르시아 로르카와 하트 크레인의 만남에 관해」("On The Meeting Of Garcia Lorca And Hart Crane")에서 레빈은 서정시에 특징적인 일인칭 화자의 독백을 거부하고 있다. 그에게 있어서 시는 자신의 생각이나 느낌을 직설적으로 토로하는 창구가 아니다. 이 시는 시인의 심미적 거리에서 유아론적 반성에 머물지 않고 역사의 시간과 공간을 확보한다.

> 1929년 부룩클린. 크레인은 당연히
> 술에 절어 있던 터라 이 수상쩍은 안달루시아 사람이
> 누군지 알 도리가 없을 뿐더러
> 시의 언어를 말할 수도 없지요.
> 두 사람을 한 자리에 모이게 했던 청년은
> 스페인어와 영어를 둘 다 알지만
> 이 언어에서 저 언어로 왔다 갔다
> 뛰어다니느라 머리가 아프죠.
> 잠깐 머리를 식히려
> 창가로 다가가
> 초저녁이 다가오면서 어두워져가는
> 동강(東江)을 내려다본답니다.

> Brooklyn, 1929. Of course Crane's
> been drinking and has no idea who
> this curious Andalusian is, unable
> even to speak the language of poetry.
> The young man who brought them
> together knows both Spanish and English,
> but he has a headache from jumping
> back and forth from one language
> to another. For a moment's relief
> he goes to the window to look
> down on the East River, darkening
> below as the early night comes on. (*The Simple Truth* 3)

세 사람이 등장한다. 레빈은 한 청년이 두 시인을 서로 만나게 하고 통역을 해주는 상황을 설정함으로써 시를 시작한다. 그가 자주 사용하는 이러한 종류의 상황 설정은 그의 이야기에 현실감을 더해준다. 그는 자신의 기억을 단순히 풀어내는 데 만족하지 않고 하나의 극적 상황으로 구성한다.

가르시아 로르카(1898-1936)는 스페인 안달루시아의 시인이다. 그는 중세의 음유시인처럼 시집을 통해서가 아니라 낭송을 통해서 시를 전달하고자 했다. 스페인 내전 중 그라나다 부근의 마을에서 프랑코의 파시스트들에게 총살당했는데 당시 38세였다. 레빈은 정치적으로 반(反)파시즘의 입장을 취했고 로르카의 시에서 영감을 받았다고 밝힌 바 있다. 미국시인 하트 크레인(1899-1932)은 동료 및 후배 시인들에게 적잖은 영감을 불러일으켰지만 평소 술 중독자였고 동성애자였으며 조울증을 앓았다. 멕시코에서 뉴욕으로 돌아오는 배에서 선원에게 동성애적 접근을 했다가 두들겨 맞은 직후 바다에 투신했다. 33세의 나이였다. 두 시인에게 있어서 1929년은 그들의 짧은 생애를 고려할 때 가장 왕성하고 시적 성취가 정점에 달했던 때였다.

청년의 열성적인 통역에도 불구하고 두 시인의 대화는 별 성과를 거두지 못한다. 청년은 뭔가 기대하는 바가 있어서 미국과 멕시코의 두 천재적 시인들의 만남을 주선했을 것이다. 청자의 "두통"은 그가 기대하는 것과의 차이에서 비롯한다. 미국의 시인은 술에 취해 시를 이야기하지조차 못한다.

청년은 실망 속에 강물을 내려다보다가 환영(幻影)을 대하게 된다.

> 뭔가가 그의 시선에 번쩍 들어오는데
> 두 겹의 환영이 어찌나 소름 끼치던지
> 소리 지르지 않으려 두 손으로
> 입을 찰싹 쳐야 해요
> 경솔하게 굴지 맙시다. 두 시인이
> 서로에게 지혜나 사랑 혹은

즐거운 시간이라도
주었노라고 가장하지 맙시다.
집 개미조차도 잊지 못할
그런 웅변의 대담일랑
지어내지 맙시다.
생존하는 가장 위대한 두 천재 시인이
만나서 무슨 일이 벌어지는가요?

Something flashes across his sight,
a double vision of such horror
he has to slap both his hands across
his mouth to keep from screaming.
Let's not be frivolous, let's
not pretend the two poets gave
each other wisdom or love or
even a good time, let's not
invent a dialogue of such eloquence
that even the ants in your own
house won't forget it. The two
greatest poetic geniuses alive
meet, and what happens? (*The Simple Truth* 3)

기대에 대한 실망이 클수록 그 "환영(vision)"은 무서울 수밖에 없다. 청년이 두 천재 시인들에게서 목격한 것은 "사랑"도 "지혜"도 "좋은 시간"마저도 아니었다. 두 시인이 만나서 일어난 일이 구체적으로 묘사되지는 않는다. 그렇지만 그것이 피 끓고 꿈 많은 청년의 기대에서 어긋나 있는 것은 분명하다. 어쩌면 이 심리상 태는 청년의 페로소나를 통해 제시되는 시인 자신의 것일 수도 있다. 레빈은 시가 사랑과 지혜를 전하는 거룩한 일을 수행한다고 여기지 않는다. 특히 시집 『단순한 진리』에서 그가 진실한 것으로 주목하는 것은 일상생활의 단단한 세부이다.

청년은 "지저분한" 일상 속에서 살아가는 "보통 사내"이다.

　지저분한
　강을 응시하는 보통 사내에게
　환영이 다가와요 환영을
　경험해 보았나요? 당신의 어린 아들이
　베라 크루즈에서 뉴욕으로 향하는
　배의 선미(船尾)에서가 아니라
　근무하는 건물의 옥상에서
　허공 속으로 떨어져 내리는 영상에
　머리를 조각나도록 뒤흔들다가
　휙 물러서 본 적이 있나요?
　침상에서 일어나 새벽까지
　서성이면서 이 상(像)들을 데려가 달라고
　무자비한 신에게 간청해 본 적이 있나요? 아, 그래요
　상상의 힘을 축복합시다. 그것은
　우리가 생활의 지침으로 삼는 신화를 주지요.
　인간의 환상의 힘을 축복합시다―인간은
　그걸 소유한 유일한 동물이니까―
　당신의 죽은 아버지와 나의 죽은
　아버지의 정확한 영상을 축복하고,
　우리 시야의 구석구석까지 몰래 접근하면서
　내버려두지 않는
　저 상(像)들을 축복하자고요.

　　　　　　　　　　A vision
comes to an ordinary man staring
at a filthy river. Have you ever
had a vision? Have you ever shaken
your head to pieces and jerked back

at the image of your young son
falling through open space, not
from the stern of a ship bound
from Vera Cruz to New York but from
the roof of the building he works on?
Have you risen from bed to pace
until dawn to beg a merciless god
to take these pictures away? Oh, yes,
let's bless the imagination. It gives
us the myths we live by. Let's bless
the visionary power of the human—
the only animal that's got it—,
bless the exact image of your father
dead and mine dead, bless the images
that stalk the corners of our sight
and will not let go. (*The Simple Truth* 3-4)

청년에게는 대시인의 것은 아니지만 인간 모두에게 허용되는 상상력이 있다. 그는 이 상상력에서 보통 사람이 겪을 법한 고통을 예감한다. 시인의 자살은 어떤 방식으로든 신화가 될 수 있다. 그것은 당시에 반사회적 양상을 띠더라도 사후에 시적 가치의 추구나 인간 정신의 한계를 넘어서는 노력쯤으로 미화될 수도 있다. 화자는 청년의 환영에서 청자 "당신"의 환영을 이끌어낸다. 이 환영은 청년의 것일 수도 있지만 화자에 의해 청자로서의 독자 모두의 것으로 일반화된 것일 수도 있다. 청자의 아들이 뛰어내리는 곳은 그의 직장이 자리하고 있는 건물의 옥상이다. 그의 자살은 신화화될 수 있는 성질의 것이 아니라 일터의 삶에서 빚어진 고통과 좌절의 결과이다. 일터에서 자살한 노동자 아들의 기억 혹은 그 환상을 떠올리는 부모의 입장에서 그것은 현실의 압력일 수밖에 없다.

　　인간의 상상력이 우리가 의지하고 살아갈 시의 존재방식을 허용해준다. 우리가 가치 있다고 특히 아름답다고 여기는 많은 것들이 시가 허용하는 신화의 방식으로 존재한다. 하지만 그 상상력 탓에 삶의 깊은 상처가 만들어낸 환영이 우리를 두렵게 뒤흔드는 것 또한 사실이다. 화자는 역설적으로 그러한 상상력을 축복하라고 말한다. 이 목소리는 시인의 처지와 상상력의 양면성을 오래 의식해 온 자의 것이다.

화자의 기억에서 청년은 역사의 시간과 공간을 차지한다.

> 그 청년은
> 내 사촌 아서 리버만이었어요.
> 그 당시 콜롬비아 대학 어학생이었는데
> 1983년에 페루지아 소재 한 여관에서
> 잠자다 평화롭게 죽기 전에
> 이 모든 것을 내게 말했었지요. 아서는
> 훌륭한 사내였고 대학원까지 졸업했으며
> 훗날 디트로이트에 정착하여
> 공황기 내내 피아노를 판매했지요.
> 내 형에게 중고를 대여해줘
> 섬뜩한 노래들을 계속 작곡하게 해줬는데
> 아서는 그것들이 천재적이라고 여겼죠.
> 아서의 상상력은 대단한 거였어요.

> The young man
> was my cousin, Arthur Lieberman,
> then a language student at Columbia,
> who told me all this before he died
> quietly in his sleep in 1983
> in a hotel in Perugia. A good man,
> Arthur, he survived graduate school,
> later came home to Detroit and sold

pianos right through the Depression.
He loaned my brother a used one
to compose his hideous songs on,
which Arthur thought were genius.
What an imagination Arthur had! (*The Simple Truth* 4)

청년은 화자와 개인적 관계에 있으면서 그가 살았던 시대를 반영한다. 그는 "미국의 꿈"을 안고 미국에 어학생으로 와서 대학원까지 진학했을 것이다. 하지만 대공황에서 그가 가질 수 있는 직업은 피아노 외판원에 불과했다. 그는 "훌륭한 사내"였지만 그의 상상력은 "섬뜩한 노래들"을 천재적이라고 여기는 정도에 그쳤다. 그는 오래 살다가 평화로운 죽음을 맞이했지만 그가 들려주는 두 시인의 만남에 관한 옛이야기는 시와 현실의 압력이라는 무서운 주제를 배경에 담고 있다.

레빈이 자전적 요소처럼 다루고 있는 사촌 아서의 이야기는 시인이 어떤 대상을 다룸에 있어서 상황을 제시하고 그 상황이 스스로 어떤 주제를 드러내게 하는 방식을 보여준다. 이 상황은 여기서 자전적이면서도 가공적이다. 이 설정에서 화자는 주인공의 사연을 이야기의 방식으로 전달하는 자세를 취하면서 그것에 사실성을 더하는 효과를 노리고 있다. 화자는 이야기의 과정에서 아서와의 관계를 통해 간접적으로 혹은 직접적으로 겪은 것들에서 뭔가 느끼고 깨닫는 과정을 제시하지만 깨달음의 내용이 진술되지는 않는다. 이렇게 심미적 거리를 유지하는 방식에서 화자로서의 시인은 사촌 아서의 경험을 바탕으로 시인의 역할에 대해 반성적 시선을 보내고 있는 것으로 보인다. 특히 스페인의 시인 로르카에 비해 미국의 시인 크레인은 주정뱅이로 묘사될 따름이다. 또한 시인은 우리가 의지하고 살아가야 할 상상력이 현실의 압력에 의해 어떻게 공포를 자아낼 수 있는가를 비판적으로 바라보고 있다.

마지막 시행에서 그가 아서의 상상력에 대해 보여준 찬탄은 그것이 제대로 발휘되지 못하게 만드는 현실에 대한 인식에서 다소 냉소적인 것일 수도 있다. 동시에 그것은 조카 아서가 보통 사람으로서 역사의 굴곡을 거치면서도 "훌륭한 사내"로서 상상력을 잃지 않고 오래 살다가 평화롭게 삶을 마감했다는 것을 긍정하는 것이기도 하다. 물론 그 상상력은 자신의 이상과 꿈을 극단으로 추구하다가 짧게 인생을 마감한 시인들의 것에 비해 아무것도 아닐 수 있다.

청년의 입장에서 보면 그의 인생은 두 시인의 회합을 주선했던 사건 이후로 시인의 상상력에서 보통 사람의 상상력에로 나아가는 변화를 이룬다. 하지만 이 시의 목소리는 청년의 것이 아니라 그의 이야기를 전하는 자의 것이다. 두 천재 시인이 "사랑"과 "지혜"를 나눴다고 가장하지 말자는 목소리를 내는 자는 청년이 아니라 화자이다. 화자의 입장에서 시인이란 흔히 기대하듯이 그렇게 대단하고 심오하고 아름다운 것을 말하는 존재가 아닐 수 있다. 화자로서의 시인은 청년의 삶에 대해 따뜻한 동정과 고무의 시선을 보내면서도 시인의 역할에 대해서는 자신의 경험의 입장에서 다소 거리를 두는 것으로 여겨진다. 화자가 취하는 이 묘한 위치에서 시는 독자의 생각을 자극하면서 여러 의미에로 확산한다.

시집과 동명의 시 「단순한 진리」는 레빈이 시에 기대하는 것이 청년 아서의 기대와는 사뭇 다른 것이라는 것을 확인시켜 준다.

> 1달러 50센트어치의 작고 붉은 감자를 사서
> 집에 가져와 껍질째 삶아서는
> 약간의 버터와 소금을 쳐 저녁으로 먹었죠.
> 그 후 마을의 경계에 접한
> 마른 들녘을 걸었어요. 6월 중순의 햇살이
> 발밑 어둑한 밭고랑들에 걸려 있었죠.
> 머리 위 산 떡갈나무에서는 새들이
> 밤을 맞아 모여 들고 있었는데, 어치며 입내새가
> 이리저리 오가면서 깍깍대고, 피리새는 아직도
> 먼지 낀 햇살 속으로 날아들고 있었죠. 내게 감자를 팔았던

아주머니는 폴란드 출신이었어요. 그녀는 내 어린 시절 출신의 멋쟁이였는데
금속 장식을 박아 넣은 분홍색 스웨터와 색안경을 끼고서
자신이 길가 좌판에 놓고 파는 모든 채소와 과일이 완벽하다고 칭찬해대면서
그녀의 맹세대로라면 멀리 뉴저지에서 내내 트럭에 실려 왔을
그 창백하고 달콤한 날옥수수까지도
내게 맛보라고 강요했었죠. "먹어봐, 먹어봐"라면서 그녀는 이렇게 말했죠.
"네가 안 먹어도 어차피 먹었다고 할 거니까."

I bought a dollar and a half's worth of small red potatoes,
took them home, boiled them in their jakcets
and ate them for dinner with a little butter and salt.
Then I walked through the dried fields
on the edge of town. In middle June the light
hung on in the dark furrows at my feet,
and in the mountain oaks overhead the birds
were gathering for the night, the jays and mockers
squawking back and forth, the finches still darting
into the dusty light. The woman who sold me
the potatoes was from Poland; she was someone
out of my childhood in a pink spangled sweater and sunglasses
praising the perfection of all her fruits and vegetables
at the road-side stand and urging me to taste
even the pale, raw sweet corn trucked all the way,
she swore, from New Jersey. "Eat, eat," she said,
"Even if you don't I'll say you did." (*The Simple Truth* 44)

화자의 시선은 지루하다 할 정도로 오래 삶의 세부에 닿아있다. 화자가 짧은 시
의 공간에 길게 늘어놓은 사건들은 비시적이기까지 하다. 감자를 껍질째 삶아서
버터와 소금을 쳐 저녁으로 먹는 사건이 세세히 묘사된다. 저녁 산보 길의 들녘
에는 각종 새들이 하나하나 그 특색으로 묘사된다. 유월 중순의 이 풍경은 지나

가는 여행자의 눈에 잠깐 비친 것이 아니다. 그것은 "내 어린 시절"로부터 나와서 노인이 된 지금까지 계속 그 자리에 있는 것이다. 저녁 식사는 지극히 소박하다. 지금 이곳에서 저녁거리를 제공한 아주머니는 그가 어린 시절에 만났던 누군가에게 연결되어 동일시된다. 그녀는 그에게 길가 좌판에서 물건이 좋다는 것을 증명하고자 시식을 강요하곤 했다. "네가 안 먹어도 어차피 먹었다고 할 거니까"라는 말 속에는 아주머니의 장사치로서의 입담과 재치가 담겨있다. 그녀는 이제 팔아야 할 과일과 채소의 우수성을 소년 레빈의 이름으로 선전할 참이었던 것이다. 아주머니는 이제나 그제나 삶의 유지를 위해 꼭 필요한 어떤 것의 일부를 이루면서 그 자리를 지키고 있다.

화자가 대단할 것 하나 없는 일상의 세부에 이토록 오래 시선을 주고 그럼으로써 드러내고자 하는 것은 그 내면의 무궁한 변화가 아니다. 오히려 그것은 너무나 단순한 일상의 단단함이다. 화자가 그리는 풍경은 활동사진처럼 살아 움직이지만 끝없는 반복 속에서 변치 않는 일상의 골격을 이룬다는 점에서 정물화에 준한다.

어떤 것들은

당신이 평생 알고지내는 것들이죠. 그것들은 너무나 단순하고 진실해서
운율과 각운을 우아하게 실어서 말해져서는 안 되죠.
그것들은 식탁 위 소금뿌리개, 물잔, 그리고 사진틀 그늘에
모여드는 빛의 부재 그 옆에 놓여야 해요. 그러니까 그것들은
적나라하게 홀로 있어야 하죠. 그것들은 스스로를 대변해야 마땅해요.
친구 헨리와 내가 이런 사실에 귀착한 때는 1965년이었죠.
그때는 내가 떠나기 전이었고, 그가 자살을 시작하기 전이었고
또한 우리 둘이 사랑의 배신을 시작하기 전이었어요. 그런데 내가 말하는 것을
맛볼 수 있겠어요? 그것은 양파이거나 감자이고, 두 손끝으로 집을 만큼의
단순한 소금이고, 슬슬 녹는 버터의 풍요로움이에요. 명백하게도
그것은 당신 목구멍 뒤에 머물러요. 때가 늘 부적당해서

당신이 말한 적이 결코 없던 어떤 진리처럼 말이죠.
그것은 당신의 남은 생애 동안 내내 그곳에 머물러요. 입 밖에 나오지 않은 채로
우리가 대지라고 부르는 그 흙으로, 우리가 소금이라고 부르는
금속으로 이뤄져서, 우리가 말로 표현할 수 없는 어느 형식으로
그곳에 머무르지요. 당신은 그것에 의지하여 살아가요.

Some things

you know all your life. They are so simple and true
they must be said without elegance, meter and rhyme,
they must be laid on the table beside the salt shaker,
the glass of water, the absence of light gathering
in the shadows of picture frames, they must be
naked and alone, they must stand for themselves.
My friend Henri and I arrived at this together in 1965
before I went away, before he began to kill himself,
and the two of us to betray our love. Can you taste
what I'm saying? It is onions or potatoes, a pinch
of simple salt, the wealth of melting butter, it is obvious,
it stays in the back of your throat like a truth
you never uttered because the time was always wrong,
it stays there for the rest of your life, unspoken,
made of that dirt we call earth, the metal we call salt,
in a form we have no words for, and you live on it. (*The Simple Truth* 44)

화자는 청자 "당신"을 시 속에 끌어들인다. 시 속에 청자가 따로 등장하지 않으
므로 청자는 자연스럽게 독자 일반에로 확대된다. 시의 말미에서 화자는 청자를
끌어들여 "우리"라고 칭함으로써 자신의 이야기에 일반론의 무게를 싣는다. 화
자가 진리의 증표로서 주목하는 것은 관념이나 신념이 아니다. 젊은 시절 그에
게 혁명의 이상이 있었다고 할지라도 현재 그를 압도하는 것은 "평생 알고지내

는 것들"로서 "너무나 단순하고 진실한" 어떤 것들이다. 그의 예시에서 그것들은 우아하지도 않고 노래나 시로써 칭송하게 되는 어떤 것도 아니다. 그것들은 식탁 위에서 소금병과 물잔 옆에 놓이는 일상의 세부일 따름이다. 화자는 그런 것들이 관념의 개입 없이 "적나라하게 홀로" 있어야 한다고 말한다.

노동자 시인으로 불리던 레빈의 시에서 화자가 신념을 노래하는 대신에 이렇게 일상생활의 리듬에 따르려는 태도를 보이는 것은 한편으로 체념의 느낌을 전하면서 다른 한편으로 성숙의 깊이를 가늠하게 한다. 시의 배경을 이루는 장소는 화자의 자전적 경험을 바탕으로 구성된다. 그가 거주하는 곳은 예전에 그의 친구와 사랑을 시작했던 곳이다. 또한 그곳은 사랑이 배신에 이르고 헤어진 각자가 삶의 고통을 이어가던 곳이기도 하다. 여기서 장소는 화자의 어린 시절과 청장년 시절을 다 아우르고 있다. 화자의 인생에서 숱한 일들이 한 장소에서 일어났다. 그 장소는 그 모든 것들을 끌어안고 여전히 지금 이곳에 있다는 점에서 마지막 생존자라고 할 수 있다. 그 장소에서는 역사상 일어난 모든 변화에도 불구하고 변함없이 일상의 삶이 지속되고 있다. 일상의 구조를 이루는 것들은 삶을 구성하는 것들 중에 가장 근본적인 것들이다. 그것들은 어떤 관념의 개입 없이 단단하다. 그래서 우아하지 않고 칭송의 대상이 되지 않지만 단순한 대로 진리에 버금간다.

지나온 모든 일들은 이제 화자가 발견하는 진리의 기준에 따라 현재의 시점에서 다시 접근될 필요가 있다. 그래서 화자는 "내가 말하는 것을 맛볼 수 있겠어요?"라고 묻는다. 그가 말하는 것은 이해될 성질의 것이 아니라 맛을 통해 느낄 수 있는 어떤 것이다. 그것은 아예 말할 수 없는 어떤 것이다. 그것은 목구멍 뒤에 위치해서 곧 말로 튀어나올 것 같지만 아직 나와 본 적이 없는 것이다. 그것은 느낌의 방식으로 전달될 수 있을 따름이다. 이제 화자에게 있어 진리는 양파이고 감자이고 소금일 따름이다. 우리의 삶이 흙에 의존하는 한 우리는 이 단순한 진리에 의존해서 남은 인생을 살아야 한다.

화자가 청자까지 유인하여 도달하는 진리는 보통 사람의 평범한 일상에 단단한 뿌리를 내리고 있다. 화자는 휘트먼이 풀의 이미지로 형상화한 보통 사람의 힘을 노래하고 있지 않다. 휘트먼에게 보통사람은 풀과 같다. 풀은 세상 천지에 기후가 허락하는 곳이면 어디나 피어난다. 겨울에 죽은 것도 봄이면 살아난다. 이 이미지에서 보통사람은 불굴의 정신으로 관념화되고 미국의 미래로 노래된다. 그렇지만 레빈의 시에서 보통사람의 일상은 민주주의의 이념에서가 아니라 사실의 단단함에서 접근된다. 이 접근이 불러일으키는 감정은 섬뜩함에 가깝다. 그렇다고 섬뜩함의 감정이 패배의 인정에서 오는 것 같지는 않다. 화자는 인생을 되돌아보는 위치에서 평생 변함없이 자기 옆자리를 지켜주었던 어떤 것에 대해 말하고 있다. 우리는 "때가 늘 부적당해서" 어떤 방식으로든 그것에 저항하고 그것의 변혁을 꾀하려한다. 그러나 때는 다시 적절하지 않기 마련이다. 이때 우리가 가장 단단한 것으로서 의존할 수 있는 것은, 우리가 종교적 구원이나 해탈을 꾀하지 않는 한, 사실의 세계이다. 우리가 우리의 섣부른 관념을 제거하고 사실의 세계에 도달할 수 있다면 그곳에는 몇 알의 버터 바른 감자가 우리를 맞아줄 것이다. 그런데 이 세계는 삶의 든든한 근거를 확인시켜주면서도 그 소박함과 일상성에서 어쩐지 허전하다. 우리가 허전하다고 느끼는 정도만큼 어쩌면 우리는 아직 "단순한 진리"에 이르지 못하고 있는지 모른다.

시집 『단순한 진리』의 첫 시에서 화자는 청년 아서의 페르소나를 통해 대시인들의 만남에서 실망을 발견한다. 이 실망은 레빈이 사회개혁에서 시인이 할 수 있는 일의 한계를 인식한 데서 비롯한 것으로 보인다. 그는 시인의 처지에서, 특히 노동자 시인으로 흔히 분류되는 입장에서, 이 문제를 평생 고민했을 것이다. 그가 여러 대담 등에서 계급 시인으로 분류되는 것에 대해 부정적 반응을 보이거나 시인에게 공적 임무가 없다고 발언하게 되는 것도 이런 문제에서 파생하는 부담을 벗어나기 위한 것으로 보인다. 더군다나 그는 시의 평가가 주제의 위대성에서가 아니라 시 언어의 완성도에서 이뤄져야 한다는 요구를 거부하고 있지 않다. 레빈은 시의 예술성이 시마다 계속되는 노동자 목소리의 정체성에서가 아니라 시 하나하나마다 새롭게 구현되는 시적 진리에서 평가되어야 한다고 여겼을 것이다. 그의 시집『단순한 진리』가 시인의 나이 67세에 늦게나마 퓰리처상에 선정된 것은 그의 이러한 시적 진리에 대한 추구가 비평계에 의해 인정받은 것으로 볼 수 있다.

잡종의 세상에서 시를 짓다

조리 그레이엄

그레이엄(Jorie Graham)의 시는 감정의 편린에 대해서보다 인간의 조건에 대해서 더 의식적으로 탐색한다. 그녀가 새로운 형식의 언어를 통해 구축하는 경험은 가정적이면서도 우주적이며 무엇보다 지적이고 때로 계시적이기까지 하다. 그녀의 언어는 파편화와 균열 그리고 잡종성에 대한 탐색에서 당대의 현실을 반영하려는 실험적 지성을 드러낸다.

그레이엄은 1950년 뉴욕 태생이다. 그녀는 신학자였던 아버지와 유명 예술인이었던 어머니 사이에 태어나 프랑스와 이태리에서 성장하였다. 그녀는 프랑스에서 소르본 대학까지 진학하였으나 학생운동 참여가 문제시 되어 졸업하지는 못했다. 미국으로 돌아와 1973년에 뉴욕대학에서 학사학위 그리고 1978년에 아이오와 대학에서 예술학석사학위(MFA)를 각각 취득했다. 그녀는 소르본에서 철학 그리고 뉴욕에서 영화제작을 공부했다. 뉴욕대학에서 로젠썰(M. L. Rosenthal) 교수가 수업하던 교실을 지나치다가 그가 낭송하던 엘리엇의 「프루프록의 연가」("The Love Song of J. Alfred Prufrock") 마지막 구절을 듣게 된 것이 계기가 되어 시 쪽으로 관심을 돌리게 되었다고 한다. 『통합장(統合場)의 꿈』(*The Dream of the Unified Field*)으로 1996년 퓰리처상을 탔다. 1997년부터 2003년까지 미국시인협회 의장단의 일원이었다. 그녀는 현재 하버드 대학에서 가르치고 있다.

I

그레이엄은 성장 과정에서 부모의 영향으로 유럽문화에 자연스럽게 친숙해졌으며 3개 국어에 능통하게 되었고 종교와 예술에 자주 접할 수 있었다. 그녀의 교육은 철학과 영화 그리고 시 창작을 포함한다. 그녀의 경험이 포함하고 있는 다양성 혹은 잡종성은 그녀의 시에서 가장 큰 자산을 이룬다. 그녀의 시집 제목들은 "잡종(hybrid)," "통합장(a unified field)" 그리고 "이질성(unlikeness)"과 같은 말들을 포함하고 있다. 캐스퍼(Robert N. Casper)는 그레이엄의 첫 시집 『식물잡종과 유령잡종』(*Hybrids of Plants and of Ghosts*)이 그녀의 "잡종의 감수성"을 잘 보여준다고 지적한다. 이 감수성은 세상의 잡종성에 대한 시인의 의식적이고 독특한 대응을 드러낸다는 점에서 주목된다. 그레이엄의 첫 시집에 실린 첫 시에서 세상의 사물은 "개방"과 "흐름" 속에 있다.

「사물들이 작동하는 방식은」

인정하거나
개방함으로써 이뤄지는 것.
이것이야말로 흐르는 것의
가장 단순한 형식―푸름을 통해
움직이는 푸름
자줏빛을 통해 움직이는 푸름
우리가 없어도
스스로에게 열리는
욕망의 대상들
신념의 대상들.

THE WAY THINGS WORK

is by admitting
or opening away.
This is the simplest form
of current: Blue
moving through blue;
blue through purple;
the objects of desire
opening upon themselves
without us;
the objects of faith. (*Hybrids* 3)

첫 시집의 첫 시에서 시인은 사물들의 이치에 대한 생각의 단면을 보여 준다. 화자는 사물들이 "흐르는 것"이라고 여긴다. 그것들은 정체되지 않고 움직임 속에 있다. 움직임은 대상들 각자가 서로를 인정하고 각자를 서로에게 개방함으로써 이뤄진다. 세상의 사물들이란 흔히 우리의 욕망과 신념의 대상을 이루지만 우리의 그와 같은 간섭이 없이도 스스로 열리고 따라서 서로를 받아들이는 상태에 있다. 하늘의 푸름은 바다의 푸름에 섞이고 자줏빛 노을에 섞일 수 있다. 화자의 입장에서 세상의 사물들은 홀로 있지 않고 서로 뒤섞이는 상태에 있다.

　　사물들이 서로 인정하고 개방하여 이루는 것은 융합이다.

사물들이 작동하는 방식은
용해에 의해
줄어들거나
커져서 유용하게 쓰이는
저항에 의해 이뤄져요.
사물들이 작동하는 방식은

그것들이 저기에 있고
공동적이며
스스로를 예증할 수 있다는 것을
마침내 우리가 믿게 되는 방식이죠

The way things work
is by solution,
resistance lessened or
increased and taken
advantage of.
The way things work
is that we finally believe
they are there,
common and able
to illustrate themselves. (*Hybrids* 3)

"용해"는 서로 다른 것들이 단순히 함께 있는 상태를 뜻하지 않는다. 사물들은 처음에 이질성으로 인해 마찰을 일으킬 것이다. 저항은 줄어들거나 커지거나 하면서 어떤 방식에선가 사물들이 이질성을 극복하고 "용해"의 융합을 이루는 데 오히려 도움을 준다. 화자는 "그것들이 저기에 있"다고 함으로써 우리와 대상들 사이에 거리를 두고 있다. 그레이엄에게 영향을 끼친 선배 시인들로서 스티븐스(Wallace Stevens)와 윌리엄스(William Carlos Williams)는 자신들의 시에서 사물에 사물다움을 되찾아주고자 노력했었다. 사물의 객관성에 대한 존중은 미국시의 역사에서 지속적으로 발견되는 태도이기도 하다. 우리가 사물들이 인간의 것이 아니라 "저기에" 있고 스스로를 예증할 수 있다는 것을 "마침내" 자각하게 될 때 그것들은 비로소 인간의 굴레에서 벗어나 자유를 얻는다. 그 자유가 인간의 동의에 의존한다는 것은 역설적이지만 인본주의의 전통 속에서는 어쩔 수 없는 일일 것이다. 화자는 사물들이 이렇게 인간의 간섭 밖에서 서로에게 개방되어 융합하는 방식으로 움직이기를 기대한다.

화자는 사물들의 작동방식에서 관계를 맺어주는 고리에 특히 주목한다.

바퀴, 역동적 흐름
올라갔다 떨어지는 물
주형(鑄型), 지레와 열쇠들
나는 당신을 믿어요
실린더 고정 장치, 도르래
활차(滑車) 그리고
기중기가 당신의 작은 머리를 들어올려요─
나는 당신을 믿어요─
당신의 머리는 내 손에게
지평선이에요. 나는 영원히
갈고리를 믿어요.
사물들이 작동하는 방식은
뭔가가 결국
붙잡는다는 것이지요.

Wheel, kinetic flow,
rising and falling water,
ingots, levers and keys,
I believe in you,
cylinder lock, pully,
lifting tackle and
crane lift your small head─
I believe in you─
your head is the horizon to
my hand. I believe
forever in the hooks.
The way things work

is that eventually

something catches. (*Hybrids* 3)

화자는 동작 중에 있는 기계를 바라보고 있다. 온갖 부품들이 서로에게 연결되어 하나의 전체로서 움직임을 만들어낸다. 화자는 이 대상을 청자 "당신"으로 불러내서 신뢰를 표시한다. 기계의 모든 것이 협력하여 들어 올리는 "당신"의 "작은 머리"는 기계의 머리로서 사물들의 작동 방식이 도달하는 어느 경계를 드러낸다. 그래서 그것은 화자의 "손"이 도달할 수 있는 가장 먼 "지평선"을 이룬다. 화자의 손이 만질 수 있는 경계의 가장 먼 곳에 사물들이 서로 하나가 되어 형성하는 어느 작은 움직임이 위치한다. 화자는 자신의 "손"과 사물들의 "머리"의 만남에서 어떤 가능성을 확인한다. 화자가 영원한 신뢰를 보내는 것은 "갈고리"이다. 화자는 사물들 사이의 관계에서 이 "갈고리"로써 "뭔가가 결국 [다른 뭔가를 혹은 화자 자신을] 붙잡는다"는 것을 깨닫는다.

　세상의 작동방식에 대한 이러한 이해는 그레이엄이 낭만주의자의 세계관과 정반대에 위치하고 있다는 것을 단적으로 보여준다. 스피겔만(Willard Spiegelman)은 그녀가 경력의 "시작에서부터 (시에서의 문체상의 모든 변화들의 근저에서) 매우 회의적인 자세를 유지했다"고 진단한다. 자연 세계의 진행과정에 흥미를 갖는 사람들은 관찰을 통해 그 이면에 "내재하는 영성(靈性)의 가시적 증거"를 발견하는 데서 기쁨을 찾는다. 그렇지만 그녀는 "멋진 세부들과 환상적 감정들"이 넘쳐나는 시들에도 불구하고 묘사적 시인들 가운데서 "가장 적게 쾌락주의적이고 가장 적게 기뻐하며 가장 적게 감각적으로 충족하는" 시인이다(179). 그레이엄은 진리의 주체가 시인일 수 없으며 세상 또한 확인할 수 없는 어떤 고리에 의해 움직인다는 인식을 보여준다. 그녀에게 있어서 시인과 세상 모두는 끊임없는 접목에 의해 늘 새롭게 잡종으로 생산되고 있다.

시인이 첫 시집의 첫 시에서 사물들 사이에 자발적으로 맺어지는 어떤 관계의 이미지를 도입하는 것은 여러모로 시사적이다. 그레이엄의 시의 원동력은 역설적으로 "인정하거나 개방함"이 여의치 못한 현실에서 비롯되었다고 할 수 있다. 우리는 동질성의 토대가 무너진 세상에 살고 있다. 대립하거나 동떨어져 존재하는 개체들 사이에 어떤 소통의 가능성을 열어놓는 일은 어떤 시인에게도 도전적이고 야심찬 일이다. 그레이엄은 이 시에서 인간중심의 질서를 부정하는 자세를 취하고 있다. 그녀는 당대의 지적 자원을 공유하는 시인·교수의 위치에 있다. 그녀는 엘리엇(T. S. Eliot)이 의존했던 거대한 전통의 정신이나 콜리지(S. T. Coleridge)와 셸리(Percy Bysshe Shelley)가 누렸던 상상력의 비상을 허용 받지 못한다. 그녀는 후기구조주의자들이 언어의 지시성과 이성중심주의에 대해 제기하는 문제들에 대해 충분히 의식하고 있다.

그레이엄은 온갖 이질적인 것들이 혼재하는 세상의 현실에서 시의 상상력이 어떻게 작용해야 하는가에 대해 성찰한다. 이 성찰은 근대정신과 인본주의에 대한 반성의 태도를 함축한다. 이 태도에서 그레이엄이 시인의 정신과 사물들 사이에 맺어 주는 관계는 새 목소리를 가능하게 한다. 그녀의 시 「식물잡종과 유령잡종」("Hybrids of Plants and of Ghosts")은 세상의 이질성 혹은 혼합성에 대한 시인의 인식을 압축한다.

나는 이해해요, 그것이 접목(椄木)이라는 걸
흔해빠진 꽃들, 잃어버린 의지(意志)들의 이러한 협력이라는 걸

오직 완전만이 유지될 수 있을 뿐
그것의 완전한 예시들이란 그렇지 못하죠.

금어초(金魚草), 당신에게 무얼 기대할 수 있을까요?
행사용 드레스일까요?

그래서 나는 위장을 해요.
그래서 멋진 뼈들이 나를 보이지 않게 해요.

I understand that it is grafting,
this partnership of lost wills, common flowers.

That only perfection can be kept, not
its perfect instances. Snap-

dragon what can I expect of you,
dress of the occasion?

So I am camouflaged,
so the handsome bones make me invisible. (*Hybrids* 9)

화자는 정원의 꽃들 사이에 있다. "흔해빠진 꽃들"은 의지를 상실한 채로 각자
의 정체성을 유지하지 못하고 있다. 그것들은 단지 서로간의 "협력," 다시 말해
"접목"의 행위에 의해서만 "완전"을 지킬 수 있다. 접목이 초래하는 구체적인 결
과들은 완전성을 오래 유지할 수 없다. 그것들은 다시 "접목"에 의존해서야 완
전성에 이를 수 있기 때문이다. 화자가 처해 있는 세상에서 모든 것들은 이렇게
접목교잡에 의존하고 있다. 농업에서 접목교잡은 접목에 의하여 계통, 품종, 종
(種)이 다른 두 식물 사이에서 중간 형질의 식물을 만드는 일을 뜻한다. 이 세상
에서 화자는 대상의 정체성에 이를 수 없고 자신 또한 정체성을 내보일 수 없다.
이 시에서 "금어초"는 원문에서 "Snap- / dragon"으로 두 연에 걸쳐 나눠져 있
다. 이 일년생 식물은 하나의 곧은 줄기 상단에 꽃들이 무리지어 피는데 여러 다

채로운 색상들과 크기를 지니고 있다. 또한 이 식물의 꽃은 손가락으로 쥐었다 놓음에 따라 용 모양의 입을 열고 닫는 특성을 지닌다. "Snap-"과 "dragon"의 구분 표기는 이러한 동작과 모양을 형상화한다. 화자는 이 꽃에 대면하여 화려한 의상을 떠올리지만 그것에게 무엇을 기대해야 할지 난처하다. 이 난처함은 자신에 대해 마찬가지로 일어난다. 화자는 스스로의 완전성이 끊임없는 접목교잡의 행위에 의존한다는 것을 의식하는 한, 자신이 다른 위장으로 드러나게 되고 보이지 않게 된다는 것을 의식하지 않을 수 없다. 시의 이미지가 다소 모호한 가운데 화자가 물리적으로 보이지 않게 되는 것은 그녀가 금어초 무리 속에 묻혀서 그렇게 된 것일 수 있다. "멋진 뼈들"은 금어초의 줄기들을 뜻하는 것으로 보인다. 이 시가 주는 난해성의 일부는 우리가 화자의 새 목소리에 익숙하지 않는 데서 비롯할 것이다.

그레이엄은 이 시의 제목을 니체(Nietzsche)의 『짜라투스트라는 이렇게 말했다』(*Thus Spoke Zarathustra*)에서 따왔다. 이 저서의 서장에서 짜라투스트라는 10년간의 산속 생활을 마치고 마을에 내려와 사람들에게 말한다. "그대들 중의 가장 현명한 자일지라도, 그는 단지 식물과 유령과의 얼치기이거나 잡종과 같은 존재에 불과할 뿐이다. 그러나 내가 그대들을 보고 유령이나 식물이 되라고 강요하겠는가 … 나는 그대들에게 초인을 가르치노라!"(정강석 38). 이 부분에 대한 역자의 주에 따르면 식물은 육체적인 것을 의미하고 유령은 이에 대립하는 것으로서 정신적인 것을 의미한다. 니체에게 있어서 "초인은 독창적이면서도 창조적인 가치관을 가지고 있지만, 대중이란 한낱 일상적인 의미의 무가치 속에서 살고 있는 무리이다"(49). 「식물잡종과 유령잡종」의 화자는 일반 대중에 대한 니체의 생각을 떠올리면서 세상에 직면하고 있다. 그녀는 잡종에 불과한 것들에 섞여 그 한 부분을 이루고 있다.

그렇다고 화자가 니체처럼 신을 부정하고 초인사상을 추구한다고 보기는 어렵다. 화자는 잡종의 상태를 불가피하고 원초적인 것으로 파악하는 듯하다.

쓸모없는 짓이에요. 무작위성은
내 마음 속에 잃어버린 단 한 장 손수건은

내가 떨어뜨렸던 것이죠.
내가 찾을 줄 아는 것이죠. 진실로, 실마리들이란 그런 거죠.

피 흘리는 색조들에게
무리지어 피는 것에게 나는 얼마나 편파적인가.

It is useless. Randomness,
the one lost handkerchief at my heart,

is the one I dropped and know
to look for. Indeed, clues,

How partial I am to bleeding hues,
to clustering. (*Hybrids* 9)

화자는 관계의 무작위성에 대해 생각한다. 모든 사물들은 서로 엉겨 잡종을 이
루는데 이 관계는 무작위적이다. 따라서 관계의 원인이나 목적을 따지는 것은
쓸데없는 짓이 되어버린다. 관계의 대의(大義)가 일시적으로 드러난다고 하더라
도 그 관계가 얼마든지 다른 방식으로 맺어질 수 있는 것이라면 관계의 한 양상
에서 궁극적 의미를 찾는 것은 무익한 일이다. 화자의 마음속에 묻어 두었던 단
한 장의 손수건은 그녀에게 어떤 필연성의 느낌을 전해줄 것이다. 인생의 한 순
간에 그녀를 휘어잡았던 어떤 것일 것이다. 그것은 화자가 예전에 떨어뜨렸고
이제 찾을 줄 아는 것이다. 그렇지만 그것마저도, 여러 단서들이 화자에게 실체
의 환상을 지어낼 때 그러하듯이, 임의적이고 편파적이다. 화자는 눈앞의 대상
과 어떤 근원에 토대를 두지 않은 채로 관계를 맺고 있어서 다만 꽃의 현란한

색조나 떼 지어 핀 모습에 감각적으로 이끌릴 뿐이다.

　화자는 금어초에서 아몬드에게로 말상대를 바꾼다. 접목교잡의 정원에서 아몬드는 그 밖의 다른 것일 수 있다.

아몬드

돌의 과일
당신은 복숭아나 살구가 될 테인데—

하지만 이미 그곳에 있지 않더라도
당신이 얼마나 가까이 올 수 있는지 보세요. 저녁이 당신 허리까지

다가와, 당신 발등에 미끄러지더니
두 발이 확고하게 자리 잡도록 몰아갈 때

따뜻한 저녁이 '걸어'라고 말할 때, 당신이 가는 곳은 어디나
당신 것이에요. 서두르는 향기의 달콤함이 있어요. 꽃이 핀다는 것은

완전히 빼앗기는 것이죠—
흰 꽃잎들, 접힌 데 없고 야심에 차 있는데

당신이 고르게 짠 것을 깨뜨리고 당신이 매듭지은 것을 풀어도 될까요?

그리하여 당신을 깨뜨린다면 당신은 나의 것인가요?

Almond,

stone fruit,
you would be a peach, an apricot—

but see how close you can come without
already being there, the evening pulled in

at your waist, slipping over your feet,
driving them firmly into place,

the warm evening saying Step, anywhere you go
is yours, sweet scent in a hurry, to bloom is to be

taken completely —
White petals, creaseless and ambitious,

may I break your even weave, loosen your knot,

and if I break you are you mine? (*Hybrids* 9)

화자는 가정법의 형식으로 딱딱한 견과류 아몬드에게 그가 부드러운 복숭아나
살구일 수 있다고 말한다. 우리는 어떤 곳에 완전히 도착하지 않더라도 그곳에
가까이 가면서 보게 되는 것들로써 그곳의 풍경을 미루어 짐작할 수 있다. 화자
는 아몬드에게 그곳 자체가 아니라 그곳에 가까운 풍경을 보라고 요구한다. 화
자와 청자인 아몬드가 함께 처해 있는 정원은 한 가지 것이 다른 것으로 바뀌는
풍경을 자아낸다. 여기서 저녁은 따뜻한 온기로 아몬드 식물의 허리를 타고 뿌
리까지 내려가서 그것에게 두 발로 확고하게 서라고 내몰고 있다. 저녁은 정원
의 식물에게 저녁을 맞아 잠잘 채비를 하라고 말하지 않는다. 그것은 오히려 정
원의 거주자를 내몰아서 어디든 가고 싶은 곳으로 가라고 요구한다. 왜냐하면
이 잡종의 정원에서는 가는 곳 어디나 나의 장소이기 때문이다. "서두르는 향기
의 달콤함"이 어디든 자리하는 곳에서 "꽃이 핀다는 것"은 접목교잡의 완성을
뜻하고 장소의 이동을 뜻한다. 따라서 그것은 새로운 것의 탄생이면서 또한 "완

전히 빼앗기는" 것이기도 하다. 화자는 탄생과 소멸 그리고 환희와 고통이 함께 진행되는 공간에 처해 있다. 여기서 화자는 "흰 꽃잎들"이 "접힌 데 없고 야심에 차 있는" 것을 발견한다. 정원의 거주자들은 접목의 행위에서 구김살 없는 아름다움을 발산하고 의욕에 차 있다. 그들의 존재는 "짠 것"과 "매듭지은 것"에 의존한다. 잡종과 혼합이 그들의 생명을 이룬다. 화자는 그들의 결속을 해체할 엄두가 나지 않는다.

　화자가 흰 꽃이 만개한 아몬드 나무에게 던지는 질문은 수사적이다. 그 답은 자명하다. 화자의 견지에서 사물들은 계속되는 접목의 행위 자체에서만 완성을 맛볼 수 있다. 사물들을 이 잡종의 결속에서 *끄집어내는* 것은 그것들을 죽이는 것과 같다. 근대문명의 가르침에서 우리는 사물들을 우리의 것으로 만드는 데 익숙해 있다. 사물들을 그것들이 처한 관계 속에서 *끄집어내* 독립적으로 관찰하고 그 정체를 규정하는 데 망설이지 않았다. 이 시에서 화자는 이 방식과 정반대의 방식으로 세상에 접근한다. 화자의 목소리가 쉽게 들리지 않는 것은 이 탓이다.

III

　그레이엄의 시들은 지극히 개인적인 목소리를 들려주면서 종종 형이상적 질문들에 사로잡힌다. 그녀는 사건을 경험하고 느끼는 가운데 그 의미를 이해하려고 끊임없이 노력한다. 이 노력은 세상에 대한 새 관계의 모색에서 특징적이다. 그녀는 세상에 대해 관찰자로 머물지 않고 어떻게든 그 안에 관여하고자 한다. 그레이엄에게 있어서 이 관여는 시적 진리를 탐구하는 자의 것이어서 세상을 미지의 것으로 돌려놓고 새롭게 접근하는 방식을 취한다. 『당대문학비평선』(*Contemporary Literary Criticism Select*)은 그녀가 시에서 "존재와 앎, 육체와 정신, 미추, 그리고 영원과 역사 등과 같은 이원적 구조"에 초점을 두고 있으며

"시의 성격과 목적에 대한 그녀의 자의식적인 집중 그리고 이야기로부터 멀어짐으로써 서정시를 재형성하는 데 있어서의 그녀의 작업"에서 비평계와 동료 시인들의 주목을 끌었다고 소개한다.

가드너(Thomas Gardner)는 「정확한 실패들－조리 그레이엄의 작품」("Accurate Failures: The Work of Jorie Graham")에서 언어의 "완성된 논지"에 대한 신뢰를 "완전히 녹여버리거나 극복하려는" 시도가 "1960년대와 1970년대 초 미국시의 본질적 프로젝트들 중의 하나"였으며 그레이엄 또한 같은 노력을 그 나름의 방식으로 경주해 왔다고 진단한다. 그는 그레이엄의 초기 시집들로서 1980년의 『식물잡종과 유령잡종』, 1983년의 『부식(腐蝕)』(Erosion), 그리고 1987년의 『아름다움의 끝』(The End of Beauty)에 실린 시들이 당대 여러 시인들의 시와 마찬가지로 "언어와 그것이 지시하는 것 사이에서 그녀가 '간격' 혹은 '영원한 지연'이라고 부르는 것"을 다룬다고 지적한다. 가드너의 접근에서 그레이엄은 언어의 지시적 기능의 한계를 의식하고 있을 뿐만 아니라 그것을 이용하고 있기까지 한 것으로 평가된다. 그녀의 단어들은 "경험에 대한 직접적 접근을 산출하지 않고 '유사성의 오랜 잠' 또는 '내가 지워져 있는 곳'을 만들어낼 따름이다." 가드너가 그레이엄의 시에서 인용하고 있는 구절들은 후기구조주의자들의 언어관을 상기시키기에 충분하다. 그레이엄의 시를 "언어시"(Language poetry)의 맥락에서 접근하려는 시도 또한 이 맥락에서 가능해진다. 그렇지만 그레이엄의 시는 언어의 지시성 자체를 문제 삼는데 초점을 두고 있지 않다. 그녀는 자신의 시가 대상에 대해 동일성을 구현하지 못하고 다만 유사성의 잠에 빠질 뿐이며 심지어 그 대상에 대한 자신의 개념이 설 자리를 잃게 된다는 것을 알면서도 그곳에로 나아가고자 노력한다. 시인은 언어가 도달할 수 없는 그곳에 진리가 있다는 것을 익히 의식하고 있다. 가드너는 그레이엄이 바로 "그 문제에 대한 접근법을 개발해가는 과정에" 있는데 당대의 다른 시인들의 다양한 접근법들과 비교할 때 그것에 담긴 "큰 뜻의 힘"과 "그것을 펼쳐나가는 미묘성"에서 주목할 만하다고 말한다(1).

그레이엄의 시 「기러기 떼」("THE GEESE")에서 화자는 관계의 완벽한 체계와 임의적 체계 사이에서 목소리를 낸다.

오늘 빨래를 널다가
목적을 지닌 채 차차 가늘어져 가는 그들을
우아한 만큼 긴박한 어느 신호법을 다시 본다.
며칠 동안 그들은 횡단하고 있다. 우리는 이 기러기 떼 아래에서

마치 시간의 통로 혹은 어느 매우 완벽한 진로 아래에 있는 양 살아간다.
때로 나는 그들의 적절성이 두렵다.
손닿는 거리 가장 가까이
선과 선 사이에서

기러기 떼라면 벗어나지 않을 그 길들을 거미들이 모방한다.
무익하게도 끝없이 모방한다.
사물들이란 계속 연결되어 있지 않는 법인데
치유되지 않는 법인데

Today as I hang out the wash I see them again, a code
as urgent as elegant,
tapering with goals.
For days they have been crossing. We live beneath these geese

as if beneath the passage of time, or a most perfect heading.
Sometimes I fear their relevance.
Closest at hand,
between the lines,

the spiders imitate the paths the geese won't stray from,

imitate them endlessly to no avail:
things will not remain connected,
will not heal, (*Hybrids* 38)

화자는 뜰에 나와 있다. 며칠째 기러기 떼를 목격하면서 그 방향성과 이동성에
감동한다. 그들에 비해 정원의 거미들은 집 짓느라 바쁘다. 화자는 두 가지 삶의
방식에 관해 상념에 빠진다. 무리를 지어 사라져 가는 기러기 떼는 "어느 완벽한
진로"를 취하여 날고 있다. 그들은 "목적"을 지니고 있고 "신호법(code)"의 체계
를 지니고 있다. 기러기 떼는 신호법에 따라 하나의 전체를 이루고 있으므로 이
바탕에서 각각의 기러기 또한 "적절성"을 띤다. 이것은 한 언어가 전체의 체계
를 전제하는 것과 유사하다. 하나의 전체 속에서 각 부분은 문법에 따라 제 위치
를 갖고 의미를 드러낸다. 기러기 떼의 비행은, 언어의 지시성이 명쾌하게 살아
있는 것인 듯, 우아하고 긴박하다. 하지만 화자는 기러기 떼의 "적절성"에 두려
움을 느끼는 처지에서 그들과 일체감을 느끼지 못한다. 화자의 시선은 거미들을
향한다. 거미들은 집을 지으면서 벗어남이 없는 기러기 떼의 길을 모방하려 하
지만 실패한다. 화자는 기러기 떼의 노정이 어떤 법칙에 따르는 것과 다르게 거
미들의 길 찾기가 아직 규칙을 갖지 못한다고 생각한다. 관계의 규칙이 없는 상
태에서 모든 사물들은 갈라서게 되고 잃어버린 의미를 되찾지 못한다.

하나의 체계에 의해 구조화된 전체 내에서 부분들은 규칙에 따라 서로 관계
를 맺고 의미를 지니게 된다. 이러한 인식을 배경에 두고 화자는 관계의 망이 아
무리 촘촘해지더라도 의미의 근원이 여전히 불분명해질 수 있다는 가능성에 주
목한다. 화자의 관찰에서 거미들이 실을 뽑아 집을 짓는 행위는 부분들 간의 관
계설정을 꾀하면서도 역설적으로 관계파괴의 가능성에 대한 "두려움"을 반영한
다.

세상이 역사 대신에 짜임새로
장소 대신에 짜임새로 두꺼워진다.
그럼에도 거미들의 작은 두려움이
묶고 또 묶는다.

바늘을 선에게, 선을 처마에게, 또 바늘방석 꽃나무에게 묶는다.
마치 아무 때나 사물들이 더욱 산산이 갈라설 수 있다는 듯이
그 어느 것도 그들이 제 의미를 되찾게
도와줄 수 없다는 듯이. 그래서 이 거미들이 하던 일을 계속한다면

볼 수 있는 세상 위에 연결고리의 망을 짠다면
우리는 그 안에 있는 걸까, 밖에 있는 걸까? 나는 돌아서 다시 들어간다.
몸이 마음에게 뭔가 빠졌다는 느낌을 주는데
암반의 곤궁함을 느끼게 하는데, 그것은 마치

당신이 하나의 세상을 통과하고 있다는 감각이 없는 채로
당신이 언제고 다른 세상에 이를 수 있다는 감각이 없는 채로
떨어져 내리는 것과 같다. 그 대신에 현실이
당신을 가로지르고 있다.

and the world thickens with texture instead of history,
texture instead of place.
Yet the small fear of the spiders
binds and binds

the pins to the lines, the lines to the eaves, to the pincushion bush,
as if, at any time, things could fall further apart
and nothing could help them
recover their meaning. And if these spiders had their way,

chainlink over the visible world,

would we be in or out? I turn to go back in.
There is a feeling the body gives the mind
of having missed something, a bedrock poverty, like falling

without the sense that you are passing through one world,
that you could reach another
anytime. Instead the real
is crossing you. (*Hybrids* 38)

현대의 시인들은 세상이 어떤 전체의 구조를 상실하고 여러 부분들로 파편화되는 것을 경험해 왔다. 신 중심 사회에서 인간 중심 사회에로의 이동이 이 파편화를 가속화했다고 할 수 있다. 이 흐름은 민주주의 발전의 결과이면서 공통의 토대가 점차 상실되어 가는 현실을 반영한다. 우리는 어떤 공통의 선을 위해 절대성에 대한 존중을 포기할 수도 없고 그렇다고 이와 충돌할 수도 있는 인간의 정신력에 의지하지 않을 수도 없다. 피할 수 없는 상대주의의 한계 안에서도 어떤 중심을 향한 방향 감각은 삶에 필수적이다. 한 단어의 의미는 그 단어를 부분으로 포함하는 전체의 언어구조 속에서 형성된다. 서로 갈라서 있는 파편들의 세계에서 각자는 의미의 상실을 겪을 수밖에 없다. 이 상처는 관계의 회복 없이는 치유가 불가능하다. 가시방석 꽃나무는 구(球)형의 방석에 바늘이 꽂혀 있는 모양을 하고 있다. 화자는 정원에 핀 이 꽃에서 거미들이 집을 짓는 것을 지켜본다. 거미들이 실을 뽑아 자신과 사물 사이를 그리고 사물과 사물 사이를 묶고 또 묶는 것은 관계회복의 열망이 그만큼 간절하기 때문이다. 세상 속에 "역사"와 "장소"는 객관적으로 존재한다. 그것들은 관계의 망에 포획되지 않는 한 의미가 들어나지 않는다. 그래서 거미들은 실을 뽑아 그것들 위에 숱한 짜임새를 형성한다. 하지만 화자는 이러한 짜임새가 아무리 진행되어 두터워지더라도 어떤 근원의 법칙을 허용 받지 못하고 있어서 자의적일 뿐이라는 것을 익히 의식하고 있다.

이 세상에는 볼 수 있는 것과 그럴 수 없는 것이 함께 존재한다. 화자는 거미들의 연결고리의 망이 볼 수 없는 것까지 잡아내지 못하리라는 것을 알고 있다. 하지만 그로서는 선택의 여지가 별로 없다. 부족한 대로 관계의 망 속에 있지 않고서는 어떤 의미도 살아나지 못하기 때문이다. 화자는 안과 밖의 경계에서 안으로 향한다. 그러면서 그녀는 자신이 이쪽 세상에도 그렇다고 저쪽 세상에도 있지 못하면서 그냥 추락하는 느낌을 받는다. 화자는 자신의 "현실"이 양쪽 세상의 경계에 걸쳐 있다는 것을 절감한다.

이 시에서 화자 "나"와 청자 "당신"은 "우리"로서 같은 처지에 있다. 화자가 청자에게 하는 말은 자신에게 하는 말이면서도 독자에게 하는 말이기도 하다. 여기서 화자의 목소리는 인간 모두의 입장을 반영하는 듯하다. 화자의 상념은 개인적인 것이면서도 우리가 함께 직면해 있는 공통의 현실에 대한 것이기도 하다.

> 몸은 당신이 알고 있는
> 하나의 도착으로서 잘못된 것이지만 앞질러 나갈 수는 없다.
> 영원히 들어가고 있는 이 기러기 떼와
> 돌아오고 있는 이 거미들 사이 어디에선가
>
> 이 놀라운 지연이, 일상적인 것들이, 발생한다.

> your body an arrival
> you know is false but can't outrun. And somewhere in between
> these geese forever entering and
> these spiders turning back,
>
> this astonishing delay, the everyday, takes place. (*Hybrids* 39)

화자는 몸과 마음의 이분법에서 몸이 더 현실에 가까이 있다고 여긴다. 마음이 신호법의 체계에 따라 기러기 떼를 좇아가려 해도 몸은 기러기 떼와 거미들 사이의 경계에 머문다. 화자는 몸이 "잘못된" 것인 줄 알면서도 "하나의 도착"으로 인정한다. 문제는 "하나의 도착"이 잘못인 줄 알면서도 몸이 앞질러 나갈 수 없다는 데 있다. 기러기 떼는 목적지에 "영원히 들어가고 있는" 반면에 거미들은 관계의 망의 경계에서 안쪽으로 돌아오고 있다. 기러기 떼가 언어의 투명성을 구현한다면 거미들은 관계의 임의성에 따르는 언어의 상대적 불투명성을 재현한다. 화자가 양쪽에 두 다리를 걸치고 있는 한, 그녀의 현실 또한 다소 불투명해질 수밖에 없다. 그녀의 시선은 기러기 떼에 가 있으면서 몸은 "손닿는 거리 가장 가까이" 있는 거미들 주변에 있다. 이 중간 지대에서는 "일상적인 것"에서까지도 투명한 의미 대신에 "놀라운 지연"이 발생한다.

IV

당대 시인들의 성과를 간략히 평가하는 『문학전기사전』(*Dictionary of Literary Biography*)에서 브라이언(Peyton Brien)은 그레이엄이 "그림, 문학, 역사, 그리고 종교사상에 대한 직접적 … 경험에서 나오는 심오하게 탐색적이고 솜씨 있게 만든 시"를 씀으로써 "미국시를 부흥시키고 다시 정의하려는 노력의 선봉에" 있다고 호평한다. 그레이엄은 1999년에 49세의 나이로 히니(Sheamus Heaney)의 뒤를 이어 여성으로서는 처음으로 하버드 대학 보일스톤 교수직을 부여받고 영미어문학과 학과장에 선임되었다. 보일스톤 교수직은 원래 수사학과 웅변술 분야에 주어졌지만 20세기 들어서 시와 시학 분야의 교수직으로 발전하였다. 이 사실에서 시사되는 바와 같이 그녀는 10권이 넘는 시집을 출판한 가운데 학계와 비평계의 호의적 기대를 받아왔다. 그녀는 1996년에 『통합장의 꿈』으로 퓰리처상을 수혜했고 최근작으로는 2009년의 『큰 변화』(*Sea Change*)가 있다.

그레이엄은 1990년의 사화집 『최상의 미국시』(The Best American Poetry) 서문에서 "진리를 … 포착하고 전달하는 언어의 능력에 대한 불안"을 당대 시인들에게 공통적인 것으로 파악하고 이에 대한 다양한 대응의 방식들을 탐색하고 있다(xix). 그녀는 진리의 표현에 있어서 언어가 지니는 한계의 문제에 대해 동시대 시인들과 마찬가지로 의식적으로 대응해야할 필요성을 느끼면서 그 대응의 방식을 다양하고 새롭게 추구해 나가는 입장에 있다.

가드너는 「정확한 실패들」에서 첫 시집 이후 그레이엄의 두 권의 시집들이 "언어를 완전히 거부하는 불가능한 환상 대신에" "더욱 설득력 있고 독창적인 다른 방법들"을 시사한다고 평가한다. 「기러기 떼」에서 그레이엄은 언어로 표현할 수 없는 존재의 상황을 탐색한다. 시인은 『부식』과 『아름다움의 끝』에서도 언어의 투명성과 불투명성 사이에서 표현할 수 없는 것을 "침묵"과 "볼 수 없는 것"으로 표현한다. 그녀는 언어의 한계성에서 그 한계를 넘어서 있는 것을 표현하려하고 있다. 그레이엄은 한 평론에서 이러한 노력을 보다 구체적으로 언급한 적이 있다.

> 나는 아마 침묵과 그러니까 저쪽의 다른 세계와 사랑에 빠져 있는 것 같다. 그래서 나는 어떤 방식으론가 그것과 진지하게 협상하면서 글을 쓴다 … 우리를 익사시키면서 또한 우리를 무시하고 짓밟기까지 하는 침묵은 의혹이고 광기이며 두려움이기도 한데 그 모든 것으로 인해서 언어는 구부러지고 미끄러지게 된다. 나는 언어가 실패하는 지점들을 가능한 대로 많이 느낄 필요가 있다 … 나는 여러분이, 언어의 정확한 실패들에 의해, 문장을 억압하는 그 세력들을 느낄 수 있으리라고 생각하고 싶다 … 미지의 것이나 신성한 것을 가장 정면으로 직면하는 시인들에게 있어서 구문은 휘어져 뒤로 구부러지고 부서지기 시작한다 … 우리가 어딘가 들어가고자 해서 그 표면을 깨뜨리고자 추구했던 매시기마다, 안으로 들어가는 여러 방법들 중 하나는 비뚤어짐, 다시 말해 세상 사람에게 보일 수도 있는 무분별이어 왔다. 그런 방식으로 나아가는 시인들에게 있어서, 뒤틀린 구문, 의미상 매끄러운 순서에 제동걸기, 이상한 종류의 행 구분, 흰 공란들, 방해들, 대시 기호

들, 넘치는 구두법, 지연들, 의미심장하게 엉기는 말씨, 모호성, 무질서, 생략, 문장 파편들, 본론을 벗어나는 전략들, 요컨대, 확실성에 있어서의 이러한 모든 변조는 벽을 허무는 도구들이다.

I think I am probably in love with silence, that other world. And that I write, in some way, to negotiate seriously with it. . . . Silence which drowns us out, but also which ignores us, overrides us, silence which is doubt, madness, fear, all of that which makes language bend and slip. I need to feel the places where language fails, as much as one can. . . . I'd like to think you can feel, by its accurate failures, the forces pressing against the sentence. . . . [I]n those poets who confront the unknown, the holy, most head-on, the syntax begins to buckle and bend back and break. . . . [T]hrough every period of human time, when we have sought to enter, to break the surface, one of the ways in has been the crooked – the blindness that one may see. And in the poets that go that way, twisted syntax, breaks against smooth sequence in sense, line breaks of queer kinds, white spaces, interruptions, dashes, overpunctuation, delays, clotted rich diction, obscurity, disorder, ellipses, sentence fragments, digressive strategies – every modulation in certainty – are all tools for storming the walls. (Gardner의 글에서 재인용 1)

그레이엄은 언어에 의해 드러난 것과 드러날 수 없는 것 사이의 간격에 대해 지속적으로 관심을 보인다. 언어는 지시성에 의해 대상을 제약하는데 대상은 항상 이 지시성 너머에 있다. 그녀의 관심은 언어의 이러한 한계와 그 너머에 있는 대상 사이의 간격을 향한다. 그것은 말로 표현할 수 없는 것이고 영원히 침묵 속에 있다. 침묵은 항상 언어 너머에 있는 것이므로 그것을 언어로 표현하는 것은 항상 불충분하여 시인으로 하여금 그것에 이르는 새 방식을 찾게 한다. 그녀는 침묵 속에 있는 이것을 제시하기 위해 "뒤틀린 구문론"은 물론 "흰 공란들"이나 "생략" 등 온갖 시도를 꾀하려고 한다. 이 일생의 여정에서 그녀의 첫 시집 『식물잡종과 유령잡종』은 언어의 "정확한 실패"에 대한 대처의 방식들을 개발해나가는 시발점을 이룬다.

그레이엄은 1987년에 가드너와 가진 면담에서 "나에게 있어서 각 시집은 이전 것에 대한 비판이다"(217)고 하였다. 그녀의 시집이 매번 새로운 방향을 취하는 것은 그녀가 표현하고자 하는 "침묵"이 어떤 방식으로도 만족스럽게 언어화할 수 없기 때문이다. 그녀에게 있어서 사물은 끝없이 서로 뒤섞이면서 접목을 통해 새로운 존재를 이룬다. 세상의 진리는 본질에서가 아니라 짜임과 엮임의 진행에서 형성된다. 그녀는 "이미지 극장(image theatre)"에서 관람했던 행위예술에 대해 언급한 적이 있다. 그녀는 언어 없이 진행된 행위예술을 언어로 설명하고자 할 때 언어의 "그 대단한 양날의 힘, 혹은 정의하는 힘"에 의해 경험의 의미의 범위가 심각하게 좁아진다는 것을 느꼈다고 지적했다(216). 그녀의 시선은 언어의 경계 밖에 있는 경험을 향하고 있다.

그레이엄은 언어에 의해 규정될 수 없는 방식으로 존재하는 것들에게 어떤 형식을 부여하고자 한다. 이 시도에서 시인이 이용할 수 있는 유일한 수단은 역설적이게도 불완전한 매개체로서의 바로 그 언어이다. 그녀는 언어의 지시적 기능의 해체에 목적을 두기보다 그 한계에 근거하여 그 너머에 있는 것에게 어떤 형식을 찾아주려고 노력한다는 면에서 언어시의 극단적 경향에서 벗어나 있다고 말할 수 있다. 그녀의 시는 어떤 방식으로든 의미의 형성과 발견을 꾀한다. 이 노력에서 그녀의 목소리는 과거의 시인들에 대해서뿐만 아니라 동시대 시인들 사이에서도 두드러진다. 그녀는 이러한 목소리를 내내 유지하면서도 그것을 적절히 담아낼 수 있는 언어의 문체에 대해서는 지속적으로 변화를 꾀했다. 그레이엄의 첫 시집은 이러한 추구의 출발점에서 잡종의 세상에서 시 쓰기가 갖는 제 문제들을 그녀가 얼마나 예리하게 지각하고 있는가를 여실히 보여주는 데 성공하고 있다.

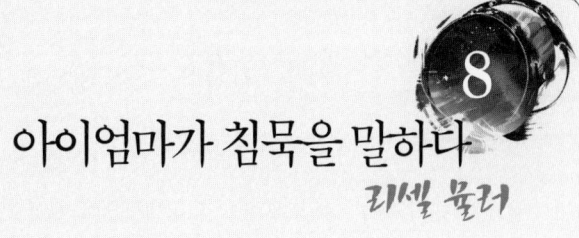

아이엄마가 침묵을 말하다
리셀 뮬러

모험을 거부하는 규범적인 삶을 살면서 인생의 심연을 담아내는 시를 쓸 수 있는가? 세상의 온갖 폭력 속에서 시인은 개인의 영토에 어떤 빛을 밝힐 수 있는가? 시인 뮬러(Lisel Mueller)는 시와 삶 사이의 균형을 찾으려는 지속적인 경향을 두드러지게 보여준다. 그녀의 시에서 평범한 삶은 단순하고 명료하게 다뤄지면서 "풍부함과 두터움"(Alive Together 6)으로 좌절과 일탈에 저항한다.

뮬러는 1924년 독일 함부르크 태생으로 15세에 미국으로 이주했다. 히틀러의 정책에 공개적으로 반대를 표명했던 아버지가 나치를 피해 먼저 미국으로 탈출했고 두 딸과 어머니가 뒤를 따랐다. 3개월 후에 2차세계대전이 발발했다. 독재체제하의 성장기와 이주민의 체험이 시의 제재로 사용되기도 하지만 그러한 외적 환경 속에서 개인의 삶이 어떻게 유지될 수 있는가에 더 많은 관심을 쏟은 것으로 보인다. 1996년의 『함께 살아가기』(Alive Together)로 다음 해에 풀리처상을 탔고 1980년의 『조용하게 있어야 할 필요성』(The Need to Hold Still)으로 전미저작상을 받았다. 다중언어구사력을 바탕으로 여러 권의 번역집을 출판했다.

I. 인생은 지속되어야 한다

예술은 종종 삶에 상치되는 어떤 것일 수 있다. 삶이 각종 규범과 일상의 굴레에 얽매여 있는 동안 예술이 구속으로부터 자유를 추구하는 것은 마땅한 일로 간주된다. 예술은 자유의 추구가 성공적이지 못한 경우에도 개인의 뒤틀린 내면을 투사하기 쉽다. 소위 고백파 시인들이 미국시의 한 주류를 형성하면서 보여주는 언어는 지극히 사적(私的)이면서 그만큼 사회의 공적(公的) 문제들에 대해 덜 의식적이다. 그들에게 있어서 시의 내적 목소리는 외적 삶에 저항하고 그 단단함을 흔들어 깰 수 있는 유일한 수단이 된다.

삶은 많은 부분에서 피할 수 없이 주어지는 것들에 의해 짜여 진다. 예술은 시인에게 개인의 진리와 자유의 추구에서 삶의 극복을 요구하기 마련이다. 때로 시인은 시대의 이단자나 국외자로 자처하기까지 한다. 이런 흐름은 낭만주의 이후에 일탈이 예술의 코드 혹은 소수의 예지적 특권으로 미화되면서 더욱 심화되었다.

뮬러에게 퓰리처상을 안겨준 시집 『함께 살아가기』는 신작시 30편과 그간에 발표된 다섯 권의 시집들에서 선한 시들을 담고 있다. 이 시 모음집에 가장 두드러지게 지속적으로 눈에 띄는 것은 보통의 삶에 대해 보내는 긍정의 시선이다. 흥미롭게도 그녀는 서로 상치되어 보이는 예술과 삶 모두를 함께 추구하려는 의식적 노력을 보여준다. 사회적 삶에 대한 존중과 개인의 내적 탐색을 추구하는 예술의 정신은 서로의 충분한 발휘를 억누를 수 있다. 이런 역학 관계에 대한 분명한 자의식을 배경에 두고서 그녀가 시적 경력 전반에 걸쳐 이룩해 온 시와 삶 사이의 어떤 균형은 주목을 요한다.

이러한 균형의 다른 예를 영미시의 전통에서 찾아내는 것은 크게 어렵지 않다. 오랜 기간 동안 스티븐스(Wallace Stevens)는 보험회사 부사장이었고 윌리엄스(William Carlos Williams)는 개업의였다. 이 두 거장에게서 흥미로운 것은 그들이 현실의 직장과 시 모두에 충실했다는 사실이다. 그들의 충실함은 두 가지를 어떤 방식으론가 일치시킨 데 있지 않고 또한 표리부동의 이중적 잣대를 여하히 유지했다는 데도 있지 않다. 그들은 어떤 방식으론가 시와 삶 각자에 충실할 수 있었다. 그들에게 시의 가치와 삶의 가치는 서로 상반되는듯하면서도 함께 존중해야할 어떤 것들이었다. 두 시인이 주목한 것은 양자 사이의 차이가 아니라 닮음이었다.

뮬러는 15세에서 세계대전의 참화를 피해 나치 치하의 독일에서 미국으로 이주하였다. 대학 졸업 전인 19세에 한 남자와 결혼하여 평생을 함께 하면서 다섯 살 터울의 두 딸을 낳았다. 그녀는 어머니의 임종 후 29세쯤에야 진지하게 작가가 되겠다는 결심을 했다. 그녀의 시 모음집은 나치 치하 수용소에서 죽음을 맞이한 조부에서 부모의 죽음과 아이들의 성장과정에 이르기까지 자전적 요소들로 가득 차 있다. 그녀에게 있어서 가장 중요한 시의 주제와 소재는 그녀가 살아가는 삶의 현장이다. 시인은 발표를 시작할 당시부터 자신의 삶과 시를 어떻게 병행할 수 있는가에 대해 고민했던 것으로 보인다. 그녀는 조부모에서 자신의 두 딸에 이르는 가족의 생활 그리고 그 생활에 관여하는 과거에 대해 지속적으로 사유한다. 한 남자와의 결혼 생활을 평생 유지하고 두 아이의 엄마 역할을 충실히 해내면서 동시에 시를 써내는 일은 쉽지 않을 것이다. 특히 그러한 삶의 과정을 시의 주제로 삼아 다루는 가운데 삶에 대해 견인과 존중의 자세를 유지하는 것은 고백파 시인들에게서는 발견하기 힘든 일이다.

뮬러의 시는 충전된 계시의 순간에서보다 일상적 삶의 시간에서 더욱 두드러지는 목소리를 낸다. 그녀의 목소리는 조용하고 의도적으로 큰 주제를 다루지 않는다. 다른 시인들이라면 그냥 지나쳐버렸을 법한 일상에서 작은 빛을 만들어낸다. 그녀의 매력은 상상력의 예지보다 개인의 인생에 대한 인내와 신뢰에서 더 많이 발생한다는 느낌을 준다. 그녀의 최종 직업은 대학 시창작 프로그램의 교수였다. 마지막 직업의 측면에서 보면 그녀의 삶은 시와 근접해 있다. 그런데 그녀가 다루는 인생의 소재들은 낭만적 열정의 추구와 거리가 멀다. 그녀는 먼 바다의 풍랑을 헤치고 나가는 모험을 택하지 않고 "해안가에서 손을 흔드는 (*Waving from Shore*)" 자의 위치를 선택한다. 그녀에게 있어서 평범한 인생은, 통상적 의미에서 시의 존재를 억압하는 숱한 요인들을 안고 있는데도 불구하고, 의지적으로 선택되고 어떤 방식으론가 긍정된다.

세 번째 시집 『조용하게 있어야 할 필요성』에서 뮬러는 장시 「인생승리」 ("The Triumph of Life: Mary Shelley")를 통해 19세기의 여성 작가 메리 셸리 (Mary Wollstonecraft Shelley)의 삶을 대변한다. 이 시에서 시인은 메리라는 한 여인에서 세상의 모든 여인에로 관심을 확대한다. 여기서 시인은 "모든 사람과 사물 그리고 모든 시간과 장소에 대해 개인적으로 반응하는 법을 학습해낸 목소리를 완성한다"(Corey 732).

시인 자신이 시에 덧붙인 설명에서 메리는 진보적 철학자 고드윈(William Godwin)과 여성주의자 올스톤크래프트(Mary Wollstonecraft)의 딸로서 영국의 낭만주의 시인 셸리와 결혼했다. 메리의 어머니는 그녀를 출산하면서 사망했다. 그녀는 기혼자였던 셸리와 눈이 맞아 도망했고 이로 인해 그의 아내 해리엇 (Harriet Westbrook)이 자살했다. 셸리와 메리는 이후 결혼하여 네 아이를 낳았는데 그중 셋이 유아기에 죽었다. 셸리가 사고로 익사하여 죽기까지 그들이 함께 한 8년의 세월은 위험의 연속이었는데 그 대부분이 셸리의 불안정한 정신 탓이었다. 남편과 사별 당시 24세였던 메리는 그 후 자신의 글을 쓰면서 셸리의 글을 편집하고 주석을 다는 작업을 했다. 그녀는 셸리의 시 전집을 최초로 출판했고 6편의 소설을 발표했는데 그중 『프랑켄슈타인』(*Frankenstein*)이 가장 유명하다(*Alive Together* 139).

뮬러가 메리의 인생에 대한 짧은 요약에 이어 시에서 주목하는 것은 사랑의 열정이 아니다. 시인은 메리의 『프랑켄슈타인』이 미래 세대에서 공포물의 전형이 될 거라는 사실에도 큰 관심이 없다. 한 여인의 자유와 사랑에 대한 열정에는 그에 상응하여 뒤따르는 것들이 있다. 뮬러는 이 뒤따르는 것들에게 더 오래 시선을 주고 있고 그것들에 대한 남다른 자각에서 호소력 있는 목소리를 낸다. 제1시편에서 화자 메리는 아버지의 가르침에 따라 성장한 자신의 모습을 반추한다.

> 아버지는 내게 가르치셨어요, 생각하는 법을
> 육체보다 정신을 더 가치 있게 다루고
> 바람이 가장 잘 통하는 감옥마저 거부하는 법을
>
> 잘 들을 뿐만 아니라 잘 말하고
> 어려운 질문을 하는 법을
> 청혼을 받았다고 해서 결혼하지는 않고
> 천국을 믿지 않는 법을
>
> My father taught me to think,
> to value mind over body,
> to refuse even the airiest cage
>
> to be a mouth as well as an ear,
> to ask difficult questions,
> not to marry because I was asked,
> not to believe in heaven (*Alive Together* 139)

화자는 아버지의 가르침에 따라 성장한다. 그녀는 상대의 이야기에 귀를 기울이지만 자기 생각을 표현하는 데 주저하지 않는다. 어떤 제약이나 심지어 종교의 환상까지도 거부하고 스스로의 정신력에 의존해 행동하는 독립적인 여성으로 자란다.

하지만 이런 화자가 자신의 정신에 따라 살아온 인생에는 예기치 못했고 통제할 수 없었던 세상사가 함께 하고 있다.

이 모든 것에도 불구하고
스물 둘이 되었을 무렵까지
아이 넷을 낳아 셋을 잃게 되는 걸 어쩌지 못했지요

그는 생각하고 싶어 했지요, 내가
희랍의 여신처럼 자신의 머리에서 태어났다고

그는 잊었어요, 내 어머니가
나를 낳다가 죽었다는 것을, 그녀의 『여성의 권리』가
출산혈에 씻겨 나갔다는 것을
그리고 내가 그녀의 딸이기도 했다는 것을

None of this kept me from bearing
four children and losing three
by the time I was twenty-two

He wanted to think I sprang
from his head like the Greek goddess

He forgot that my mother died
of my birth, The Rights of Women
washed away in puerperal blood,
and that I was her daughter too (*Alive Together* 139)

제우스의 머리에서 태어난 아테나는 지혜와 전쟁의 여신이면서 동정(童貞) 여신
이다. 아버지의 딸로서 화자는 이성의 존재로 성장했지만 그로써 세상의 문제를
해쳐나갈 수 있는 것은 아니었다. 그녀는 어머니의 딸이기도 했던 것이다. 어머
니는 자신을 낳다가 돌아가셨고 그녀의 업적 또한 출산혈에 씻겨나갔다.

세상은 자신이 선택하거나 의도하지 않았던 것들로 가득 차 있다. 제2시편

에서 화자는 16세에 시작된 사랑의 그늘에 대해 의식한다.

진실한 마음들의 결혼
그것이 당신이 원하는 것이고
그것이 우리가 원했던 것이에요

우리는 권력을 믿지 않았고
온유했고
육체를 다른 사람들과 공유했고
진실로 자유롭다고 여겼어요

A marriage of true minds
It is what you want
It is what we wanted

We did not believe in power
We were gentle
We shared our bodies with others
We thought we were truly free (*Alive Together* 140)

메리와 셸리의 사랑은 사랑 그 자체를 위한 것이었다. 관습과 사회적 지위에 대한 욕구는 사랑을 위해 희생당해 마땅한 것들이었다. 연인들은 사랑의 추구에서 육체마저도 다른 이들과 공유하는 데 거리낌이 없었고 진정으로 자유롭다고 느꼈다.

하지만 거리낌 없는 사랑의 열정에는 문제가 뒤따른다.

아버지는 모든 것에, 심지어 악한 것에도
해결책이 있다고 우리에게 가르치셨어요

우리는 관대하고 정직했어요
해결책이 있다고 여겼지요

그렇지만 한 여인이 우리 탓에
물속으로 걸어 들어갔어요

My father taught us there was a solution
to everything, even evil

We were generous, honest
We thought we had the solution

and still, a woman walked
into the water because of us (*Alive Together* 140)

화자 메리는 자신의 사랑의 결과로서 초래된 한 여인의 죽음을 떠올린다. 자신
이 옳다고 여기는 바에 따라 그리고 사랑의 열정에 따라 살아온 인생에 대한 반
추에서 화자는 해결책에 대한 믿음을 잃게 된다. 제3시편에서 화자는 세 아이를
잃은 충격에서 신의 존재마저 의심하게 되고 남편과의 유랑생활이 남긴 빚과 피
곤에 떠밀려 정신병까지 얻었다고 토로한다. 화자는 강렬한 열정의 순간들에서
가 아니라 그 후의 오랜 고통에서 인생의 의미를 발견하고 있다.

　　화자가 말을 건네는 시속 "당신"은 현대의 독자일 수 있다. 화자와 청자 사
이에는 역사가 존재한다.

당신에게 상기시켜 드릴까요? 역사에 대해
선택과 우연, 소망과 세상에 대해
용기와 잠긴 문에 대해
생물학과 운명에 대해

내가 원했던 것은 당신이 원하는 것
당신이 가진 것이에요

내 자식들을 선택할 수 있었다면 그들이 살아남는 것을 목격할 수 있었다면
평등을 신뢰했을 텐데
당신의 선언서를 써냈을 텐데

거의 이백년에 달하는
의학이 우리를 갈라놓고 있어요

Shall I remind you of history,
of choice and chance, the wish and the world,
of courage and locked doors,
biology and fate?

I wanted what you want,
what you have

If I could have chosen my children and seen them survive
I might have believed in equality,
written your manifestos

Almost two hundred years
of medical science divide us (*Alive Together* 141)

삶의 모습은 세월의 간격이 만들어내는 상이한 의료 환경에서 달라질 수밖에 없다. 우리가 원하는 것은 시대의 차이를 뛰어넘어 같을 수 있다. 하지만 삶의 결과는 시대의 간격 양쪽에서 다르게 나타난다. 불평등한 역사를 수용하는 태도는 어쩔 수 없이 주어지는 것들에 대해 인내할 수밖에 없다는 의식을 드러낸다.

화자가 개인의 삶에 끼치는 역사의 영향에 대해 취하는 자세는 인내에 그치지 않는다. 그녀는 제5시편에서 바다에서 익사한 남편의 시신을 그의 호주머니에 있던 소포클레스(Sophocles)와 키츠(John Keats)의 시집으로 식별했다고 언급하면서 "언어가 육체보다 오래 산다"(142)고 선언한다. 그녀는 다시 결혼하지 않고 언어를 위해 살 것을 결심한다. 해결책이 없는 가운데 자신의 "정신"에 의지해 인생을 이끌어 가려고 한다.

> 하지만 있었어요, 단어와 시가
> 그 모든 종이모서리를 넘치는
> 잉크와 정열이 있었어요
> 함께했던 육체적 삶의
> 굶주린 생존자가 있었어요
>
> 우리의 결혼, 과연 그것이 지속되었을까요,
> 그가 살아서 내 곁에 있었다면?
>
> But there were the words, the poems,
> passion and ink spilling
> over the edges of all those sheets
> There was the hungry survivor
> of our bodily life together
>
> Would it have lasted, our marriage,
> if he had stayed alive? (*Alive Together* 143)

화자는 남편이 생존했다면 결혼 생활이 지속되었을지 스스로에게 묻는다. 그녀는 자신의 삶이 죽은 남편의 글에 의지해 지속가능했다고 느낀다. 그녀의 인생길은 남편이 남긴 것들 그리고 그것들이 지향하는 어떤 것과 일생을 함께 하는 것이었다.

사실대로 말하지만, 우리는 한 쌍의 개똥지빠귀처럼
서로를 먹여 살렸어요
나는 그의 단어들을 세상에 전달했고
그것들은 빵과 고기와 사과로
예술과 자연 그리고 마음과 육체로
내게 다시 돌아왔어요
그렇게 서로를 살아있게 했어요

그가 남긴 마지막 미완의 시는
「인생승리」라고 불렸어요

As it was, we fed each other
like a pair of thrushes
I gave his words to the world
and they came back to me
as bread and meat and apples,
art and nature, mind and flesh
keeping each other alive

His last, unfinished poem
was called "The Triumph of Life" (*Alive Together* 143)

메리는 셸리의 시 전집을 처음으로 출판했다. 그녀가 기록한 "슬픔의 일기"(143)
는 그녀 자신뿐만 아니라 셸리의 연구에도 중요한 자료가 되었다. 그녀는 "그의
말들을 세상에" 주고 그 말들은 다시 그녀에게 빵과 고기와 같은 생계의 수단이
되어 주고 "서로를 살아있게" 해주었다. 화자와 죽은 남편은 한 쌍의 개똥지빠
귀처럼 서로에게 먹이를 제공하는 관계에 있다. 남편이 남긴 마지막 미완의 작
품은 「인생승리」라고 불렸다. 이 언급에는 다소 묘한 어조가 배어든다. 인생승
리는 셸리의 불꽃같은 사랑과 죽음에서가 아니라 세상에 홀로 남아 미완의 인생

을 끝까지 이어가면서 지속적으로 살아가는 데서 이뤄지고 있는지 모른다.

마지막 제9시편에서 화자는 "어느 시대에나 우리는 인생을 살아내야만 한다 / 그것이 무엇인지 알 수 있기 전에"라고 결론짓는다. 이 시의 화자가 메리의 인생에서 눈여겨보는 것은 낭만주의적 사랑의 추구가 아니라 그로 인해 얽혀드는 세상사와 그 와중에서도 지속되어야하는 삶의 양상이다. 메리의 일생에 승리를 안겨다 주는 것은 16세에서 23세에 이르는 사랑의 자유가 아니라 홀로 남겨진 후 24세부터 51세 임종까지의 삶의 지속이다.

인생이란 불꽃이 튀기는 순간들로만 구성되지 않는다. 인생은 그 불꽃들의 그늘 또는 결과 그리고 그것들의 사이와 이후에 오래 계속되는 불 꺼진 상태까지를 포함한다. 뮬러의 시가 다루는 삶은 인생의 결정체가 아니라 처음에서 끝에 이르는 과정 혹은 그 모든 것이다. 이것이 그녀가 시와 삶의 균형을 이루는 방식이다. 이 방식에서 그녀의 시는 인생 비탄이나 찬미에 흐르지 않고 그녀의 삶 또한 시적 상상력에 의해 불꽃으로 화하지 않는다. 그녀는 삶을 이끌어가는 자의 건강하고 어쩌면 상식적이기까지 한 자세를 견지한다. 이러한 자세는 낭만주의 시론의 관점에서 보면 반시적(反詩的)이기까지 하다. 그렇다고 그녀의 반시가 세상을 깨우는 요란한 목소리로 발화되는 것은 아니다. 그녀는 세상이 원래 반시적이라는 것을 이해하고 거기에서 생존하려 노력한다. 그것이야말로 인간이 역사의 소용돌이 속에서 취해야 할 가장 튼튼한 자세일 수 있다. 그녀의 생존은 조건여하에 따라 정해지는 것이 아니라 어떤 상황에서도 유지되어야 하는 종류의 것이다. 세상은 역사의 경과에 따라 새로운 환경을 제공한다. 시인의 생존은 피할 수 없는 세상의 억압과 역사의 흐름 속에서 개인의 사적 공간을 여하히 보호할 수 있느냐에 달려있다. 시인은 젊은 시절의 이념적 믿음들과 해결책에 대한 신뢰를 상실한 상태에서도 「인생승리」의 제5시편에서처럼 "결국 승리하는 것은 정신이었다"는 것을 잊지 않는다. 이 "정신"은 삶의 지속에 대한 의지와 가치부여에서 생기는 내적 힘일 것이다. 뮬러의 시는 시의 기능이 삶을 견디게 도와주는 것이라는 사실을 지상의 시인들에게 재삼 확인시켜 준다.

II. 여럿 가운데 하나로 산다

완전히 사적인 공간이란 존재하지 않는다. 사적인 것을 보호하고 유지하기 위해서라도 공적인 것에 대해 의식해야 하는 경우들이 있다. 낸시(Nancy L. Bunge)와 가진 1985년의 한 대담에서 뮬러는 미국의 젊은 시인들 사이에 정치적 글쓰기에 반대하는 "커다란 편견"이 존재한다고 비판했다. 그녀는 베트남전이나 비핵화의 문제를 다루는 블라이(Robert Bly)와 레베르토프(Denis Levertov)를 예외로 하면서 당대 시인들의 "세상사와 글쓰기를 분리하는 경향"이 "미국과 영국의 전통"이지 "유럽 및 남미의 작가들에게는 적용되지 않는 게 분명하다"고 지적했다.

그렇다고 뮬러가 사회의 공적 문제들을 직접적으로 다루는 시인이라고 말할 수는 없다. 그녀의 시는 「개인의 삶」("The Private Life")에 관한 탐색으로서 「그림 형제의 동화를 딸 제니(Jenny)에게 읽어주기」("Reading the Brothers Grimm to Jenny")나 「할머니의 금제 핀」("My Grandmother's Gold Pin")을 착용하는 경우에서와 같이 개인사적 삶의 테두리를 크게 벗어나지 않는다. 그녀의 시는 근본적으로 이데올로기나 관념에 의해 추상화되지 않고 구체적 삶의 현장에 밀착되어 있다.

뮬러가 보여주는 세상사와 역사에 대한 관심은 역설적이게도 개인의 삶에 대한 관심에서 비롯한다. 『2차세계대전후 미국시인들』(*American Poets Since World War II*)에서 키친(Judith Kitchen)은 시인의 "역사에 대한 의식"이 시에 "희귀한 철학적 강렬성"을 부여한다고 평하면서 "뮬러의 작품이 사적인 것과 공적인 것을 결합하면서 각자가 서로에게 어떻게 영향을 끼치는가를 보여준다"고 지적했다.

두 번째 시집 『개인의 삶』(*The Private Life*)에서 뮬러는 동명의 표제시를 통해 공적 문제들에 둘러싸여 있는 사적 공간을 조명한다.

발생하는 일은 침묵 속에 발생해요

뉴욕시 출신의 그 사람은
자신이 미쳐가고 있다고 느낀 나머지
요양차 브라질로 날아가는데

인디애나의 그 피아노 학생은
호로비츠가 그곳에서 아침식사를 했던 유일한 때에
접시에 남긴
자두 씨를 애정을 깃들여 수집하는데

결혼 꿈에 빠져있는 내 딸이
갑자가 자라서
나보다 3인치나 커버렸는데

이제, 이 쌀쌀한 아침에
우리는 발견해요, 또 한 그루 나무
사시나무가 두 겹으로 굽어
허리에서 둘로 갈라진 것을 발견해요
어떤 전언도, 어떤 자살노트도 없어요.

What happens, happens in silence:

the man from New York City
feels himself going insane
and flies to Brazil to rest,

the piano student in Indiana
lovingly gathers the prune pits
Horowitz left on his plate
the only time he ate breakfast there,

my daughter daydreams of marriage,
she has suddenly grown
three inches taller than I,

and now, this icy morning,
we find another tree,
an aspen, doubled over,
split in two at the waist:
no message, no suicide note. (*Alive Together* 92)

공적인 것과 사적인 것의 관계는 시끄러움 속의 조용함으로 요약된다. 뉴욕시의 번잡과 소음이 사적 공간의 고요와 대비된다. 사적 공간에서 일어나는 일은 지극히 하찮은 것일 수 있다. 화자는 결혼을 꿈꾸는 딸아이의 키가 문득 자신보다 3인치나 커버렸다는 것을 깨닫는다. 엄마와 딸이 차가운 겨울아침에 사시나무가 허리에서 둘로 갈라져 두 겹으로 휘어진 것을 발견한다. 피아노 연습생이 대가 호로비츠가 아침식사에서 남긴 자두 씨앗을 수집한다. 이런 일들에는 어떤 메시지도 좌절의 기록도 없다. 우리 인생에 진정으로 중요한 일은 이렇게 말없이 벌어지고 있다.

　뮬러에게 있어서 "인생, 우리의 폭력적 역사"는 시장에 내놓은 상자 속의 과일처럼 "말없이 그리고 얌전하게" 놓여있다. 인생은 "세월이 얼룩진 아보카도"(age-spotted avocados), "소름 돋은 레몬"(lemons with gooseflesh), "배꼽 오렌지"(navel orange), "홍조 띤 볼의 배"(pears with flushed cheeks), "엉덩이 닮은 사과"(apples like buttocks), "방책(防柵) 같은 파인애플"(pineapples like stockades) 등과 같이 인간의 흔적을 그 안에 담고서 조용히 있다(*Alive Together* 92).

뮬러가 삶의 느낌을 조용함에서 찾는 것은 세상이 "말"의 소음과 속도에 너무 더럽혀져 있기 때문이다.

> 단어들이 우리를 먹어치워요
> 헤드라인이 내 얼굴을 곤죽으로 만들어요
> 내 폐와 푸른 혈관들이 항상 켜져 있어요
> 당신은 인쇄공 잉크 냄새를 풍기면서 집에 오지요
>
> 텔레타이프는 용의 입이에요
> 용의 혀는 찢어내도 다시 자라요
> 소리의 속도로
>
> 오천 톤의 폭발물이 투하되었다
> 테러분자는 정장차림이었다
> 테러분자의 최신모델 「승리」, 뒤집어진 채 발견되었다
> 그녀는 불임치료약 복용 중이었다고 말했다
> 소년이 불타는 부두에 서있었다
> 소녀의 시체는 옥수수 밭에서 발견되었다
> 대통령이 기자와 농담을 나눴다
> 두 젊은이가 처형방식으로 살해당했다
> 국가안보평의회가 보고했다
> 병원대변인은 말했다
> 금발여배우가 폭로했다
>
> 당신의 집에 불이 났다, 당신의 아이들이 사라졌다
>
> We are being eaten by words.
> My face is smeared with headlines.

My lungs, blue tubes, are always on.
You come home smelling of printer's ink.

The teletype is a dragon's mouth;
ripped out, its tongue grows back
at the speed of sound:

Five thousand tons of explosives were dropped
The terrorist wore a business suit
His late-model Triumph was found overturned
She said she had taken fertility drugs
The boy stood on the burning deck
The girl's body was found in a cornfield
The President joked with newsmen
The two youths were killed execution-style
The National Safety Council reported
A spokesman for the hospital said
The blond actress disclosed

YOUR HOUSE IS ON FIRE, YOUR CHILDREN ARE GONE (*Alive Together* 93)

세상은 숱한 머리기사로 넘쳐난다. 굵직한 사건들이 연일 보도된다. 세계 각국에서 그리고 국가적으로 우선시되는 사건들만으로도 보도 분량이 넘친다. 이런 상황에서 골목이나 집안에서 일상적으로 일어나는 일은 전혀 이야깃감이 될 수 없다. 이 세상에서 사람들은 언어를 소비하는 게 아니라 언어에 의해 소비당하고 있다. 화자의 얼굴에는 머리기사가 덕지덕지 발라져 있다. 이 처지에서 화자의 폐와 혈관은 항상 긴장 상태에 빠지게 된다. 귀가하는 "당신"마저도 말을 찍어낼 잉크 냄새를 풍긴다. 먼 곳으로 빠르게 큰 사건을 전달하는 텔레타이프는 찢어내도 "소리의 속도"로 다시 자란다. 개인의 집이 불타고 아이들이 행방불명되는 경우도 대문자화되어 크게 다뤄져야 마땅하다.

이런 공적 사건들의 소음에서 화자는 개인의 삶이 위협당한다고 느낀다.

> 멈춰요. 발생하는 일은
> 침묵 속에 발생해요.
> 붉은 혈세포에서
> 뇌 속 한 굽이에서
> 무지한 난자에서
> 전원 켜진 신경에서
>
> 절규에 앞선 시선에서
> 끓어 넘치는 순간의 기억에서
> 양심의 골짜기에서
> *잠자리로 오세요,* 라고 말하는 미소에서
> 그것은 발생해요.
>
> 오늘, 눈 모자 쓴 생일날에
> 우리의 붉은 히비스커스가 꽃을 다시 피워요.
> 몇 개월째 거부하더니 이제
> 갑작스럽고 고요한 꽃 한 송이
> 뜻 모를 한 인생을.
>
> Stop it. What happens,
> happens in silence:
> in a red blood cell,
> a curl in the brain,
> in the ignorant ovum,
> the switched-on nerves;

it happens in eyes before the scream,
in memory when it boils over,
in the ravine of conscience,
in the smile that says, *Come to bed.*

Today — my snowcapped birthday —
our red hibiscus is blooming again.
Months of refusal; now
one sudden silent flower,
one inscrutable life. (*Alive Together* 93)

화자는 단호한 어조로 "멈춰요"라고 말한다. 그만큼 세상의 공적 소음에 대한 화자의 저항은 완강하다. 인생에서 의미 있는 일은 절규에 앞서 두 눈에서 일어난다. 그것은 "기억"과 "양심의 골짜기"에서 잠자리를 함께 나누려는 자의 "웃음"에서 일어난다. 수개월째 저항하다가 갑자기 소리 없이 피어나는 붉은 히비스커스 한 송이에서 화자는 "뜻 모를 한 인생"을 대한다. 꽃은 수개월의 과정을 거쳐 "오늘"의 자리에 있다. 그 인생은 머리기사의 소음을 일으키지 않은 채 그 자리에 있다. 화자는 이 불가해한 침묵에서 인생의 참뜻을 느낀다.

뮬러는 시 모음집『함께 살아가기』에 실린 동명의 시에서 숱한 개인들 속에서 한 개인이 다른 한 개인과 맺는 사랑의 관계에 대해 숙고한다. 「개인의 삶」에서 화자는 공적 소음에 대해 멈추라고 명령했지만 이 시에서 화자는 공적/사적 관계의 망을 더 촘촘히 짜냄으로써 개인의 침묵을 더욱 강화한다.

놀라운 거로 말하자면, 내가 당신과 함께
살아가고 있다는 사실이지요. 태양 아래 어떤 다른 사람과
함께 살았을 수도 있는데 말이에요.
아벨라르의 여인이었거나
르네상스 교주의 매춘부이었거나

음식이 부족하고 사랑이 부족하고
아이들이 역병으로 죽은, 어느 농부의
아내였을 수도 있는데 말이에요.

Speaking of marvels, I am alive
together with you, when I might have been
alive with anyone under the sun,
when I might have been Abelard's woman
or the whore of a Renaissance pope
or a peasant wife with not enough food
and not enough love, with my children
dead of the plague. (*Alive Together* 84)

화자는 자신과 청자가 함께 살아가고 있다는 사실에 놀람을 표한다. 이 시는 사
랑노래이지만 종래의 사랑에 관한 시와 매우 다르다. 우선 두 사람의 만남을 "함
께 살아가기"로 표현한다. 사랑의 열정과 운명의 결합이 형성하는 마법이 느껴
지지 않는다. 화자가 그들의 함께 살기를 놀라운 것으로 표현하는 것은 만남의
필연성을 미화하기 위한 것이 아니다. 오히려 그들의 만남은 너무나 우연하게
맺어진 것이어서 놀라울 따름이다. 화자는 세상의 공간과 역사의 시간 속에서
자신이 처할 수도 있었던 여러 운명에 대해 생각한다. 그녀는 가난한 농부의 아
내였을 수도 있고 금지된 사랑을 나누다 거세당한 중세 프랑스의 철학자 아벨라
르의 여인이었을 수도 있다.

　　화자는 현재의 자신과 다른 모습으로 존재했을 가능성을 끝없이 탐색한다.
화자가 구체적으로 고려한 다른 모습들은 총 12가지로 역사적으로 산재하면서
지위나 처지가 다르다. 이 긴 탐색의 막바지에서 화자는 영국 낭만주의 시인 셸
리와 8년여의 사랑 후 고난의 여생을 보냈던 메리를 떠올린다.

외고집의 천사와 사랑에 빠진
메리 셸리였거나 그녀의 친구였을 수도 있다고
나는 생각하고 싶어요. 나는 당신이었을 수도 있어요.
이 시는 끝이 없어요. 우리에 반(反)할 확률은 끝이 없지요.
우리가 함께 있을 가능성은
통계학적으로 존재하지 않아요.

> I like to think
> I might have been Mary Shelley
> in love with a wrongheaded angel,
> or mary's friend. I might have been you.
> This poem is endless, the odds against us are endless,
> our chances of being alive together
> statistically nonexistent; (*Alive Together* 84)

경우의 수가 아무리 많다고 하더라도 둘 사이에 어떤 운명적 결속 혹은 필연적 인과관계가 예정되어 있다면 그들이 맺어질 확률은 100퍼센트라고 할 수 있다. 그런데 화자는 자신이 처할 수도 있었을 상황을 끊임없이 나열하는 것으로 시의 상당부분을 이끌어간다. 이에 상응하여 청자 "당신"이 처할 수도 있었던 상황 또한 숱하게 늘어단다고 할 수 있다. 상황을 나열하고자 하면 이 시는 무한히 계속되어야 한다. 이 무한한 상황들 속에서 화자와 청자가 반드시 맺어질 가능성은 존재하지 않는다.

"함께 살아가기"의 가능성에 대한 화자의 인식은 전혀 낭만적이지 않다. 둘 사이의 관계설정에는 어떤 신비화나 미화가 작용하지 않는다. 대다수의 사랑시가 둘이 만나 하나가 되는 일체화의 경지를 노래하지만 이 시는 숱한 개인들 가운데서 둘이 우연히 함께 있다는 것을 말하고자 한다. 이러한 자각은 화자가 자신의 사적 영역에 공적 원근법을 투사함으로써 이뤄진다. 화자의 마음은 둘 사이의 관계에 국한되지 않고 그 둘이 처한 역사와 세상을 향해 열려있다. 화자는 세상과 역사의 프리즘을 통해서 두 사람의 관계를 보고 있는 것이다.

　그런데 "함께 살아가기"의 놀라움은 관계의 우연성에 대한 발견에서 그치지 않는다.

> 그러나 우리는 그 가능성을 살아있게 만들었어요.
> 사각모자를 쓴 이성주의자와 모자 없는 여호와의 증인들이
> 그것이 거의 끝나버렸다는 데 동의하는 시대에서
> 우리의 활기찬 아이들과 함께 살아있어요.
> 그들은-끝없는 조건의 상황들이 없었던들-
> 더불어 살아가는 데
> 실패했을 수도 있어요.
> 놀라운 일들과 어리석은 짓들
> 그리고 갈망과 거짓과 소망들
> 그리고 실수와 유머와 자비
> 그리고 여행과 목소리와 얼굴들
> 그리고 색채와 여름과 아침들
> 그리고 지식과 눈물과 우연과 더불어 살아가는데.

> still we have made it alive in a time
> when rationalists in square hats
> and hatless Jehovah's Witnesses
> agree it is almost over,
> alive with our lively children
> who—but for endless ifs—
> might have missed out on being alive
> together with marvels and follies
> and longings and lies and wishes
> and error and humor and mercy
> and journeys and voices and faces
> and colors and summers and mornings
> and knowledge and tears and chance. (*Alive Together* 84-85)

화자의 말투가 단호해진다. 그녀는 "존재하지 않는" "함께 살아가기"의 가능성을 "우리"가 만들어왔다고 천명한다. 그녀는 자신의 사랑의 방식에 대해 철학이나 종교가 "거의 끝난" 것으로 판정한 시대에 살고 있다. 이 시대에서 화자와 청자는 "우리의 활기찬 아이들"과 함께 살고 있다. 화자는 자신의 아이들이 끝없이 이어질 관계의 조건들에 대한 고려가 없이는 인생의 희로애락과 "함께 살아가기"에서 실패했을지도 모른다고 판단한다.

여럿 가운데 나와 당신이 함께 사는 공간은 사적이다. 그런데 어떤 사적 공간도 보다 넓은 공적 공간 속에 처해서 그 영향을 받지 않을 수 없다. 사적 영역에서 유지되는 삶의 가치와 의미는 그 자체만으로는 실패할 수 있으므로 공적차원에 대한 고려가 필요하다. 개인으로 산다는 것은 다수 속에 함께 산다는 것에 대한 고려를 요구한다. "함께 살아가기"의 가능성은 이 공적 스펙트럼에 대한 고려에서 통계적으로 무(無)에 달하지만 사적 영역의 유지와 보호의 필요성에 대한 요구에서 유(有)로 살아난다. 뮬러가 보여주는 사랑은 하늘이 맺어준 것도 아니고 낭만적 환상에 의한 것도 아니다. 그것은 선택과 의지와 결정에 의해 유지되는 종류의 것이다. 여기에는 인생의 갈망과 거짓, 한숨과 웃음, 그 모든 것들이 삶의 지속에 대한 긍정적 정신과 함께 하고 있다. 뮬러의 목소리는 평범한 삶의 가치를 보다 깊이 지각하게 하는 데 도움을 준다.

III. "이제까지는 좋았다"

뮬러의 시는 자전적이다. 그렇다고 고백파 시인들의 경우에서처럼 개인의 내면세계를 투사해내는 데 몰입하지 않는다. 그녀의 시의 무대는 개인의 삶의 현장이다. 이 현장에는 과거 나치 치하 가족의 기억이 쉴 새 없이 밀려들지만 현재 진행 중인 평범한 삶의 구체적 일상이 주 무대를 구성한다. 특별한 것에서 소재를 구하는 일보다 친숙한 나머지 우리가 지나쳐 버리는 것에서 소재를 찾는 일이 더 어려울 수 있다. 애런(Dick Allen)은 뮬러의 "소재를 찾는 천재적 재능"을 지적하면서 시 「함께 살아가기」가 "일 년에 서너 번 거의 모든 사람들에게 떠올랐다가 필시 사라져 버릴 어떤 생각"을 표현한다고 했다(Allen 342).

『함께 살아가기』에는 기존의 시집들에서 선한 시들 외에 30편의 신작시와 제사(題辭)에 해당하는 시 「통과 중」("In Passing")이 실려 있다.

오후 햇살의
팽팽한 감미로움이 어찌나 빠르게
어둠 속으로 흘러드는지

오므라진 봉우리가
문득 개화하려고 어찌나 빠르게
그 특별한 신비를 가벼이 떨쳐내는지

존재하는 것이
상실됨으로써 소중해지도록
존재하는 것인 듯

How swiftly the strained honey
of afternoon light
flows into darkness

and the closed bud shrugs off
its special mystery
in order to break into blossom:

as if what exists, exists
so that it can be lost
and become precious (*Alive Together* vii)

화자는 존재의 아름다움이 흘러가는 순간에 있다고 파악한다. 그녀의 시학의 중심에는 항구적이고 관념적인 것 대신에 말로 표현할 수 없는 일상의 순간이 자리한다. 마지막 남은 오후 햇살의 감미로움과 긴장은 이어 닥칠 어둠 탓에 발생한다. 곧 사라질 것에 대한 의식에서 그 가치가 살아난다. 이 가치는 영원하지 않고 "통과 중" 혹은 진행 중의 순간에서 발현된다. 닫힌 꽃 봉우리가 간직한 비밀은 개화로 인해 사라진다. 봉우리의 가치는 오므라진 것으로서의 "특별한 신비"에 있다. 이 심미적 방식에서 시인은 요란한 세상 속에서 사(私)적인 삶을 조용하게 그러나 의미 있게 이끌어 갈 수 있다.

신작시 모음의 첫 들머리에 시인은 자신의 일생을 요약한 스무 개 항목의 「이력」("Curriculum Vitae")을 내세운다. 언어의 간결성과 투명성은 복잡한 세상사의 온갖 소음 속에서 시인을 지탱해주는 어떤 것의 성격을 함축한다.

1) 나는 북해 인근 자유시 태생이다.

(……)

13) 딸이 어머니의 죽음에 상처를 받아 시를 쓰게 됐다. 딸이 딸들의 어머니가 됐다.

14) 평범한 삶: 그 풍부함과 두터움. 모든 곳에 이르는 실들을 엮는 매듭. 찬란하고 난해하며 열정적인 현재를 위해 과거는 물러나고 미래는 상상되지 않은 채 있다.

15) 이런 세월이 흐르고 또 흘렀다.

16) 아이들이 더 이상 아이들이 아니다. 늙은 사람의 고통, 늙은 사람의 고독.

17) 그리고 나서 내 아버지도 돌아가셨다.

18) 다시 집에 가려고 했다. 어린 시절의 문 앞에 섰으나 대중에게 닫혀있었다.

19) 어느 날 붐비는 승강기에서 모든 사람의 얼굴이 내 얼굴보다 더 젊었다.

20) 이제까지는 좋았다. 찬란한 낮과 밤들이 숨 가쁘게 서두르고 있다. 당신과 나, 우리가 뒤따른다.

1) I was born in a Free City, near the North Sea.

(……)

13) The death of the mother hurt the daughter into poetry. The daughter became a mother of daughters.

14) Ordinary life: the plenty and thick of it. Knots tying threads to everywhere. The past pushed away, the future left unimagined for the sake of the glorious, difficult, passionate present.

15) Years and years of this.

16) The children no longer children. An old man's pain, an old man's loneliness.

17) And then my father too disappeared.

18) I tried to go home again. I stood at the door to my childhood, but it was closed to the public.

19) One day, on a crowded elevator, everyone's face was younger than mine.

20) So far, so good. The brilliant days and nights are breathless in their hurry. We follow, you and I. (*Alive Together* 5-6)

그녀의 시는 삶의 여정에 대한 성찰의 방식에서 호소력을 띠는 경우가 많다. 스무 개의 항목으로 결정화된 그녀의 삶은 간명하고 투명하다. 그녀의 삶은 예외적이지 않아서 보통의 사람들이 비슷하게 겪어왔고 그렇게 되어갈 여정을 압축한다. 그래서 그것은 지극히 단순하면서도 또한 매우 단단하다. 이러한 종류의 단순성에서 삶은 역사와 세상의 억압 속에서도 튼튼하게 진행한다. 시인은 단순한 일생을 풍부하고 두텁게 살아가는 재주를 지녔다. 그녀는 그러한 삶의 매듭과 결로써 늙어간다. 아이는 더 이상 아이가 아니고 어머니에 이어 아버지도 저세상으로 떠나지만 시인은 낮과 밤의 교차를 따라 가면서 "이제까지는 좋았다"고 여긴다.

　시인의 긍정은 세상의 악에 대한 무지의 결과가 아니다. 「전후 독일시 읽기에 대해」("On Reading an Anthology of Postwar German Poetry")에서 화자는 세상이 선하지 않다는 것을 알고 있다.

> 삶은 좋은 것이라고
> 말하기를 거부할 정도는 알고 있지만
> 나는 마치 그런 것처럼 행동해요.
> 사랑에 대해 회의적이지만
> 나는 내 자신의 증언에 의해 살아남아요.

> I know enough to refuse to say
> that life is good,
> but I act as though it were.
> And skeptical about love, I survive
> by the witness of my own. (*Alive Together* 88)

화자는 세상의 사랑에 대해 믿지 못한다. 하지만 그녀는 스스로만이라도 사랑을 유지하고 가꿈으로써 그 사랑에 대한 증명과 증언에 의존해 살아남고자 한다. 시인이 세상에 대해 거짓을 고하려는 게 아니라면 세상이 선하다고 말하는 것은 삶의 방식에 대한 의식적 선택을 뜻한다. 이런 방식으로 이끌어가는 개인의 삶은 "힘겹게 얻어낸 실제적이면서도 지적인 정열"(Plumly 42)을 시사한다.

시인은 공적인 문제로서 끊임없이 터지는 세상의 사건들과 과거 전쟁의 영향을 외면할 수 없다. 공적 차원의 문제는 시인에게 종종 감내할 수 없을 정도로 커다랗고 시끄러운 소음으로 다가온다. 시인은 세상의 외적 소음에 맞서기 위해 사적 영토의 침묵을 내세운다. 그녀에게 있어서 의미 있게 발생하는 일은 침묵 속에 발생한다. 몇 개월의 저항 끝에 마침내 터지는 꽃 봉우리는 말이 없다. 그에게 삶의 건강함과 따뜻함을 일깨워주는 것은 일상의 순간에서 소리 없이 일어난다. 이런 종류의 침묵은 소리의 없음이면서 "뜻 모를" 것이어서 말로 표현할 수 없는 것이기도 하다. 뮬러는 "인생의 폭력과 잔인 그리고 절망에 대해서 뿐만 아니라 우리 주변의 고요한 삶에 대해서도 알고 있으면서 그것을 환기시킨다"(Hentz). 그녀에게 뜻있는 인생은 관념으로 포장되어 존재하지 않는다. 그것은 새아침의 해가 익숙한 것이면서도 새것인 것과 마찬가지의 방식으로 그렇게 진행한다. 그녀가 사적 공간에서 침묵 속에 발생하는 것에 주목하고 그 침묵을 말하려는 이유가 여기에 있다.

인생의 건강함이란 어떤 이유에선가 시에 적합하지 않은 것으로 간주되는 경우가 있어 왔다. 현실의 폭력에 직면하여 시인이 대응할 수 있는 방식에는 내면의 고통 속으로 파고들거나 객관적 거리를 유지하거나 혹은 상상력의 변용에 의지하는 등의 수가 있을 수 있다. 어느 경우에도 인생의 현실은 긍정의 대상이 되기 어렵다. 기껏해야 참아내고 감내해야 할 대상이 되고 만다. 현실은 반어법이나 역설 혹은 파편의 구조로 파악되고 이에 반응하는 시인은 상처받은 자의 갈망과 고통을 표현하기 십상이다. 뮬러는 삶에 대해 낭만이나 좌절에 기울지 않고 그 흐름의 결에 밀착하면서 견인과 긍정의 자세를 유지하는 방식을 찾아낸다. 그녀의 시에서는 낯익고 단순한 것이 부정과 긍정의 틈새에서 새롭게 호소력을 띤다.

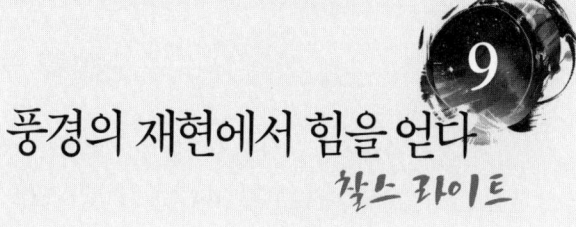

풍경의 재현에서 힘을 얻다
찰스 라이트

라이트(Charles Wright)의 시는 풍경에 대한 매료와 그것의 묘사에서 특색을 띤다. 그는 파운드(Ezra Pound)의 『캔토스』(*Cantos*)를 안내서로 삼아 시각적 경험의 재현을 시의 목표로 삼았다. 그의 시에서 재현의 세상은 종종 빛을 발한다. 하지만 그는 자신의 시각적 심상 혹은 은유가 추상적 관념을 표현하기 위한 시도가 아니라고 주장한다. 그의 작시법에서 감각의 세계는 추상을 자극하되 그것을 대체하지 않도록 재현된다. 라이트의 시에서 풍경은 감각적이고 추상적인 가운데 관념으로 대체될 수 없는 구체성을 띤다.

라이트는 1935년 테네시 주 픽윅 댐(Pickwick Dam) 태생이다. 시골지역에서 보낸 어린 시절이 그의 시의 풍경에 큰 작용을 하는 것으로 보인다. 1957년 데이빗슨 대학(Davidson College)을 졸업하고 미군에 입대하여 이태리에서 방첩부대 요원으로 4년 동안 복무하면서 습작활동을 시작했다. 1963년에 아이오와 대학에서 예술학석사 학위를 취득했다. 첫 시집 『오른손의 무덤』(*The Grave of the Right Hand*)은 1970년에 나왔다. 1983년의 『초기시선집』(*Selected Early Poems*)으로 전미저작상을 탔고 1997년의 『검은 황도대(黃道帶)』(*Black Zodiac*)로 풀리처상을 수혜했다. 1999년에 미국시인협회 의장단에 선임되었다.

I. 회의주의자가 늦봄을 맞이하다

이 글은 라이트의 시세계에서 가장 핵심적인 제재들 중의 하나인 풍경의 의미를 그의 시 「인생옹호」("APOLOGIA PRO VITA SUA")를 통해 살피는 데 목적을 둔다. 「인생옹호」는 열한 번째 시집 『검은 황도대』의 들머리에 실려 있다. 총3부로 구성된 이 시는 각 부가 9개의 부분으로 나뉘고 각 부분이 다시 3개의 연으로 이뤄진다. 호스머(Robert E. Hosmer, Jr.)는 이 시가 "시인의 주요 관심사들(죽음, 믿음, 정체성, 언어, 그리고 예술)을 소개하는 서곡"으로서 "자연계와 그 리듬들(흙, 공기, 빛)에로 주의를 이끌면서 시집의 미심쩍어하고 형이상적인 분위기를 지배적으로 형성한다"고 지적한다(24). 라이트는 시의 제목을 뉴먼(John Henry Newman)이 1864년에 발표했던 동명의 글에서 따왔다. 뉴먼은 킹스리(Charles Kingsley)가 가톨릭 성직과 로마 가톨릭 교리에 대해 가한 공격의 부당성을 밝히고 자신이 택한 삶의 방식을 변호하기 위해 이 글을 출판했다(Wikipedia). 라이트 또한 장시 「인생옹호」에서 균형 잡힌 형식과 상당한 길이의 구조를 통해 자신의 시와 삶의 방식에 대한 옹호를 드러내고 있다.

라이트의 시는 접근하기가 쉽지 않다. 시인의 눈길이 밖으로 향하면서 동시에 안으로 향하고 있다. 이 방식에서 라이트 시의 풍경은 종종 시인의 안과 밖이 뒤엉켜 나타남으로써 난해성을 띠게 된다. 세인트 존(David St. John)과 가진 대담에서 시인은 자신이 일기 대신에 수시로 기록하곤 하는 메모장에 대해 언급하면서 거기에 주로 담기는 내용을 소개한 적이 있다. 그는 휘트먼(Walt Whitman)의 『내 자신의 노래』(*Song of Myself*)의 한 구절을 변용하여 "비가시적인 것이 가시적인 것에 의해 입증되는데 가시적인 것은 제 차례에 비가시적인 것이 되어 입증된다"고 적고 있다. 풍경은 눈에 보이는 것과 보이지 않는 것이 서로 돌아가면서 상대를 입증해주는 관계에 있다. 또한 그는 스스로 인정하는 파운드의 영향에 대한 메모에서 "이미지는 외적이고 객관적인 사물이 내적이고 주관적인 사물에로 변형되는 순간을 기록한다"고 말한다(*Conversation* 17). 라이트에게 있어서 영적인 것은 세상의 구체적 사물을 떠나서는 존재할 수 없다.

시인의 정신이 자연과 일체화되는 것은 낭만주의 시에 특징적이었다. 낭만주의 시인은 영적인 것을 함축하고 있는 자연에 동화하는 데서 능력을 발휘했다. 하지만 시 「인생옹호」에서 시인의 마음은 초월적인 어떤 것에도 온전히 이끌리지 못한다.

우리가 얼마나 빨리 길의 끝에 이르는지―
실패가, 우리의 이차원적 동료가, 길게 누운 꿈같은 빛이
우리를 시동시키거나 내연시키지 않을 것인데

산딸나무가 음흉하게도 국지적으로 숯이 된 교차점들로 별자리를 형성하는데
봄의 비탄의 길
　　　　　　무섭도록 풍부하게 타올랐다가
오직 위로 뻗어갈 뿐, 돌이킬 곳 없는, 죽도록 무거운 세상

그들이 떠났고 그 일을 다시 했어요
　　　　　　산딸나무는
수액장애, 관절염, 겨울날씨를 앓고 있는 봄의 신화의 수족(手足)
그 뿌리는 내 어머니의 머리털이에요.

How soon we come to road's end―
Failure, our two-dimensional side-kick, flat dream-light,
Won't jump-start or burn us in,

Dogwood insidious in its constellations of part-charred cross points,
Spring's via Dolorosa
　　　　　　flashed out in a dread profusion,
Nowhere to go but up, nowhere to turn, dead world-weight,

They've gone and done it again,

                      dogwood,

Spring's sap-crippled, arthritic, winter-weathered, myth limb,

Whose roots are my mother's hair. (*Black Zodiac* 3)

1부 1연에서 화자는 봄의 향연 속에서 막다른 길에 이른다. 길 끝에서 화자 "우리"가 직면하는 실패는 "동료"처럼 주변을 맴돌고 "이차원적"이어서 햇살마저 입체적이지 못하고 "길게 누운" 채로 다가온다. 이 풍경 속에서 화자는 움직일 동력을 잃는다. 여기서 라이트는 산딸나무의 전설에 의존하고 있다. 이 전설에서 산딸나무는 "십자가에 못 박힌 예수의 전통적 상징"을 이룬다. "꽃은 십자가와 닮았고 잎은 혈흔으로 얼룩져 있으며 꽃의 중앙은 가시왕관이다" (*Companion* 61). 산딸나무는 층층나무과의 키 큰 나무이다. 꽃은 얼룩 있는 나뭇잎 위로 흰 꽃받침 네 개가 십자모양으로 펼쳐진 가운데 그것들이 이루는 교차점에서 거뭇하고 조그맣게 핀다. 그래서 꽃받침이 꽃이고 꽃이 꽃술이라는 인상을 준다. 이런 꽃들이 6월 무렵에 무성한 나뭇잎 위로 "무섭도록 풍부하게" 핀다. 그런데 이 난만한 개화가 이뤄지는 봄의 길목은 화자에게 예수가 십자가를 지고 걷던 "비탄의 길"로 비친다. 개화는 죽음을 맞이하는 예수가 돌아갈 곳 없이 오직 하늘의 아버지만 바라보듯이 위쪽을 향해 이뤄진다. 화자에게 봄의 산딸나무는 신생의 기운을 띠지 않고 겨울날씨에 닳고 신진대사가 원활하지 않은 늙은이의 팔다리를 연상시킨다. 심지어 그 뿌리는 어머니의 머리카락이 되어버린다. 실제로 라이트 어머니의 무덤가에는 산딸나무가 심겨져 있다. 화자가 도달하는 막다른 길은 예수가 비탄의 길을 거쳐 도달한 처형의 장소이다. 여기서 화자는 세상의 무게에 짓눌린다.

위만 바라보는 꽃임에도 불구하고 산딸나무는 수액순환에서 장애를 겪고 있다. 시인의 종교는 살아있되 죽어있고 죽어있되 살아있는 상태에 있다. 이 상태에서 풍경은 계시적이면서 또한 세속적이다. 이 복잡성 혹은 상충의 역학이 라이트의 시에 쉽게 접근할 수 없는 난해성과 긴장을 조성한다. 헤이엔(William Heyen)은 라이트 시에 가장 아름다운 것들 중의 하나로서 세속성을 지적한다. 라이트의 시에는 "세상의 육중하고 푹 젖은 사물다움"이 있다는 것이다. 이런 지적에 대해 라이트는 "가시적인 것을 통해서 비가시적인 것에 도달할 따름이에요, 오래된 생각이지요"라고 대담에 임한다. 그러면서 그는 자신의 거의 모든 시에 나타나고 있는 "진행 중인 논지"의 부분이 "꽤 어리석은 나의 큰 기획"으로서 "아마도 구원의 가능성"에 관계한다고 말한다(*Conversation* 39-40). 그가 이렇게 스스로 어리석다고 자조하고 "아마도"라고 토를 달면서 언급하는 "구원"은 세속의 사물 없이는 불가능하다.

라이트의 매력은 "무거운 세상"에 짓눌리면서도 그러한 세상의 풍경에서 발광되어 나오는 것에 우선적으로 이끌리는 능력에서 발견된다.

> 풍경은 초월의 지레에요—
>> 그것을 들어 올려 여기에 쐐기를 박으세요.
> 아니면 여기에, 그리고 물러서세요.
> 울렁거리세요. 빛이, 작은 빛이 당신이 나아가는 길 주변에 후광을 비출 거예요.
>
> 이슬방울이, 종점의 방울이, 열려요
>> 위대한 광휘에로
> 목련 잎에 조성된 태양의 광장이
> 우리에게 입구를 제공해요—
>> 우리들 중 누가 앞으로 나설까요?
> 그의 발밑
> 단추 구멍에 꽂는 동백나무 갈색 꽃, 그의 발밑 자두나무 가지, 흰 하늘, 흰 오후 찬송가 읊조리는 수도사의 혓소리를 닮은 교회 종소리.
>
> Landscape's a lever of transcendence—
>> jack-wedge it here,

Or here, and step back,
Heave, and a light, a little light, will mimbus your going forth:

The dew bead, terminal bead, opens out
                              onto a great radiance,
Sun's square on magnolia leaf
Offers us entrance—
                    who among us will step forward,
Camellia brown boutonnieres
Under his feet, plum branches under his feet, white sky, white noon,
Church bells like monk's mouths tonguing the hymn? (*Black Zodiac* 3-4)

라이트는 회의주의자이지만 곧바로 염세에로 나아가지 않고 풍경의 잠재력을 감지하는 순간에 머문다. 풍경은 초월의 가능성을 열어준다. 꽃잎이나 초목의 가지 끝에 맺힌 이슬방울과 (꽃)잎에 비친 햇살은 "위대한 광휘"에로 나아가는 "입구"가 된다. "여기"에서 또 하나의 "여기"에로 옮겨가는 화자의 다급한 시선은 풍경의 곳곳에 이끌리는 절실함을 드러낸다. 화자는 청자에게 물러서서 가슴 설렐 것을 요구한다. 이 교감에서 "작은 빛"이 청자의 "나아가는 길 주변에 후광을 비출" 것이기 때문이다. 그렇지만 초월에로 나아가는 것은 힘이 든다. 그것은 무거운 것을 들어 올리는 일과 비슷해서 지렛대와 잭이 필요하고 또한 더 이상 움직이지 못하도록 "쐐기"를 박아둘 필요가 있다. 이 무게에 대한 의식에서 화자는 우리 가운데 누구도 "입구"에로 선뜻 나서지 못하리라는 것을 익히 알고 있다. 동백꽃은 땅에 떨어져 있다. 하나씩 떨어져 누운 그것들은 원래의 빛이 바래 갈색을 띠고 단추구멍에 끼워져 멋 부리는 데나 소용될 것이다. 자두나무 가지도 과실을 맺기 전에 떨어져 있다.

　　라이트의 풍경은 특유의 모호성을 지니는 경우가 많다. "흰 하늘"과 "흰 오후"는 초월과 절망 중 어느 쪽을 암시하는지 알기 어렵다. 하나의 찬송가를 읊조리는 여러 수사들의 헛소리 또한 경건을 자아내는지 소란을 일으키는지 애매하게 다가온다. 이렇듯 뒤섞인 느낌은 일단 제시된 심상 자체에서 오는 것이지만 시 전체, 더 나아가서는 라이트의 시적 경력 전체에서 뒷받침되고 강화된다. 화자의 목소리는 지상의 무게와 초월의 가벼움 사이에서 어떤 전이 혹은 극복을 꾀하지 않는다. 둘 사이의 건널 수 없는 간격에서 화자는 자꾸 양쪽을 두리번거린다. 양자는 분명 거기 있지만 어느 쪽도 궁극적으로 선택받지 못한다. 이 방식에서 라이트의 자연이 주는 초월의 느낌은 19세기 낭만주의자나 초월주의자의 그것과 사뭇 다르다. 한쪽으로 치우칠 수 없는 불안한 균형 혹은 반대감정의 대치가 라이트의 목소리에 독특성을 부여한다.

언어의 제재는 풍경과 더불어 라이트의 시에서 지속적으로 다뤄진다. 풍경이 무게를 털어내고 "입구"를 드러내는 일은 언어가 없다면 불가능하다.

> 일기와 풍경
> ─신뢰받지 못하는 형식, 신뢰받지 못하는 제재(題材)─
> 나는 둘 다를, 숨과 피를 소생시키려
> 　　　　　　　그들을 다시 전체로 만들려 했어요.
>
> 엄격한 집중, 언어를 통해─
> *베로나가 나를 만들어요, 베로나여,* 라고 노래가 진행돼요.
> 나는 그걸 콧노래로 부르면서, 휴식시간을 때웠지만
>
> 헛수고였어요.
> 　　　　　　4월. 한 해가 시작돼요. 말을 넘어서
> 내 자신과 내 자신의 심상을 넘어서
> 달의 얼음과 여름의 천둥을 넘어서. 그 모든 것.
>
> Journal and landscape
> ─Discredited form, discredited subject matter─

I've tried to resuscitate both, breath and blood,

                    making them whole again

Verona mi fè, disfecemi Verona, the song goes.
I've hummed it, I've bridged the break

To no avail.
          April. The year begins beyond words,
Beyond myself and the image of myself, beyond
Moon's ice and summer's thunder. All that. (*Black Zodiac* 4)

화자의 명상은 개별적인 것과 전체적인 것 사이의 관계 혹은 그 차이에로 발전
한다. 일기는 날마다 일어나는 사소한 일들의 기록이다. 이렇게 기록되는 것들
은 사진으로 치면 속사(速寫)로 잡아낸 삶의 단면들이다. 그것들은 삶의 한 단면
을 진솔하게 잡아내면서도 삶의 전체를 이어가는 줄기를 보여주지는 못한다. 화
자는 풍경 또한 한 순간의 세부로서는 부족하다고 여긴다. 그는 개별적인 사건
들의 기록에 "숨과 피"를 주기 위해 그것들 사이에서 어떤 전체를 찾아내는 진
지한 노력이 필요하다고 여긴다. 그것은 일기의 방식이 아니라 시의 방식에서
가능해진다. 기억의 복원력에 의해 삶의 구체적 세부들 사이에 어떤 줄기가 형
성될 때 풍경 또한 어떤 영적 속성을 배태할 수 있다. 풍경과 일기가 함께 살아
남으로써 완성되는 어떤 전체에서 "내 자신"과 "내 자신의 심상"과 "언어"는 하
나가 된다. 하지만 이것은 쉬운 일이 아니어서 "헛수고"로 그치기 쉽다. 4월의
세상은 아직 전체의 비전을 제시하지 않은 채 내 자신과 언어를 "넘어서" 진행
한다. 그것이 진실의 전부다.

    풍경, 그것의 변모에 반응하는 시인의 자아, 그리고 그것의 표현에 이르지
못하는 언어, 이것들의 관계에 대한 명상이 시의 처음에서 끝으로 관통한다. 라
이트의 시적 경력 전체를 관통한다고 해도 과언이 아니다. 이 명상의 분위기에

서 눈에 보이는 것은 거의 항상 눈에 보이지 않는 것과 뒤섞인다.

성찬식 고기는 보이지 않는 고기이고 유령의 물질이에요.
내가 말할 거예요.
　　　　보이는 어떤 것이라도 그러하듯이
나는 항상 아래로 이끌리고, 곧 살해당해 동화될 거예요.

인생의 배는, 다들 그렇게 말해요, 인생의 배는, 공(空)에 이르렀다가
다시 모여들어 눈에 보이는 것이 되요.
바로 그거예요. 꽃이 별처럼 핀 과수원에서의 욕망 같은 봄의 향기

새나와 나타나기 시작하는 어둠의 형체 없는 형체
기울기 시작하는 보이는 세상
내가 앉아 있는 그곳에, 저 세상의 파도 속에
　　　　　　　　　　　　고요하고 흔들리지 않는 지점.

The meat of the sacrament is invisible meat and a ghostly substance.
I'll say.
　　　　Like any visible thing,
I'm always attracted downward, and soon to be killed and assimilated.

Vessel of life, it's said, vessel of life, brought to naught,
Then gathered back to what's visible.
That's it, fragrance of spring like lust in the blossom-starred orchard,

The shapeless shape of darkness starting to seep through and emerge,
The seen world starting to tilt,
Where I sit the still, unwavering point
　　　　　　　　under that world's waves. (*Black Zodiac* 4-5)

화자는 눈에 보이는 것이 주는 직접성에 우선적으로 이끌린다. 가시적인 모든 것은 영속적인 지위를 누리지 않는다. 그런데 이 가시적인 것은 죽임을 당하고 "공(空)"으로 흩어지지만 불가시적인 무엇인가에게로 동화 되었다가 다시 가시적인 것으로 모여들게 된다. 라이트에게 동화의 대상이나 "공"이 구체적으로 무엇인지는 분명치 않다. 그의 관심은 "흔들리지 않는 지점" 그 자체보다 그것이 드러나기 시작하기까지의 과정에 더 많이 주어져 있는 듯하다. 그에게 "공"의 지점은 속탈의 경지가 아니고 욕망의 향기가 다시 시작되고 무정형의 어둠이 다시 나타나는 곳이다. 그곳은 초월적으로 존재하지 않고 숙명적으로 하향적인 지상의 것들 한 가운데 있다.

> 구름들이란 얼마나 과거와 유사한지
> 지평선을 따라 세워지다 사라지고
> 산들을 굴절시키고
> 　　　　우리의 발밑에 그들의 그림자를 뉘어
>
> 우리더러 그 위로 가로질러 가게 하지요.
> 그들의 안쪽으로부터 불이 떨어지고, 얼음이 떨어지고
> 여전히 우리를 기억하고 있다고 우리가 기억하는 것들, 흙과 공기가 떨어져요.
>
> 하지만 둘 중 어느 것도 우리를 부활시키거나 구제하지 못해요.
> 둘 다, 마땅히 그래야 하므로, 반대 모서리를 향해 늘 움직여 가지만
> 어느 쪽도 우리가 가고 있는 곳에는 없었어요.
> 　　　　　　　　　어떤 태도도 빼앗긴 채로.

> How like the past the clouds are,
> Building and disappearing along the horizon,
> Inflecting the mountains,
> 　　　　laying their shadows under our feet

For us to cross over on.
Out of their insides fire falls, ice falls,
What we remember that still remembers us, earth and air fall.

Neither, however, can resurrect or redeem us,
Moving, as both must, ever away toward opposite corners.
Neither has been where we're going,

bereft of an attitude. (*Black Zodiac* 5)

불과 얼음, 흙과 공기는 서로 상반되는 자연의 요소들이다. 구름에서 떨어져 내리는 이것들은 자연의 근원으로서 우리를 잊지 않고 있다고 여겨지지만 그렇다고 그 어느 것도 우리를 구원하지는 못한다. 서로를 향한 그들의 움직임은 어떤 목적에 따르는 "태도"도 배제하고 있어서 그 방향이 우리가 나아가고자 하는 방향과 같지 않다.

자수정, 수정의 투명성
마야와 파라호의 반지
마법에 대항하는 *악마의* 눈
번개와 어지러이 쏟아지는 우박, 탄생석, 취한상태로부터의 구원자.

자주색, 통찰의 색, 맑은 시력
기억의 색—
보랏빛, 그것은 기억하기를 위한 것
반음영(半陰影)을 가로질러 흩어져 있는 별-수정들, 단단한 별들을 위한 것.

누가, 어둔 것에서 어둠을, 빛에서 빛을
이야기 줄거리에서 제재를
전체에서 부분을 분간할 수 있는가?
전체가 그 부분의 부분이고 부분이 그 모든 것일 때.

Amethyst, crystal transparency,
                    Maya and Pharaoh ring,
Malocchio, set against witchcraft,
Lightning and hailstorm, birthstone, savior from drunkenness.

Purple, color of insight, clear sight,
Color of memory—
                    violet, that's for remembering,
Star-crystals scattered across the penumbra, hard stars.

Who can distinguish darkness from the dark, light from light,
Subject matter from story line,
                    the part from the whole
When whole is part of the part and part is all of it? (*Black Zodiac* 5)

화자는 수정의 색상과 단단함 그리고 투명함에 매료된다. 그것은 원석의 상태에서 모여 있는 별처럼 빛을 발하면서 화자에게 여러 상상을 불러일으킨다. 그것은 자줏빛 또는 보랏빛을 띠고 있어서 어둠의 결정에 빛이 통과하는 듯도 하다. 그것은 번개와 우박의 통찰을 가져오고 무언가의 탄생을 북돋우면서 맨 정신을 유지하도록 도와준다. 마야와 이집트의 왕들이 수정 반지를 패용하는 것도 이 때문이었을 것이다.

또한 그것은 기억의 결정체이기도 해서 보랏빛 안에서 모든 것이 서로에게 연결되어 하나가 된다. 부분은 그 자체로서 동떨어져 존재하지 않는다. 다른 부분들과의 관계 속에서 그리고 그런 부분들이 서로 엉겨 형성하는 어떤 전체의 체계 속에 있다. 이 경우 부분의 의미는 다른 부분들과 관계 및 전체의 배경에서 형성된다. 전체 또한 이러한 부분들의 역동적 관계의 양상에 따라 정해지는 성질을 띤다. 이러한 세상에서 사물들은 서로에게 침투하여 서로의 부분을 이룬다. 이 방식이 극단으로 진행한다면 전체에는 이미 부분이 반영되어 있고 그 부분에는 이미 전체가 들어와 있다. 전체와 부분이 동질의 상태에 놓이게 된다.

외로움. 모란디, 세잔느, 모두 외로움에 관한 것이지요
그리고 로쓰코 특히 로쓰코
우리를 치유하는 것과의 결별
                        그림을 넘어서, 예술을 넘어서.

단어와 물감, 검은 비망록, 흰 비망록.
음악과 풍경; 음악, 풍경, 그리고 문장.
어떤 향유도 어떤 중재도 허용되지 않는 몸짓들.

두 색조의 들판들이, 심연들 사이에
널리 흰색이고, 늘 말이 없는, 지평선을 그어요.
로쓰코는 하나를 택해 그 안으로 사라질 수 있었어요. 그리고 행했어요.

Lonesomeness. Morandi, Cezanne, it's all about lonesomeness.
And Rothko. Especially Rothko.
Separation from what heals us
                        beyond painting, beyond art.

Words and paint, black notes, white notes.
Music and landscape; music, landscape and sentences.
Gestures for which there is no balm, no intercession.

Two tone fields, horizon a line between abysses,
Generally white, always speechless.
Rothko could choose either one to disappear into. And did. (*Black Zodiac* 6)

음악, 풍경, 그리고 문장은 외로움의 몸짓들이다. 그 몸짓들은 너무 질박한 것이
어서 그것들을 치장할 "향유"가 있을 리 없다. 또한 그것들은 예술가와 자연 사

이의 직접적이고 외로운 만남의 결과여서 그 관계를 "중재"할 수 없다. 예술가들의 외로움은 치명적이어서 치유의 자연으로부터는 물론 예술로부터도 단절을 꾀하게 되는 경우들이 있다.

　　　내 언제고 토스카나로 돌아갈 희망이 없으므로, 작은 민요여
　　　우리가 처음 당시대로가 아니므로
　　　　　　　　　　　　　　우리가 언제고 다시 될 대로가 아니므로.
　　　기억의 저 눈송이들, 저들이 오직 저곳에만 떨어져요

　　　기억 속에 빠져, 우리는 기억할 수 없어요―
　　　망명자의 송가, 오 굳은 심장이여
　　　우리는 물체 없이 세상에 왔다가 물체 없이 세상을 떠나요

　　　모든 중요한 행위는 말없는 것이에요―
　　　　　　　　　　　　올바른 길에서 벗어나는 것
　　　실패하지만, 여전히 뭔가를 성취하는 것.
　　　하지만 기억된 좋은 일 조차도 아예 기억하지 않는 것만큼
　　　　좋은 것은 아니에요.

　　　Perch'io no spero di tornar giammai, ballatetta, in Toscana,
　　　Not as we were the first time,
　　　　　　　　　　　　not as we'll ever be again.
　　　Such snowflakes of memory, they fall nowhere but there.

　　　Absorbed in remembering, we cannot remember―
　　　Exile's anthem, O stiff heart,
　　　Thingless we came into the world and thingless we leave,

　　　Every important act is wordless―
　　　　　　　　　　　　to slip from the right way,

To fail, still accomplishes something.
Even a good thing remembered, however, is not as good as not
  remembering at all. (*Black Zodiac* 6)

인유한 구절은 플로렌스의 시인 카발칸티(Guido Cavalcanti)의 유명한 시의 첫 줄에서 가져온 것이다. 화자는 고향을 쫓겨나 다시 그곳으로 돌아갈 수 없는 자의 목소리를 낸다. 모든 의미는 이 기억에서 나오지만 그것은 "망명자의 송가"로서 "말"이 없이 노래될 따름이다. 이 처지에서 인생은 "물체"가 없이 시작되고 끝난다. 이렇게 고통스런 존재의 방식에서 모든 중요한 시도는 결국 정도에서 벗어나 실패에 이르게 되더라도 약간의 성취를 거둔다. 그렇지만 화자는 이 성취에 의존하고 만족하기 어렵다. 기억의 내용이 아무리 좋은 것이라도 아예 기억하지 않는 게 더 낫기 때문이다. 그만큼 기억은 고통으로 가득 차 있다.

하지만 어떤 고통이 수반되더라도 과거를 되살리는 일은 벗어날 수 없는 시인의 과업이다. 되살려진 시간은 모든 좋은 일의 근원이기도 하기 때문이다.

시간은 모든 선의 원천이에요.
                  시간은 엔트로피와 부패의
생성자
시간은 파괴자, 우리를 유일하게 낳아주고 옹호하는 자.

예컨대, 내 손톱은
                  아주 연분홍빛이고, 아주 확대되었어요.
예컨대, 반쯤 어두워진 시간에
이 강제 사육된 산딸나무 꽃들은, 푸른 잎으로, 긴장이 풀려
                  긴 가지 끝에서 흐느적거려요.

성 스톤이여, 저를 위해 작은 기도를 해 주세요
                  블랙검 나무속의 찌르레기와 어치

모란 머리의 졸음
마지막 햇살에 빛나는 민들레 구체들, 해야 할 더 많은 일들 …

Time is the source of all good,
                    time the engenderer
Of entropy and decay,
Time the destroyer, our only-begetter and advocate.

For instance, my fingernail,
                    so pink, so amplified.
In the half-dark, for instance,
These force-fed dogwood blossoms, green-leafed, defused,
                    limp on their long branches.

St. Stone, say a little prayer for me,
                    grackles and jay in the black gum,
Drowse of the peony head,
Dandelion globes luminous in the last light, more work to be done …

                    (*Black Zodiac* 6-7)

시간은 창조자이고 파괴자이기도 하다. 망각의 시간이 파괴하는 것들 속에서 창
조의 기운을 차리는 것은 어렵고 아프다. 그렇지만 화자는 기억에 의해 되살아
나는 과거 또한 시간에 의존한다는 것을 익히 알고 있다. 그로써는 시간을 감내
하면서 시간의 옹호를 바랄 따름이다. 그가 의지할 수 있는 것은 시간의 경과 속
에 순간의 목소리를 내는 찌르레기와 역시 순간의 빛을 발하는 민들레 구체들이
다. 그것들에는 파괴되어가는 아픔과 살아있는 기쁨이 함께 하고 있다.

라이트는 시의 적절한 탐구 대상으로서 스티븐스(Wallace Stevens)가 언급
했던 "신성한 것에 대한 명상" 외에 "과거의 복원"이나 "망각으로부터의 구조
(救助)"를 중요하게 꼽는다. 그는 기억에 활기를 불어넣는 일이 "나를 사로잡는

것"으로서 이야기가 바뀌고 예제들이 달라지더라도 이러한 사로잡힘으로부터 벗어날 생각이 없다고 했다. 자신을 사로잡는 문제로부터 벗어나 시를 쓴다면 그것은 오히려 가짜를 만드는 것이라고 보았던 것이다(*Conversations* 41). 라이트의 시에서 기억을 되살리는 일은 그가 지속적으로 직면하게 되는 문제이면서 시를 쓰는 이유와 목적이기도 하다.

II. "오늘 오후나 정오는 아니에요"

2부에서 화자는 주로 자신의 노화에 대해 명상한다. 늙고 병든 육신이 화자를 압도한다.

> 뭔가가 당신을 붙들 거예요, 의사가 말했죠
> > 그 문제는 걱정 마세요
> 우울증이 나를 붙들었어요
> 복부의 통증, 가랑이와 왼쪽 다리 아래의 통증.
>
> 눈 뒤쪽의 석탄재 현탁액
> 근육조직 내 괴상(塊狀)의 비만, 검은 피, 검은 피.
> 나는 내 자신의 불평들이 넌더리나고 질려요.
>
> 콤파스 다리가 고환을 찌른듯한 이 재빠른 때리기
> 살을 뚫고 길게 끌고 가는 고통—
> 우울증, 검은 개
> > 누구나 충분히 겪었지요.

> Something will get you, the doctor said,
> > don't worry about that.
> Melancholia's got me,

Pains in the abdomen, pains down the left leg and crotch.

Slurry of coal dust behind the eyes,
Massive weight in the musculature, dark blood, dark blood.
I'm sick and tired of my own complaints,

This quick flick like a compass foot through the testicle,
Deep drag and hurt through the groin—
Melancholia, black dog,
                      everyone's had enough. (*Black Zodiac* 8)

"검은 개"는 의기소침을 상징한다. 노환은 시력과 성적 능력 그리고 정신력 모두에 장애를 가져온다. 그런데 화자는 이로 인한 우울증을 격심하게 겪는 가운데서도 "내 자신의 불평들"에 넌더리를 낸다. 그는 늙고 병드는 것에 대해 짜증내고 불만을 토로하는 자신이 싫다고 말한다. 그는 노화가 누구도 피해갈 수 없는 것이고 "검은 개" 또한 자신만이 아니고 모든 사람이 충분히 지니고 살고 있다고 판단한다.

2부의 들머리에서 화자는 노화의 고통을 우선적으로 수용한다. 이 수용이 허락하는 어떤 자세에서 화자는 2부의 나머지 여덟 부분들에서 일생의 여러 순간들을 떠올리고 통찰할 수 있는 여유를 갖는다. 두 번째 부분에서 그는 70대에 친구와 허튼소리를 해대며 즐겼던 골프게임에서 갓 손질한 이슬 맺힌 잔디가 "항상 골프코스처럼 냄새가 날 것이다"(8)고 느낀다. 그는 잃어버린 공을 찾는다거나 가끔 비범한 타격을 날리는 일 그리고 "10대의 그릇된 성취감" 등이 "결코 반복되지 않을" 것임을 확인하면서 곧 사라질 자신과 영원히 남을 자연의 싱싱함을 비교하고 있다(9).

세 번째 부분에서 그는 16세 때의 대학 친구를 떠올리면서 갓 청년이 된 시기의 환상에 대해 생각한다. 그의 방 친구는 캠프 중에 요리사와 눈이 맞아 밤마다 몰래 빠져나가 새벽에야 돌아오곤 했는데 화자로서는 멋지고 대단한 일로 여겼을 것이다. 화자는 40년이 지나 처음으로 그 친구를 다시 만난 순간을 회고한다. 야채가게 계산대에서 만난 그 친구는 렉싱턴 출신의 점원으로 옛 생각에서처럼 "거대하고 에워싸는" 풍채를 지닌 게 아니라 "토끼 눈"의 겁 많은 표정에 마른 입술로 연신 사과를 해대면서 "반쯤 채워진 가방을 서툴게 뒤지는" 존재로 드러난다(9).

네 번째 부분에서 화자는 1990년 파리의 뒷골목을 기억한다. 이 기억은 다시 그보다 25년 전으로 확장한다. 화자가 "불면, 환각, 오 빛의 도시"에서 헤매던 풍경에는 "10일 동안 하루 종일 비가 내렸다"(9).

다섯 번째 부분에서 화자는 1958년의 몬터레이 재즈 페스티벌(Monterey Jazz Festival)에서 겪었던 흥분을 떠올린다. 그렇지만 유명 재즈 음악인 퍼시 히쓰(Percy Heath)가 직접 이야기를 걸어왔을 때의 감격은 베트남전의 암울한 전망으로 다시 어두워진다(10).

여섯 번째 부분은 화자가 2차세계대전 당시 3년여 간 살았던 테네시 주 오크리지(Oak Ridge)의 풍경을 보여준다. 오크리지는 1942년에 미국정부가 원자폭탄 개발을 추진하기 위해 세웠던 기지로 출발했다. 그는 여러 휘장과 출입구 그리고 정부가 정한 규칙들과 검문소로 기억되는 그곳에서 "최초의 (그리고 유일한) 신문배달길"을 통해 그리고 "최초의 (그리고 유일한) 무단침입"을 통해 인생에 관해 몇 가지 것을 배웠다고 회고한다. 또한 그는 여기서 배우게 되었지만 어찌해야 할지 알 수 없었던 어떤 것으로 "죽음"과 "삶"에 대면하였다. 그는 죽음이란 "물속으로" 들어가는 것이고 "삶이란 나오는 것이다"고 배웠지만 그것들을 어찌 해야 할지 그때나 지금이나 알지 못한다(10).

일곱 번째 부분에서 화자는 1944년의 9살 초등학교 4학년으로 돌아간다. 그의 기억 속에서 한 외팔군인이 느릅나무 숲 놀이터에서 붉은 머리 여자 친구와 사랑을 나눈다. 화자는 자신의 성기가 밤새 딱딱했었노라고 친구에게 말한 것을 기억한다. 소년의 성에 대한 호기심과 전쟁의 잔흔이 겹친다(11).

여덟 번째 부분에서 화자는 1957년 22세의 나이에 군 입대 4개월을 남겨두고 채무불이행자를 뒤쫓는 직업에 종사하고 있다. 그는 이 직업이 "비참한 자들에게 더 많은 비참을 가져다주는" "최악의 일"이라고 회상한다(11).

각 부분에서 인생의 어느 특정 시기는 세월의 경과 후에 회고되는 방식으로 접근되고 있다. 이 회고에서 과거는 현재 혹은 이후의 상황과 겹치면서 재해석된다. 이런 일련의 회상과 명상의 과정을 통해 화자는 현재의 시간을 첫 부분에서 늙고 병든 것으로 다뤘던 것과는 다르게 이제 마지막쯤에 이르러 설렘과 충동 그리고 격동의 기억들이 가득 채워진 것으로 느끼게 된다.

> 흐린 오후, 이후 엷은 햇살, 이후 다시 흐림.
> 약한 바람이
>   뒷마당을 가로질러 살랑대요. 소규모
> 질풍이 지나가는 길처럼, 클로버 머리를 탁 치고, 풀을 깜짝 놀라게 해요
>
> 내 부모의 60번째 결혼기념일
> 1994년 6월 5일
>   그들은 여전히 생존해 있어요
> 당신들보다 자식이 더 늙어가는 것은
>   상상하기 어려워요, 생각할 수 없어요
>
> 캘리포니아에서 가져온 복제품 브라운-조던 갑판의자들 중 하나에
>   나는 앉아 있어요
> 어머니가 본 적 없는 턱수염 손자 옆에.
> 어느 오후, 혹은 정오에, 전부 끝날 거예요. 그래도 이번은 아니에요
>
> Overcast afternoon, then weak sun, then overcast again.
> A little wind

whiffles across the back yard like a squall line
In miniature, thumping the clover heads, startling the grass.

My parents' 60th wedding anniversary
Were they still alive,
            5th of June, 1994.
It's hard to imagine, I think, your own children grown older than
    you ever were, I can't.

I sit in one of the knock-off Brown-Jordan deck chairs we
    brought from California,
Next to the bearded grandson my mother never saw.
Some afternoon, or noon, it will all be over. Not this one.

(Black Zodiac 11-12)

늙어가고 그에 따라 병드는 것을 막을 수는 없다. 찾아오는 우울증도 어쩔 수 없다. 그렇다고 모든 것이 끝나버리고 무의미해지는 것은 아니다. 결국 끝나겠지만 아직은 끝나지 않았다. 고통과 우울 속에서도 인생은 마지막 순간까지 경험하면서 살아갈 뭔가를 지니고 있다. 화자는 쓸쓸하게 그러나 단단하게 기력 없이 그러나 나약하지는 않게 인생의 마지막을 살고 있다. 그는 자신의 끝이 임박하고 있지만 "이번[오늘 오후나 정오]은 아니에요"고 말할 수 있다.

III. 풍경이 짐을 벗다

노환의 육신에 대한 명상에서 화자는 일생을 압축하고 관조한다. 관조를 유지하는 생각의 힘이 화자를 허무나 초월에로 쉽게 나아가지 않게 해준다. 라이트가 인생옹호 총3부의 구조로써 제시하는 것은 외부의 풍경에 반응하여 형성되는 내면의 풍경, 그렇게 안과 밖을 하나로 엮어가는 생각의 힘, 그것을 이끌고 표현하는 언어, 그리고 그러한 언어가 형성하는 풍경의 힘이랄 수 있다. 3부에 이르러 화자는 1부에서처럼 풍경의 잠재력에 이끌린다.

> 6월은 눈동자 윗부분의 편두통
> 엄정한 기운과 노란 얼룩
>   녹색 막(幕)과 굴의 환상
> 저 세상의 느린 잔물결들
>
> 고통스럽게 한 방울씩 떨어지는 습기.
> 이웃집, 해충 박멸가의 둔감한 기계가 크게 징징대는 소리
> 길 저쪽, 망치로 못 치는 딱딱 소리의 물결
>   이웃집 지붕에서 들려오는 망치로 못 치는 소리.
>
> 이 소리들을 40년간 견뎌왔어요.
>   흐린 인쇄물들과 이동하는 장광설
> 효과 없는 조명들.
> 십자가의 성 요한이여, 노리치의 성녀 율리아나여, 나를 집으로 인도하소서.
>
> June is a migraine above the eyes,
> Strict auras and yellow blots,
>   green screen and tunnel vision,
> Slow ripples of otherworldliness,
>
> Humidity's painfall drop by drop.
> Next door, high whine of the pest exterminator's blunt machine.
> Down the street, tide-slap of hammer-and-nail,
>   hammer-and-nail from a neighbor's roof.
>
> I've had these for forty years,

                    light-prints and shifting screed,
       Feckless illuminations.
       St. John of the Cross, Julian of Norwich, lead me home. (*Black Zodiac* 13)

3부의 첫 부분은 화자가 처한 곤경을 요약한다. 이후의 부분들은 이에 대응하는
그의 사색들의 기록이라고 할 수 있다. 화자는 우선 눈동자 윗부분의 편두통에
의해 시력이 저하되어 있다. 통증이 주는 "엄정한 기운" 탓에 그의 눈에 비치는
세상에는 더러 "노란 얼룩"이 발생한다. 그것은 "녹색 막"에 굴이 패있는 것 같
은 환상과 유사하다. 화자에게 세상은 이 세상과 저 세상이 겹쳐 있는 상태로 다
가온다. 이 중간지대는 그에게 늘 고통스러운 것이었다. 그에게 조명은 주어진
다. 하지만 그 조명은 유효하지 않다. 그의 고통은 조명이 제대로 비치거나 아예
비치지 않을 때 누그러질 수 있을 것이다. 그렇지만 화자에게 세상은 "흐린 인쇄
물들"과 "이동하는 장광설"로써 드러날 따름이다. 그는 40년의 세월동안 가까운
곳에서 "망치로 못 치는 소리"를 들으며 살아왔다. 성인들을 향한 그의 기도는
차라리 좌절에 가깝다.

　　화자의 기도는 신앙인의 그것이라고 보기 어렵다. 화자의 시선은 신성한 것
을 향하되 그것에 나아가는 힘을 자기 자신에게서 찾는다. 그 힘은 전능의 것이
라기보다 스스로를 지탱하는 정도의 것이다.

　　　알게 되면 좋은 일들이 있어요
　　　닥쳐올 것을 알려면, 아는 게 좋아요, 무엇이 떠나버렸는지를
　　　물은 측량할 수 없고 이해할 수 없다는 것을

　　　공기 속의 광풍을
　　　떨어져 고요해진 모든 것들이 어디서 볼 수 없게 되는지를
　　　불은 우리의 이름이 새겨진 빛이라는 것을

부끄럼은 슬픔의 옷이라는 것을
시간은 적이고 잠 없이 머물면서 아무것도 원하지 않는다는 것을
구름은 고르지 않고 단어들 또한 그렇다는 것을.

It's good to know certain things:
What's departed, in order to know what's left to come;
That water's immeasurable and incomprehensible

And blows in the air
Where all that's fallen and silent becomes invisible;
That fire's the light our names are carved in.

That shame is a garment of sorrow;
That time is the Adversary, and stays sleepless and wants for nothing;
That clouds are unequal and words are. (*Black Zodiac* 13-14)

화자는 떠나버린 것을 앎으로써 무엇이 다가올지 알고 또한 그렇게 희망할 수
있다. 그는 시간이 자신의 편이 아니며 하늘의 구름도 그의 최대 무기인 단어들
도 자신에게 호의적이지 않다는 것을 알고 있지만 "물"에서 "측량할 수 없고 이
해할 수 없는 것"의 존재를 느끼고 "공기"와 "불"의 잠재성을 감지하는 상태에
있다.

지식이 미치는 한계가 분명하고 그래서 고통이 야기된다고 해도 그 지식은
시인이 의존할 수 있는 최소의 토대를 마련해준다. 이 토대에서 화자는 한계 너
머에 있는 것까지도 그 존재를 확인할 수 있다. 알 수 없고 볼 수 없는 것의 존
재를 확인하는 것은 그곳에 이르지 못하면서 그곳을 향하게 한다. 두 세계의 경
계에 위치하는 이 자세는 필히 향하는 기쁨과 넘지 못하는 고통을 뒤섞는다. 여
기서 시인 라이트에게 특징적이게도 고통은 반감되고 기쁨도 반감된다. 그래서
참을 만한 것이 된다. 만약 시인이 종교시인의 자세에서 초월(만)을 희구했다면

이 경계에 걸쳐 선 위치는 고통만을 가중했을 것이다. 그는 경계에 서 있으면서도 어쩐지 세속에 더 확고하게 발을 디디고 있다는 인상을 준다. 다만 그의 예민한 감수성에서 자연의 잠재력이 늘 신성한 무엇을 불러일으키는 것은 막을 수 없다. 약간 세속에 기운듯하면서 유지되는 어떤 균형에서 라이트는 독특한 목소리를 낸다.

자연은 경계에 처한 시인에게 가시적인 것에 그치지 않는다. 그것은 만질 수 없고 볼 수 없는 어떤 것을 함축한다.

> 나는 소나무에서 확실한 불확실성을 느껴요.
> 계절의 불만족
> 　　　　매일 일어나는 퉁명
> 극점에 이르기 전의 신경과민, 그것이 우리의 균형을 뒤흔들려고 위협해요.
>
> 내 친구가 후두를 잃었어요.
> 내 친구, 예전에는, 한두 문장으로
> 일처리를 쉽게 해내곤 했었는데
>
> 그가 스티븐스나 예이츠의 시에서 한 연을 인용할 때 담배연기 뒤에서
> 그의 안경알이 빛으로 공백이 되요.
> 인생은 힘들어요, 우리 둘 다의 제3의 친구가 말하죠 … 그래요. 그래요.

> I sense a certain uncertainty in the pine trees,
> Seasonal discontent,
> 　　　　　　quotidian surliness,
> Pre-solstice jitters, that threatens to rattle our equilibrium.
>
> My friend has lost his larynx,
> My friend who in the old days, with a sentence or two,
> Would easily set things right,

His glasses light-blanks as he quoted a stanza from Stevens or Yeats
Behind his cigarette smoke.
Life's hard, our mutual third friend says ⋯ It is. It is. (*Black Zodiac* 14)

언어는 세상을 표현한다. 언어의 문제는 화자의 세상에 대한 확신이 무너지고 알 수 없는 것으로 바뀔 때 심각해질 수밖에 없다. 고착되고 확인 가능한 것으로서의 세상은 어떤 의미에서 편안하다. 확실하게 규정된 것들 사이에서 불편을 느낄 리 없다. 하지만 화자는 계절이 바뀔 때마다 "불만족"을 겪고 못마땅한 "퉁명"을 날마다 경험한다. 스티븐스의 시가 지속적으로 보여주는 것은 사물이 그 자체로서 존재하지 않고 주변과 맺는 관계의 양상에 따라 계속 변한다는 것이다. 예이츠(W. B. Yeats)의 시 세계 또한 낭만주의에서 모더니즘에로 지속적으로 변천한다. 시인은 불확실성 속에 존재하는 세상과 새 관계를 맺어야하는 데서 불안을 느낀다. 아직 모르는 대상에 대해 언어를 찾아주는 일은 힘들다. 화자가 친구의 후두 상실에 대해 갖는 동정심은 규정되지 않은 세상에 접근해야 하는 어려움을 반영한다.

화자에게 세상은 망각과 기억의 협동에 의해 드러난다.

내 안에 망각이 있어 나를 거대한 무지 속으로
내려가게 해요.
진창에 빠져 걷게 해요. 내가 기억하는 모든 것이 남아있는데도

내가 망각해버린 몇 가지 것들
조명을 비추는 자가 누구였는지, 그가 무엇을 비추는지
무슨 필요 탓에 그 일에 연민을 가질지에 대해 누가 연민을 가질지

내가 기억하는 모든 것이 나를 되살려요.
　　　　　　　　　　　　　　　　나를 벗기고 나를 쉬게 해요.

시작된 것에 끝을 맺어주고
끝나려고 하는 것에 시작을 가져다줘요.

There is forgetfulness in me which makes me descend
Into a great ignorance,
And makes me to walk in mud, though what I remember remains.

Some of the things I have forgotten:
Who the Illuminator is, and what he illuminates;
Who will have pity on what needs have pity on it.

What I remember redeems me,
                            strips me and brings me to rest,
An end to what has begun,
A beginning to what is about to be ended. (*Black Zodiac* 15)

기억의 방식으로 존재하는 세상은 개인적일 수밖에 없다. 그런데 특이하게도 라이트의 시에서는 기억되지 않는 것이 기억되는 것과 공존한다. 기억되지 않는 것이 사라져버리지 않고 존재하게 되는 것은 기억하지 못하는 상태를 강렬하게 의식함으로써 가능해진다. 부재에 대한 강렬한 의식에서 빈자리가 채워진 자리와 함께 존재하게 된다. 이 방식에서 첫 글자가 대문자로 표현된 "조명을 비추는 자"는 세상에 존재하지 않으면서도 여전히 화자의 마음의 한 공간을 차지한다. 라이트의 시에서 빈자리는 부재의 고통을 강화하면서 동시에 역설의 방식으로밖에 존재할 수 없는 어떤 것에 대한 의존과 기대를 배제하지 않음으로써 쓸쓸함의 어조를 조성한다. 망각에 대한 기억에서 가장 중요한 위치를 차지하는 자는 "조명을 비추는 자"이다. 세상의 궁극적 의미를 밝히는 자로서 신이나 초월적 존재를 떠올리게 하는 표현이다. 화자는 자신이 오직 (망각의/) 기억을 통해서 되살아날 수 있다는 것을 알고 있다. 화자는 진정한 휴식이 (망각의/) 기억에서만 허용되고 시작에서 끝으로 다시 끝에서 시작으로 이어지는 끝없는 과정에서 가능하다고 여긴다. 그가 기억과 망각의 경계에로 나아가는 행위는 선택적이고 의지적이다.

날마다 느끼는 "불만족"에서 시인 라이트가 취할 수 있는 최선의 태도는 이 세상과 저 세상 사이의 경계에서 망각에 대한 기억의 방식으로 존재하는 것을 향해 애정을 갖고 나아가는 것이다.

애정은 모든 것이 도달하고자 지향하는
절대자예요.
헌신의 세부이고, 우리가 흩뿌려 놓은 모든 것들의 총화이고
우리의 삶이 그늘을 거둬들이는 빛나는 자국이에요.

이제와 그렇게 말하는 것은 꽤 쉬운 일이에요. 늦봄의 고요가
뒤따르는 메아리처럼 이웃 지붕 위에
매달려 있어요.
이전되어 사라지면서.

아마도 꽤 쉽겠지만 여전히 사실이지요.
울타리 밖으로 떼 지어 뻗어가는 인동덩굴과 덩굴옻나무
목련꽃 부리와 흰 혀, 풍경의 짐 벗기, 사랑의 허짤배기소리.

Affection's the absolute
                    everything rises to,
Devotion's detail, the sum of all our scatterings,
Bright imprint our lives unshadow on.

Easy enough to say that now, the hush of late spring
Hung like an after-echo
Over the neighborhood,

devolving and disappearing.

Easy enough, perhaps, but still true,
Honeysuckle and poison ivy jumbling out of the hedge,
Magnolia beak and white tongue, landscape's off-load, love's lisp.

(*Black Zodiac* 16-17)

애정은 그냥 주어지는 것이 아니라 "헌신"의 세부가 여기저기 흩어졌다가 다시 총화를 이룸으로써 도달하게 되는 "절대자"이다. 우리의 삶이 자연에 드리운 그늘을 제거할 때 이 "절대자"는 나타날 수 있다. 늦봄의 풍경이 지고 있는 짐을 내려놓을 때 사랑의 혀짤배기소리는 시작될 수 있다. 화자는 자연과의 교감이 최고로 고조된 상태에서 풍경의 재현에 성공하고 있다. 새롭게 드러나는 풍경에서 화자는 힘을 얻고 있는 게 분명하다.

자연은 망각된 어떤 것에로 나아가는 통로를 마련한다. 시 전체의 구조에서 볼 때 이 통로는 화자에게 어떤 초월에로의 이동을 마련해주지 않는다. 그것은 다만 통로의 존재를 살짝 열린 문의 환영으로 확인해줄 따름이다. 시인 자신의 근본적 회의주의가 화자로 하여금 계시의 환상에로 훌쩍 넘어가는 것을 막아 세운다. 롱언바흐(James Longenbach)는 시집 『검은 황도대』에 작용하고 있는 상충하는 욕구들의 융합을 거론하면서 "라이트의 감수성은 항상 사색적이지만 결코 예언적이지 않다. 비록 그의 시들이 정신적 갈망에 빠져 있을지라도 그것들은 단호히 세속적이기도 하다"고 지적한다. 라이트는 "땅"과 "별들" 사이에 있다는 것이다(27). 이 위치에서 화자의 목소리는 독자에게 독창적 호소력을 갖는다.

라이트는 「인생옹호」에서 풍경의 빛과 공기에 감응해 안팎의 일체를 이루면서도 초월에로 이끌리지 않는 세속성을 견지한다. 이러한 모순의 형이상학에서 라이트는 낭만주의자와는 다른 접근방식으로 자연의 아름다움에 의지하고 있다.

코스텔로(Bonnie Costello)는 「토양과 인간의 지성」("The Soil and Man's Intelligence")에서 라이트 시의 형이상학이 "에머슨(Ralph Waldo Emerson) 식의 숭고가 아니라 디킨슨(Emily Dickinson) 식의 반(反)숭고 내에서" 읽혀져야 한다고 지적한다. 그녀의 충고에서 우리는 "무한 속에 있는 존재의 긍정에 의해서가 아니라 무한으로부터의 존재의 유리에 의해" 라이트의 시를 읽을 것을 요구받는다. 그녀는 이 논리를 더 발전시킨 「찰스 라이트의 부정의 길」("Charles Wright's 'Via Negativa': Language, Landscape, and the Idea of God")에서 "죄와 한계의 개념이 라이트의 환영(幻影)의 시학을 20세기 미국 풍경시를 지속적으로 지배해왔던 낭만주의 및 에머슨의 전통과 유별나게 구분해준다"고 분석한다(331). 초월주의자 에머슨의 경우에 세상의 모든 것은 우주의 근원적 에너지라고 할 수 있는 "대령"(Oversoul)에서 나오고 다시 그곳으로 돌아간다. 이 세계관에서 모든 것은 신성한 것을 이미 내재하고 있어서 아름다운 것이면서 다만 그 잠재성을 어떻게 발현시키느냐가 문제가 된다. 이에 비해 코스텔로가 디킨슨식의 반숭고로써 뜻하는 것은 신의 존재를 긍정하면서도 그것에로 쉽게 넘어가지 못하는 자가 품게 되는 한계에 대한 의식인 것으로 보인다. 라이트의 감수성은 숭고와 반숭고에 대해 마찬가지로 작용한다. 그가 언어의 재현에서 느끼는 기쁨과 위안은 두 가지 것의 갈등에도 불구하고 상반에 이르지 않고 각자에 대해 순수하게 반응하는 데서 생긴다.

시인 라이트의 「인생옹호」는 그의 일생의 주제를 함축한다. 또한 그것은 그에게 특징적인 세속적인 것과 영적인 것 사이의 갈등을 효과적으로 압축한다. 그의 목소리는 낭만주의자의 초월에 대한 의지와 확신이 상대적으로 배제되어 있다. 그렇다고 사실주의자의 사물 그 자체에 대한 추구의 태도나 염세적 견인주의에로 나아가지 않는다. 그에게 이것을 가능하게 해주는 최적의 제재는 역시 자연이다. 그에게 있어서 자연은 워즈워드(William Wordsworth)나 콜리지(S. T. Coleridge)의 경우에서처럼 인간정신의 무한한 힘과 자연의 영적 실체가 일체화되는 매개가 아닌 게 분명하다. 자연은 틈만 보이고 끝내 안으로 들이지 않는 문과 같다. 시인 라이트는 섣불리 신을 향한 기도의 자세를 취하지는 않는다. 그는 문 너머에 있는 것보다 문 그 자체에 더 관심을 보인다. 그의 인생에 그리고 시에 영적인 것으로 나아가는 문의 필요성은 절대적이다. 그런데 라이트는 문 너머의 것에 대해 확인할 수 없고 그래서 어쩌면 확인할 필요조차 없다고 여기는지 모른다. 자연의 살짝 열린 문은 누군가에게는 고통의 근원이 될 수 있지만 라이트에게는 그 자체로 그저 부족한 것만은 아니다.

눈보라 속에 하나가 되다
마크 스트랜드

스트랜드(Mark Strand)는 "죽음에 사로잡힌 어둡고 우울한 시인으로서의 명성"(CAO)을 누려왔다. 그의 시는 다양한 변화를 모색해온 시적 경력에도 불구하고 "페르소나의 불안정성 그리고 불안과 전조에 대한 총체적 감각"이 "어둔 배경"을 형성한다는 평을 듣는다 (McClanahan). 그런데 스트랜드 자신은 이런 평가에 대해 다소 불편한 심기를 드러내면서도 민감하게 반응하지 않는 가운데 그의 특징적 목소리를 시적 경력 전반에 걸쳐 유지한다. 그는 삶에 대해 부정적 감각을 드러내면서도 그 가능성에 대해 긍정적 열림의 자세를 견지함으로써 균형을 맞춘다. 부정이 좌절에 이르지 않고 긍정이 초월에로 넘어가지 않는 어떤 균형의 방식이 그의 시에 독특한 호소력을 부여한다.

스트랜드는 캐나다의 작은 주 프린스 에드워드 아일랜드에서 1934년에 태어났다. 4세 때 미국으로 이주했다. 1957년에 오하이오 소재 안티오크 대학(Antioch College)을 졸업하고 다시 예일대학에서 1959년에 예술학사(B.F.A.)를 취득했다. 석사는 아이오와 대학에서 마쳤다. 『하나의 눈보라』(Blizzard of One)로 1999년 퓰리처상을 탔고 2004년에는 시의 기교의 우수성을 인정받아 월리스 스티븐스 상을 받았다. 이외 각종 상과 장려금을 다수 수혜했다. 1990년에 미의회도서관이 선정하는 계관시인을 지낸 바 있고 1995년에서 2000년까지 미국시인협회 의장단의 일원이기도 했다. 2011년 현재 뉴욕 소재 콜롬비아 대학에서 가르치고 있다. 편집자, 번역가 그리고 단편소설 작가로서도 잘 알려져 있다.

I. "내가 써낸 것을 믿지 마세요"

스트랜드의 시는 초현실적 심상 등으로 인해 쉽게 접근할 수 없는 난해성을 띠는 것으로 알려져 있다. 1990년의 시집 『지속적 삶』(*The Continuous Life*)에 대한 서평 말미에서 코울먼(Jane Coleman)은 스트랜드의 시 언어의 전반적 난독성에 대해, "마크 스트랜드는 모든 사람을 위한 시인이 아니다. 그의 작품은 음악에 맞춰지거나 길거리에서 노래될 것이 아니다. 엉성한 독자는 당황하고 어찌할 바 모르게 될 것이다"고 요약한다. 그러나 그녀는 덧붙이기를, "파고드는 독자라면 . . . 다른 세상, 그 변화 가능한 꿈의 세계 그리고 우리 모두를 사로잡는 파악하기 어려운 아름다움에 대한 희미한 감지에 의해 보상받을 것이다"고 함으로써 스트랜드의 언어를 높이 평가한다(179).

스트랜드는 자신의 시가 독자들에게 때때로 이해되기 어려운 부분들이 있다는 것을 알고 있다. 그래서 그는 한 대담에서 사람들이 자신의 시 「지속적 삶」("The Continuous Life")을 "완전한 시"로 불러가면서까지 좋아하는 이유에 대해 그 시가 "매우 규범적이고 접근 가능한" 것으로 여겨지기 때문일 것이라고 답한다. 사람들이 그 시에서 무슨 일이 진행되고 있는지 알아내는 데 큰 어려움이 없기 때문에 좋아한다는 것이다. 그는 이 시의 제목이 한 시집의 제호로 선택된 이유에 대해서도 그것이 "사물이 존재하는 방식대로" "너무 웃긴" 쪽이나 "너무 슬픈" 쪽이 아니라 "그 중간에" 있기 때문이라고 말한다(Cavalier). 그가 말하는 "중간"은 보통 사람들의 상식에 부합하는 상태를 뜻하는 것으로 보인다.

스트랜드가 이렇게 "중간"을 중시하는 것은 1978년에 초판을 냈던 시집 『기념비』(*The Monument*)가 독자들에게 제대로 다가가지 못했던 것에 대한 반성에서 비롯한다. 그는 『기념비』가 자신의 작품을 미래에 번역하게 될 사람에게 바쳐진 것으로서 "불멸에 대한 명상"이고 "사람이 사후에 어떻게 번역될 것인가"에 대한 명상이라고 소개한다. 그가 원하는 미래의 번역은 단순한 옮겨

(trans-) 놓기(lation)를 뜻하지 않는다. 그는 번역가에게 말한다. "내가 써낸 것을 믿지 마세요. 기념비[시]를 당신 것으로 만드세요. 당신이 내가 되어감에 따라 나는 당신이 되어간답니다." 이 방식으로 그가 뜻하는 번역은 어떤 정해진 것의 풀어 읽기가 아니라 아직 미완의 것을 완성해가는 과정이다. 그래서 그는 "영원히 살 수 있는 방식으로 번역되기를 원한다"고 말한다(Cavalier).

『기념비』는 "가끔 과감히 시적인 것 속으로 뛰어드는 산문집"으로서 휘트먼 (Walt Whitman)의 「내 자신의 노래」("Song of Myself")처럼 52 부분으로 구성된 작품이다. 스트랜드는 이 시집의 시가 "지움의 시"로서 "자신으로부터 멀어짐으로써 자신을 천명하는 시"라고 설명한다. 그는 휘트먼이 「내 자신의 노래」에서 스스로를 노래했던 것과는 다르게 『기념비』를 통해 "내가 내 자신이나 당신 자신이 아니고 완전히 다른 타자라는 사실"을 천명하고자 했다고 말한다 (Cavalier). 두 시인은 자기 자신을 밝힌다는 점에서는 유사하지만 그 방식에서는 차이를 드러낸다. 휘트먼이 인종과 성별 그리고 나이를 초월하여 다른 사람들과 하나가 되는 동질성을 추구한 반면에 스트랜드는 자기와 다른 타자에로 옮겨가고자 한다. 자기를 버림으로써 자기를 주장하는 방식은 매우 역설적이다.

자기 속으로 깊이 들어가면서 자기 밖의 세상으로 나아가는 것을 가능하게 하는 것은 "번역"이다. 스트랜드의 "지움의 시"는 번역가 혹은 독자의 창조적 참여를 요구한다. 시인이 써낸 것은 더 이상 그의 것이 아니라 번역가의 것이다. 더 나아가서 한 번역가의 작품은 다른 번역가에 의해 다시 해석될 수 있다. 이 방식에서, 그러니까 다른 사람에 의해 다른 것으로 태어남으로써, 한 시인의 작품은 지속적으로 새 생명을 얻어 불멸하게 된다. 한 시인의 작품이 고정된 실체로 머문다면 그 목숨은 한 생애에 그친다고 할 수 있다. 스트랜드는 『기념비』를 통해 시가 불멸의 삶을 살 수 있는 방식에 대해 명상한 것이다. 그가 원하는 "번역"은 한 언어에서 다른 언어에로의 단순한 옮겨 쓰기가 아니라 "지속적 삶"이다. 그는 많은 사람들이 『기념비』가 무엇인지 이해하지 못하기 때문에 싫어한다는 것을 알고 있다. 그는 "그게 아마 … 『지속적 삶』을 쓰게 되었던 이유인지 모른다"고 말한다(Cavalieri). 두 시집에 걸쳐서 그의 관심은 자신이 써낸 시가 지속적 생명을 이어가는 방식에 쏟아진 것이다.

스트랜드의 시의 난해성은 부분적으로 그가 처한 중간 지대의 성격에서 기인한다. 그의 자아는 천상과 지상 두 세계 사이에 갇혀있다. 그는 천상의 존재를 한편으로는 부정하면서 다른 한편으로는 갈망한다. 또한 지상의 바쁜 일상에 대해서도 한편으로는 그 가치를 부정하면서 다른 한편으로는 그 감각적 기쁨을 수긍한다. 시인은 두 세계 모두에 양면적 태도를 취하면서 그 와중에 처해있다. 이 처지에서 그는 천상으로 가지도 않고 지상에 머물지도 않는다. 그래서 그의 시의 화자들은 종종 스스로의 정체성 확립에 어려움을 겪는다. 흥미로운 것은 그가 자신의 미완의 자아를 완성하려 노력하기보다는 그것을 피할 수 없는 것으로 받아들인다는 것이다. 그는 정체성을 확립하지 못한 데서 소외나 좌절에 빠지지 않는다. 그렇다고 불안정한 자아를 자학적이나 자조적으로 다루지도 않는다. 그의 정체성 추구는 어떤 의미에서 확립부정의 상태를 지향한다.

시 「지속적 삶」에서 화자는 자아의 불확정을 확립함으로써 어둔 긍정의 "불규칙적 기쁨들"을 허용 받는다.

> 어쨌단 말인가요? 이웃이 은색 빛 속에
> 푹 잠긴다한들, 항복의 징후를 찾아서
> 의무의 파도에 휩쓸려가는, 이 날에서 저 날로 옮겨가는
> 그 불규칙적 기쁨들이 노정의 끝에 도달했다는 징후를 찾아서
> 덤불속에 웅크린 아이들이
> 어른들을 지켜본다한들. 오 부모여, 털어놓으세요
> 그대들의 어린 것들에게, 밤은 멀리 떨어져있고
> 그대들의 세속취향은 커간다는 사실을. 그들에게 말하세요
> 집안 허드렛일에 대한 그대들의 숭배가 이제 겨우 시작일 뿐이라는 것을.

What of the neighborhood homes awash
In a silver light, of children hunched in the bushes,
Watching the grown-ups for signs of surrender,
Signs that the irregular pleasures of moving
From day to day, of being adrift on the swell of duty,
Have run their course? O parents, confess
To your little ones the night is a long way off
And your taste for the mundane grows; tell them
Your worship of household chores has barely begun; (*NSP* 177)

집안일에 대한 숭배는 일단 시작하면 장장하게 계속될 것이다. 부모의 세속취향은 그렇게 커갈 것이다. 화자는 부모의 위치에 있는 청자에게 그런 세속취향을 자식에게 고백하라고 충고한다. 아이들은 어른들에게서 항복의 징후를 탐색한다. 아이들의 관점에서 보면 어른들에게 허용되던 불규칙적 기쁨들은 매일 계속되는 바쁜 일의 와중에서 곧 막바지에 달하게 된다. 어른들은 이내 자신의 생활방식이 잘못되었다는 것을 인정해야 할 것이다. 하지만 어른들은 아이들의 예상과는 다르게 일상의 허드렛일에서 지속적 취향을 키우고 있다. 화자는 어른 청자에게 그런 생활태도를 솔직하게 털어놓으라고 말한다.

세속취향은 부끄러운 것도 감출 것도 아니다. 화자는 청자에게 세속의 기쁨을 구체적으로 낱낱이 열거할 것을 요구한다.

삽과 갈퀴 그리고 빗자루와 자루걸레의 아름다움을 묘사해주세요.
해야 할 요리와 청소가 항상 있을 거라고
한 가지 일이 다른 일로 그 일이 다른 일로 이어질 거라고 말해주세요.
설명해주세요. 그대들이 두 가지 대단한 어둠들 사이에, 끝이 있는 첫째 것과
끝이 없는 둘째 것 사이에 살고 있다는 것을, 가장 운 좋은
일이라는 게 태어났다는 사실이라는 것을, 그대들이 시간과 날들
달과 해들이 얼룩진 상태에서 살면서 그게 의미가 있다고

믿고 있다는 것을, 가끔 두렵게도
아무것도 완성하지 못한 채, 그대들의 존재를 입증할
아무것도 없이 그대들이 가만히 빠져나가고 있다고 느낄지라도.

Describe the beauty of shovels and rakes, brooms and mops;
Say there will always be cooking and cleaning to do,
That one thing leads to another, which leads to another;
Explain that you live between two great darks, the first
With an ending, the second without one, that the luckiest
Thing is having been born, that you live in a blur
Of hours and days, months and years, and believe
It has meaning, despite the occasional fear
You are slipping away with nothing completed, nothing
To prove you existed. (*NSP* 177)

청자는 요리하고 청소하는 자이다. 그가 처한 곳은 두 어둠 사이에서 나날의 얼룩으로 더러워져있고 자신의 존재를 입증할 어떤 것도 주어지지 않았다. 하지만 화자는 바로 그곳에 있는 아름다움과 의미를 자식에게까지 말할 수 있어야 한다고 청자에게 요청한다.

　화자에게 청자는 먼 곳의 이상을 좇는 자가 아니다. 어른들 혹은 주변의 보통사람들을 대변하는 청자는 산위나 바닷가가 아니라 집안에 있다. 그가 추구하는 것은 미지의 것이나 궁극의 혜안이 아니다. 그것은 가족사진첩 같은 어떤 것이다.

　　　　　　　말하세요, 아이들에게 집안으로 들어오라고
　　그대들이 찾으려 하는 것이 잃어버렸던 어떤 것, 어떤 이름
　　그 자신의 사소한 문제에서 다른 사소한 문제에로 빠져들었던 가족사진첩
　　그대들의 것이었을지도 모르지만 그대들이 실제로 알고 있지 못한
　　한 조각의 어둠이라는 것을. 말하세요, 그대들 각자가 계속 바쁘게 살고자
　　노력하면서 배우고 있노라고, 바닥 가까이 기울여

땅의 태평한 숨소리 듣는 법을, 그 쓸모 있는 나른함이, 물결 너머 물결
그대들을 압도하여, 그대들의 짧고 부인할 수 없는 자아들을 통해
사랑의 작은 떨림을 그대들의 나날들 속으로 그리고 그 너머로
보내주는 것을 느끼는 법을.

> Tell the children to come inside,
> That your search goes on for something you lost—a name,
> A family album that fell from its own small matter
> Into another, a piece of the dark that might have been yours,
> You don't really know. Say that each of you tries
> To keep busy, learning to lean down close and hear
> The careless breathing of earth and feel its available
> Languor come over you, wave after wave, sending
> Small tremors of love through your brief,
> Undeniable selves, into your days, and beyond. (*NSP* 177)

가족사진첩 속의 한 장 사진은 과거의 소중한 시간을 기록하고 있다. 그것은 우리에게 주어진 아름다운 순간에 대한 "어떤 이름"이면서 이제는 과거 속으로 사라져버린 "한 조각의 어둠"이기도 하다. "사랑의 작은 떨림"을 전해주는 것은 일상의 밖에 있지 않다. 그것은 산 너머가 아니라 "바닥 가까이"에 있어서 "땅의 태평한 숨소리 듣는 법"을 터득한 자에게만 주어진다. 그것은 대단한 게 아니어서 "나른함"을 낳지만 "쓸모 있는" 것이다. 왜냐하면 그것은 "부인할 수 없는 자아들"이 "나날들 속으로" 들어가게 하면서 또한 동시에 "그 너머로" 나아가게 하기 때문이다.

　화자는 청자 "어른들"에게 그들의 존재방식을 아이들에게 알려주라고 청한다. 부모의 존재방식이 자식들에게 알려지는 상황은 한 시인의 기념비로서의 시가 다른 번역가에 의해 해석되는 상황과 유추적 관계에 있다. 어른 부모의 처지는, 그러니까 스트랜드의 시적 자아에 전형적으로 드러나는 미완의 상태는, 아

이들이 성인이 되어도, 다시 말해, 아이들에 의해 전수되어 새롭게 태어나도, 완전 혹은 완성에로 바뀌지 않을 것이다. 아이들이 전수받은 것은 확정된 내용이 아니라 미완의 자아가 움직이는 방식 그 자체이기 때문이다.

　부모의 태도는 배움의 과정을 통해 자식의 일생에도 계속될 수 있다. 위 시에서 부모가 유지하는 미완의 자아는 정체성이 부정된 상태에 있다. 자식이 부모에게 배우는 것은 부정의 방식으로 일상을 살아가는 법이다. 여기서 자식은 부모의 반복에 의해서가 아니고 창조적 번역에 의해서 새롭게 살아난다. 삶은 반복적이지 않고 지속적이다. 지속적이라는 것은 한 가지 것이 세대 간에 계속되는 것을 뜻하지 않는다. 그것은 이야기가 어떤 방식으론가 정체됨이 없이 진행된다는 것을 뜻한다. 이를 위해 스트랜드는 자신의 작품을 해석할 미래의 번역자들에게, "내가 써낸 것을 믿지 마세요"라고 역설적 요구를 했다. 그는 「지속적 삶」에서 자신의 삶의 방식을 웅변적으로 변호하고 있다.

II. 어둔 항구에서 생각하다

　스트랜드는 두 가지 어둠, 세속적 일상의 어둠과 그 너머에 있는 어떤 것의 어둠, 둘 사이에 있다. 지상의 것이나 천상의 것이나 그 나름의 이유로 둘 다 어둡다. 그의 시에서 어둠의 분위기는 배경처럼 이미 그 자리에 있는 것이어서 시인이 그 자체를 바꿀 수는 없다. 그가 할 수 있는 일은 그 배경에 어떤 전경을 세우는 일이다. 그가 일상을 "지속적 삶"의 방식으로 살아간다면 배경은 어둡되 전경은 어둡지만은 않다. 1993년의 시집 『어둔 항구』(*Dark Harbor*) 또한 제호가 주는 암울한 전조에도 불구하고 시인의 생에 대한 의욕이 다시 확인된다.

　『어둔 항구』는 55개의 부분들로 나뉜 한 편의 장시이다. 평자들은 "스트랜드의 종종 초현실적인 언어의 이국적이고 희귀한 아름다움뿐만 아니라 결론을 결여하고 있는 기대와 긴장의 모티프들"을 지적했다(*CAO*). 『뉴욕 타임스 서평』

(*The New York Times Book Review*)은 이 시가 "정점이 없이 농축된 성애(性愛)의 시이다"고 했다. 각 부분들이 일련번호로 연결 따름이어서 전체의 유기적 구조를 찾기기 어려운 가운데 시인의 특징적 제재로서 삶의 조건에 대한 탐색이 계속된다.

시집의 첫 부분에서 스트랜드의 언어는 육감적인 심상으로 구성된다.

끝없는 밤에, 흠뻑 젖은 어둠속에
떨어지는 검은 잎들 사이로
벌레로 뒤덮인 가로등 달들 사이로

나는 빛나는 흰 옷을 입고 있어요.
끝없는 밤에, 에메랄드 나무들 사이로
걷고 있어요. 나는 길을 가로질러

모퉁이를 돌아 사라지고 있어요.
다른 사람들이 기다리고 있는 역으로 가는 길에
공원을 통과하면서 나는 빛나요

In the night without end, in the soaking dark,
I am wearing a white suit that shines
Among the black leaves falling, among

The insect-covered moons of the streetlamps.
I am walking among the emerald trees
In the night without end. I am crossing

The street and disappearing around the corner.
I shine as I go through the park on my way
To the station where the others are waiting. (*NSP* 191)

시의 목소리가 젖어있다. 금욕과 절제와 인내에서 건조해진 종류의 목소리가 아니다. 화자가 대하는 밤풍경은 "벌레"의 탐욕과 "흠뻑 젖은 어둠"의 성애가 배어있다. 가로등들이 줄지어 밝히는 벌레 먹은 달빛들은 화자가 지상의 충동들에 순응하기를 기다리고 있다. 화자는 그 사이로 빛나는 흰 옷을 입고 모퉁이를 돌아 사라진다. 그가 향하는 곳은 나머지 사람들이 앞서 가서 기다리고 있는 역이다. 그는 그 역에 함께 모여 어디론가 떠날 예정이다. 화자는 어느 약속 혹은 목적지에 대한 의식에서 끝없는 밤길을 빛나며 걸을 수 있다.

화자는 자신의 길이 혼자의 것이 아니고 앞서 간 다른 사람들과 함께 하는 것이라고 여기고 있다. 그는 "우리" 중의 한 명인 것이다.

> 끝없는 밤의 모진 영토 위로 불빛들이
> 우리를 인도하는 동안 우리는 곧
> 소리 없는 어둠을 관통할 거예요. 달빛 능가하는
>
> 맑게 빛나는 옷을 내가 입고 있어요.
> 역에 도달할 때, 다른 사람들이 소곤대요.
> 말하고 있어요. 다른 거나 마찬가지로
>
> 달이 더 이상 장애물이 아니라고
> 누군가 고통을 받더라도, 노래를 위해 혹은 두 팔을 거래함으로써,
> 날개가 소유될 수 있다고, 지상의 규칙이란
>
> 곧 떠나려는 사람들에게 아직 유효하다고
> 채비를 하는 게 최선이라고, 왜냐하면 육체의 재는
> 무가치하고 나아가는 데 한계가 있으니까요
>
> Soon we shall travel through the soundless dark,
> With fires guiding us over the bitter terrain

Of the night without end. I am wearing

A suit that outdoes the moon, that is pure sheen
As I come to the station where the others
Are whispering, saying that the moon

Is no more a hindrance than anything else,
That, if anyone suffers, wings can be had
For a song or by trading arms, that the rules

On earth still hold for those about to depart,
That it is best to be ready, for the ash
Of the body is worthless and goes only so far. (*NSP* 191)

화자 "우리"는 달빛을 능가하는 흰 옷을 입고 있다. 달빛의 기쁨이 있다고 해도
그것은 너무 성애적이다. "흠뻑 젖은 어둠"과 어울린다. 그래서 화자는 그 "장애
물"을 극복하고 역으로 도달하고자 한다. 다행히 그곳의 사람들은 화자에게 "날
개"를 소유할 가능성이 있다고 격려한다. 날개는 천사를 떠오르게 한다. 화자는
날개 잃은 지상의 천사일 수 있다. "우리"는 어딘가를 향해 "곧 떠나려는 사람
들"로서 날개가 필요하다. 그렇지만 그들에게는 아직 "지상의 규칙"이 유효하여
날개를 소유하기 위해 거래의 규칙을 따라야 한다. 화자는 의혹에서 벗어나 찬
미의 "노래"를 부를 수 있거나 자신의 "두 팔"을 내주어야 날개를 얻을 수 있는
것이다. 화자는 두 가지 모두 고통이 수반한다는 것을 알고 있다. 그렇지만 "우
리"는 어떤 고통이 따르더라도 날개를 준비하는 게 최선이라고 여긴다.

　　55개의 부분들 중에서 첫 부분은 일종의 순례자의 자세를 보여준다. 순례가
어떤 종착지에 도달할지는 예측하기 어렵다. 스트랜드의 시에서는 행동이나 사
건의 결말을 대하기가 쉽지 않다. 그의 시에서 일어나는 일은 자주 해결책이 없

이 끝난다. 그는 시작에서 끝으로 움직이기보다 중간에 계속 머무는 경우들이 많다. 시집의 서른다섯 번째 부분에는 천사들이 직접 등장하지만 날개를 펼치지 못하고 감추고 있다.

천사들이 병드는 일은 새로운 게 아니에요.
그들은 벌처럼 기면서
날지 않고, 혀를 씹으면서, 노래하지 않고

버스터미널을 따라 내려가, 빈둥대다가
다리를 보이며, 날개를 감추고
지상에 짧게 머무는 동안 꾸준히 해나가다가

더 이상 웃지 않아요. 서로의 그늘 속에 잠든 채
그들이 에덴의 마스카라, 그들의 빛 속으로 걸어 들어오는
이방인들의 품안으로 표류해 들어가

권하고 있어요, 볼 수 없는 사랑보다
만질 수 없는 위안보다 더 많은 것을, 권하고 있어요, 그 취향을
반향 없는 죽음의 순수한 성애의 그 영광을

하늘에서 날아온 입맞춤들
땅에 내리자마자 녹아버리는 것들의 그 느낌을.

The sickness of angels is nothing new. carry
I have seen them crawling like bees,
Flightless, chewing their tongues, not singing,

Down by the bus terminal, hanging out,
Showing their legs, hiding their wings,
Carrying on for their brief term on earth,

No longer smiling; asleep in the shade of each other
They drift into the arms of strangers who step
Into their light, which is the mascara of Eden,

Offering more than invisible love,
Intangible comforts, offering the taste,
The pure erotic glory of death without echoes,

The feel of kisses blown out of heaven,
Melting the moment they land. (*NSP* 203)

병든 천사의 심상은 스티븐스(Wallace Stevens)의 『필요천사』(*The Necessary Angel*)를 떠오르게 한다. 천사는 신의 죽음과 함께 이 세상을 떠났다. 그렇지만 천사는 어떤 필요에선가 스티븐스의 시에서처럼 스트랜드의 시에서도 되살아난다. 원래 천사는 신격을 지니고 병들지 않으며 지혜롭다. 하지만 스트랜드의 시에서 천사는 인간처럼 병들고 고독하며 궁지에 몰려 있다. 병든 천사는 시인이 처한 곤경을 웅변한다. 스트랜드가 살아가는 세상에서 구원이나 영적 각성은 허용되지 않는다. 그런 가운데 그는 자신의 삶을 의미 있게 지탱해주는 데 천사 혹은 그것이 대표하는 어떤 것이 필수적이라는 것을 깨닫는다. 절실한 요청에 부응하여 천사는 되돌아오지만 과거의 신격을 누리지는 못한다. 이제 천사는 땅과 하늘의 중간 영역에 거주한다. 그 존재는 인간이 의지할 바를 어느 정도 허용하지만 언제라도 사라질 수도 있는 허약성을 띤다. 그것은 어떤 의미에서 시인의 정신력이 불러낸 것이어서 초월적 지위를 누리기에는 역부족이다. 그것은 거기 있으면서 또한 없는 어떤 것이다.

시인의 사랑은 지극히 세속적이고 동시에 영적이다. 그는 죽음이 구원이 아닐 수 있다는 것을 그 "반향 없는" (무)응답을 통해 알고 있다. 그에게 다가온 천사가 허용하는 사랑은 그늘에서 타오른다. 그런데 화자는 역설적이게도 그 한계적 사랑이 천상의 "볼 수 없는 사랑"이나 "만질 수 없는 위안"보다 더 한 것을 준다고 말한다. 그것은 "순수한 성애의 영광"으로서 긍정되고 옹호된다. 그가 애타게 바라고 또한 의지하는 어떤 것은 "하늘에서 날아온" 것이지만 "땅에 내리자마자" 눈송이처럼 녹아 없어져버린다. 그런데 화자는 바로 이 아주 잠깐만 허용되는 "입맞춤들"에 의지해 일생을 살려고 하는듯하다. 그가 고통을 나누고자 하는 존재는 "날개를 감추고" 있는 병든 천사이다. 그가 자신의 삶의 방식으로 선택한 이 "취향"에서 스트랜드는 어둔 항구에 제법 씩씩하게 두 발로 서있다. 쉽게 쓰러질 것 같지는 않다.

III. 눈보라 속에서 하나가 되다

구원이 주어지지 않는다. 그렇지만 구원의 전망이 아예 없어지는 경우도 없다. 스트랜드는 어떤 것의 문을 열고 들어가 그 안을 확인하는 데서가 아니라 그 문전에 잠깐 비쳤다 사라지는 안 모습을 바라보는 것에서 만족을 구한다. 『어둔 항구』 서른다섯 번째 부분의 마지막 두 행은 시인의 이런 모습을 아름다운 심상으로 구상화한다. 땅에 내리자 녹는 것은 한편으로 부재의 상황을 강화하지만 다른 한편으로 잠깐의 달콤한 "입맞춤"에 의해 존재의 감각을 첨예하게 불러일으킨다.

1998년의 시집 『하나의 눈보라』는 제호와 동명의 시를 포함하고 있지 않다. 이 시집은 스트랜드가 시인으로서의 경력에서 유지해 왔던 맥을 대체로 동일하게 지속하고 있다. 이런 점에서 "하나의 눈보라"는 사라지는 순간에 잠깐 드러나는 어떤 것에서 삶을 견뎌낼 힘을 찾는 시인의 태도를 상징한다고 볼 수 있다. 시인은 이러한 "눈보라"에 "하나의"라는 수식어귀를 덧붙이고 있다. 여기서 "하나"가 뜻하는 바는 모호한 만큼 더 많은 것을 포괄한다. 그것은 시인의 상상력이 형성하는 안과 밖의 뒤섞임을 뜻할 수 있다. 『뉴욕 타임스』(*The New York*

Times)의 개리슨(Deborah Garrison)의 지적대로 이 시집에서는 "시집에 그 제호를 달아준 한 조각의 눈발조차도 … 일종의 플라톤적 본질로서, 외부 날씨 속에 흩날리는 눈발과 독자의 의식 내부에 있는 눈발, 둘 사이의 어떤 연속체에 연결되어 있다"(Sept. 13, 1998). 스트랜드가 시집의 제호로써 의도하는 것은 지상의 번잡한 일상과 예전에 있었으나 지금은 잃어버린 어떤 것으로서 저 너머의 것, 얼핏 상충해 보이는 두 가지 것 사이의 일체화일 수 있다. 스트랜드는 천상으로 넘어갈 수도 없고 지상에 머물 수도 없는 상태에서 둘 사이의 어떤 혼재 혹은 일체화가 가능해지는 순간에 대해 그리고 그 방식에 대해 지속적으로 명상해온 시인이다. 『커커스 평론』(*Kirkus Reviews*)의 한 평자는 "그의 조용하고 점잖게 초현실적인 시들의 산만하고 편안한 표면들이 축적되어 그의 모든 발화를 관통하는 … 복잡한 형이상학을 만든다"(June 1, 1998)고 했다. 스트랜드의 어느 형이상학이 갈등과 긴장 속에 있는 많은 것들을 "눈보라" 속에 하나로 만들고 있는 것이다.

시 「우리의 걸작은 사적 삶이다」("Our Masterpiece Is the Private Life")에서 스트랜드의 형이상학은 "욕망"의 "무지개"와 아직 발견되지 않는 어느 "원천" 사이의 역학이다.

> 우리에게서 멀어지려 하는 어떤 것이
> 어떤 수줍은 사건이, 심연에 떨어지는 빛의 어떤 비밀이
> 아직 발견되기를 원치 않는 슬픔의 어떤 원천이 물가 아래쪽에 있는가요?
>
> 왜 우리가 걱정해야 하는가요? 욕망이 세상의 피부로 만든 조야한 도자기 위에
> 그 무지개를 던지면서 그 수단으로써 공기를 채우고 있지 않은가요? 왜 그 이상
>   을 추구하는가요?
>
> Is there something down by the water keeping itself from us,
> Some shy event, some secret of the light that falls upon the deep,

Some source of sorrow that does not wish to be discovered yet?

Why should we care? Doesn't desire cast its rainbows over the coarse
    porcelain
Of the world's skin and with its measures fill the air? Why look for more?
(*NSP* 220)

욕망은 "세상의 피부"에 머물지만 원천은 빛이 떨어지는 "심연"이다. 시인에게
지상의 것은 강력한 성애의 충동으로 다가오는 반면 천상의 것은 눈부신 전망이
아니라 "수줍은 사건"으로서 다가온다. 시인은 어떤 경우에도 지상을 떠나지 않
는다. 그렇지만 그는 동시에 "멀어지려 하는 어떤 것"에 눈길을 준다. "발견되기
를 원치 않는" 것에 대해 주어지는 눈길은 그것이 점차 드러난다거나 궁극적으
로 구현될 거라는 희망을 부정하면서 그러나 여전히 그 방향을 바라보는 방식으
로 주어진다.

　　스트랜드의 시에서 영적(靈的)인 것을 추구하는 사람은 피할 수 없이 슬픔
과 두려움에 마주친다. 영적인 것은 항상 너무 멀리 있어서 끝내 도달할 수 없을
것 같기 때문이다.

　　이제, 두려움과 슬픔의 옹호자들이
　　물 떨어지는 거룻배를 물가 따라 밀고 다니는 동안, 넙치를 먹고
　　본 산(産) 아름다운 와인을 맛봅시다.

　　맞아요, 빛은 인공적이고, 우리는 차려입었어요
　　그래 어쨌단 말인가요? 이곳의 그게 좋아요 우리는 인근 들녘의 어린 수소가 좋고
　　풀밭 위를 스치는 바람소리가 좋아요 그토록 낮은 목소리로

　　그대가 말하는 방식은, 우리가 늦은 밤 털어놓은 이야기들은 …
　　왜 그 밖의 다른 어떤 것을 위해 살아요? 우리의 걸작은 사적 삶이에요

And now, while the advocates of awfulness and sorrow
Push their dripping barge up and down the beach, let's eat
Our brill, and sip this beautiful white Beaune.

True, the light is artificial, and we are not well-dressed.
So what. We like it here. We like the bullocks in the field next door,
We like the sound of wind passing over grass. The way you speak,

In that low voice, our late-night disclosures . . . why live
For anything else? Our masterpiece is the private life. (*NSP* 220)

화자는 청자에게 그냥 넘치나 잡아먹고 술이나 마시자고 권한다. 화자와 청자가 취하는 현실 안주자의 태도는 물가를 오르내리며 뭔가를 찾지 못해 두려움과 슬픔에 처한 사람들의 태도와 대비된다. 화자는 자기에게 쏟아지는 비난이라도 의식하듯 스스로를 변명한다. 화자와 청자는 인간이 만들어낸 인공의 빛 아래서 한껏 멋을 부리고 있다. "우리"는 이제까지 현실의 쾌락을 추구하는 일에 익숙하지 않은듯하다. 어쩌면 익숙하지만 그걸 애써 감춰왔는지도 모른다. 어찌됐든 "우리"는 태도를 바꿔 지상의 일과와 풍경이 주는 기쁨을 그대로 즐기고자 한다. 화자는 청자에게 낮은 목소리로 진지하게 토로한 지난밤의 이야기들은 그만 접어두라고 권한다. 화자와 청자의 경우에 이제 "걸작"은 신의 개념과 같이 공동체의 영역에 있지 않고 일상의 경과로서 축적되는 "사적 삶"에서 완성된다.

　주어진 것과 그 이상의 것 사이의 긴장은 스트랜드의 시 곳곳에서 발견된다. 이러한 긴장에 대한 명상에서 시인은 여러 가능한 양상들을 모색한다.

　'방랑하는 백조'와 '청순한 별' 사이 선창에 서서
　사라지는 기쁨 속에서 취한 기쁨의 순간이 커지는 듯 보이는 순간에
　밤공기를 숨 쉬면서, 그 스스로를 더럽히는

아름다움이, 그건 과거의 그것일 수밖에 없는데, 그 진행에서
좀 더 오래 스스로를 지탱하는데, 나는 생각해요, 높이가 다른 칸막이들을 지나
우리 자신이 부드럽게 통과하는 것을, 피 흘리는 위기들이

보통의 일 속으로 파고들어, 매번 우리를 좀 더 지치게
예전에는 몇 시간이고 우리를 붙들어두었던
경험들에서 좀 더 멀어지게 내버려둬요. 구비치는 길 따라서

집으로 돌아가는 차운전, 절벽을 두드리는 바다
탁자 위 위스키 잔, 열린 책, 질문들
잠의 문전에서 기다리고 있는 그 모든 하룻날의 보상들 …

Standing on the quay between the Roving Swan and the Star Immaculate,
Breathing the night air as the moment of pleasure taken
In pleasure vanishing seems to grow, its self-soiling

Beauty, which can only be what it was, sustaining itself
A little longer in its going, I think of our own smooth passage
Through the graded partitions, the crises that bleed

Into the ordinary, leaving us a little more tired each time,
A little more distant from the experiences, which, in the old days,
Held us captive for hours. The drive along the winding road

Back to the house, the sea pounding against the cliffs,
The glass of whiskey on the table, the open book, the questions,
All the day's rewards waiting at the doors of sleep . . . (*NSP* 220-21)

화자는 영적 순간을 좇았던 경험들에서 점차 멀어져 보통의 일상 속으로 부드럽
게 돌아오고 있다. 세속적 순간과 영적 순간 사이의 갈등이 첨예할수록 더 많은

피를 흘리게 된다. 그렇지만 양자가 서로 양보하면서, 서로에게 영향을 끼치면서, 예전의 아름다움에는 더러 얼룩이 지고 일상에는 "피 흘리는 위기들"이 배어들게 된다. 이 시의 마지막 행들은 갈등의 두 요소가 서로 닮아가는 과정을 거친 후의 풍경을 묘사한다. "절벽을 두드리는 바다"에서 지상의 것과 천상의 것은 자연스럽게 만나고 있다. 어느덧 일상의 풍경은 딱딱한 사물로서가 아니라 그 안에 얼룩진 아름다움을 담고 있는 것으로서 다가온다. 이 풍경에서 바쁜 하루의 일과는 충분한 보상을 받는다. 결국 "사적 삶"이 "우리의 걸작"이 되는 것은 그것과 영적 삶과의 갈등에서 어느 하나를 선택한 결과가 아니라 둘이 서로를 닮게 된 결과라고 하겠다.

신이 상상력의 소산이 아니라 초월적으로 존재하던 때가 있었다. 구시대에 질서의 원리로 작용했던 신은 초월적 실체로서 공동체의 구성원들에게 동질성의 토대와 공통의 가치체계를 제공할 수 있었다. 그러나 화자와 청자가 살아가는 시간에는 신이 없다. 있어도 보이지 않는다. 보이지 않아도 믿음의 방식으로 존재할 수 있다고 하지만 이것마저도 "우리"에게는 허용되지 않는다. 다만 개인의 습관 속에서 신은 이미 사라진 것 혹은 사라져가고 있는 것에 대한 기억을 통해 그리고 그것의 중요성에 대한 명상을 통해 살아있을 따름이다.

스트랜드에게 신의 개념은 종교인의 그것이기보다 지상의 것을 참을만한 것으로 만들어주는 영적 아름다움 혹은 힘을 대변하는 어떤 것에 더 가깝다. 그래서 그의 시에서는 지상적인 것과 천상적인 것 사이의 갈등이 고난에서 극복에 이르는 과정으로 나아가지 않는다. 그가 만약 믿음의 방식으로 이 문제에 접근한다면 그의 움직임은 지상에서 천상으로 옮겨가야 한다. 종교인에게는 그 움직임이 설령 실패에 이르게 되고 아예 처음부터 실패가 예정되어 있다고 하드라도 항상 천상을 향해야 마땅하다. 그렇지만 스트랜드의 시에서 시인의 움직임은 양자 사이의 중간지대를 향한다. 양자는 갈등하지만 서로에게 침투하여 서로를 변화시키고 그 결과 양자가 하나로 존재하는 짧은 순간이 다가온다.

시 「아침, 정오, 저녁」("Morning, Noon, and Night")은 지상의 감각적 경험과 영적인 것에 대한 명상이 서로 충돌하지 않고 한 가지 것의 두 양상으로 드러나는 시간을 제시한다.

> 아침나절 녹색과 날씨의 조성물 그리고 내 이마는
> 신성의 미풍이 솔질한 적 없고 앞으로도 없을 거예요
> 나에게 그 정도는 분명한데 어제는 보았어요
> 무언가가 구름 안으로 밖으로 떠다니는 것을, 새 같은 무언가가
> 양팔을 펼친 채, 검은 옷을 입은, 사내 같은 무언가가 또한 떠다니는 것을.
> 나는 이게 내가 틀렸다는 징표일 수도 있다고 생각했어요. 그때 깨어났죠.
> 미래의 그림자가 내 침상에, 바깥 바다의
> 유동하는 폐허에, 물가 건물들의 외부에 드리웠죠.
> 급작스럽게 어둔 구름이 몰려들어 나무를 휘게 하고 들판을 납작하게 만들었어요
>   나는 침대에 머물며
> 그게 지나가길 희망했어요. 있을 수도 있었던 일이 여전히 기회를
>   기다렸어요.

> And the morning green, and the buildup of weather, and my brows
> Have not been brushed, and never will be, by the breezes of divinity.
> That much is clear, at least to me, but yesterday I noticed
> Something floating in and out of clouds, something like a bird,
> But also like a man, black-suited, with his arms outspread.
> And I thought this could be a sign that I've been wrong. Then I woke,
> And on my bed the shadow of the future fell, and on the liquid ruins
> Of the sea outside, and on the shells of buildings at the water's edge.
> A rapid overcast blew in, bending trees and flattening fields. I stayed
>   in bed,
> Hoping it would pass. What might have been still waited for
>   its chance. (*NSP* 222)

화자는 "신성의 미풍"이 자기에게 불어올 일은 없다고 생각해왔다. 이런 그에게 아침 날씨의 녹색 풍경이 압도해온다. 화자는 구름의 변화무쌍한 조형을 지켜보다가 십자가 형상을 한 어떤 것을 목격한다. 비록 꿈으로 드러나지만 그는 이 "징표"를 계기로 이제까지 신에 대해 가졌던 자신의 생각이 잘못된 게 아니었을까 되돌아본다. 아름다운 풍경 속으로 신성한 것이 저절로 배어든 양상이다. 그렇지만 깨어난 이후에서 화자는 꿈의 풍경이 "미래의 그림자"에 압도되는 것을 느낀다. 그래도 화자는 침대에 누워 꼼짝 못하는 상황에서도 "있을 수도 있었던 일"로서의 가능성의 과거가 언젠가 실현될 기회를 기다린다. 엘리엇(T. S. Eliot)은 『네 개의 사중주』(*Four Quartets*)에서 "있을 수 있었던 일과 있었던 일이 항상 현존하는 한 점을 지향한다"고 노래했다. 스트랜드는 실제 일어난 일에서 어떤 신적인 것도 발견하지 못한 듯하다. 미래에도 그럴 것이라 생각하는 듯하다. 그러나 날씨와 풍경이 자아내는 가장 아름다운 순간에서나마 그는 잠시라도 어떤 가능성의 실현을 기다릴 힘을 되찾고 있다.

기대하지 못한 어떤 것이 갑자기 주어졌을 때 우리는 당혹에 처한다.

> 별의 도표가 말해준 대로 우리가 찾으려고 했거나 지도가 표시해준 대로
> 우리가 발견하게 될 그것이 무엇이든, 그 어떤 것도 우리가 발견했던 것에 우리
>   를 대비시키지는 못했어요.
> 이국의 바람이 나뭇가지에 잠들고, 죽은 잎들이
> 거리에서 먼지로 바뀌는 동안, 우리는 정오의 그늘 없는 심연 속에서
> 힘들게 나아갔어요. 빛의 도시들은, 여가를 즐기는
> 긴 여름들은, 우리의 것이 될 수 없었어요. 왜냐하면 우리가 왔던 대로 오는 것은
> 그 일이 중요했던 지 오랜 후에, 무덤들 사이에서 사는 것은, 그것들이 아무리 위
>   대할지라도
> 끝에 더 가까이 간 것도 아니고, 시작한 곳에서 더 멀어진 것도 아니에요.

Whatever the star charts told us to watch for or the maps

Said we would find, nothing prepared us for what we discovered.
We toiled away in the shadowless depths of noon,
While an alien wind slept in the branches, and dead leaves
Turned to dust in the streets. Cities of light, long summers
Of leisure, were not to be ours; for to come as we had, long after
It mattered, to live among tombs, great as they are,
Was to be no nearer the end, no farther from where we began. (*NSP* 222)

어떤 것을 내내 원하면서도 그것이 실현될 가능성을 믿지 않을 수 있다. 그래서 우리는 설령 그것이 주어지더라도 그 순간에 대비되어 있지 않을 수 있다. 원하면서도 그것에 대비하지 못하고 있는 상황은 역설적이다. 우리는 "별의 도표"에 따라 힘든 노정을 지나왔다. 그런데 우리의 추구를 가능하게 했던 힘은 "우리가 발견했던 것"이 아니다. 우리는 그 "발견했던 것"에 대한 확신을 잃고 있다. 실제 우리가 경험했던 "정오의 그늘 없는 심연"이 확신을 잃게 하였다. 신의 가치가 중요했던 시절이 있었다. 그러나 우리가 살아가는 시대에서 그것들은 "무덤들"에 불과하다. 그것들이 "아무리 위대할지라도" 우리의 현실은 그 가치들을 배제한 채로 흘러간다. 그러한 마당에 신적인 것에 대한 어떤 추구도 "시작"과 "끝" 어디에도 이르지 못하고 그저 중간에 처한다. 지금은 그늘 없는 정오의 시간이다. 1연에서의 녹색 아침의 전망은 허용되지 않는다. 화자는 독자들을 끌어들여 "우리"로 등장한다. 스트랜드의 "사적 삶"의 조건에 대한 명상은 개인의 문제로서 다뤄지면서 또한 우리의 문제로서 접근된다.

이제 시간은 아침과 정오를 지나 저녁이다.

연분홍색과 자주색이 사라져가는 요즈음 밤들
잠결에 딴 길로 들어서서, 항상 손아귀 밖에 있을 것으로
희망했던 곳들에 우리가 도달할 때까지, 피부를 쓰다듬는 변덕스런 열기의 밤들
그 심연에서는 아무것도 번성하지 않고, 발생하는 일 모두가

보존을 위해 존재하는 듯 보여요. 우린 땀을 흘리면서, 때가 되어 내일 속으로
풀려나기를 간청하다가, 공황에 빠져들어요. 그곳에 결코 이르지 못하고
한밤중의 바다에 잊힌 채 표류하게 될 거라는 생각에
그 바다에선 천년마다 배 한 척이나 백조 한 마리 또는 익사자 한 명이
　　발견된 따름이라는 생각에
운명보다 더 긴 상상력을 지닌 그 익사자는, 특별히 누구에게인지
　　정해놓은 것은 아니지만
자신의 삶이 얼마나 틀린 것이었는지를 증명하고자 수영을 했어요.

These nights of pinks and purples vanishing, of freakish heat
That strokes our skin until we fall asleep and stray to places
We hoped would always be beyond our reach—the deeps
Where nothing flourishes, where everything that happens seems
To be for keeps. We sweat, and plead to be released
Into the coming day on time, and panic at the thought
Of never getting there and being forced to drift forgotten
On a midnight sea where every thousand years a ship is sighted, or
　　a swan,
Or a drowned swimmer whose imagination has outlived his fate, and
　　who swims
To prove, to no one in particular, how false his life had been. (*NSP* 223)

힘든 일과를 보내면서 우리는 "내일" 속으로 풀려나기를 희망한다. 하지만 우리
는 그 내일에서 공황에 빠지게 된다. 왜냐하면 우리는 "결코 그곳에 이르지 못하
고" 다만 똑같은 일상을 반복할 따름이기 때문이다. 화자의 상상력은 주어진 일
생보다 더 길어서 그 너머로 열려있다. 그래서 사뭇 장렬하다. 상상 속에서 일어
나는 화자의 익사는 죽음을 불사한 어떤 진행의 결과로서 선택적이다. 우리는
불안과 의혹 속에 살아온 삶을 뒤집고 싶다. 일상의 굴곡과 번잡이 주는 기쁨이
있더라도 그 너머를 향해 보다 적극적으로 나가야 했다. 그러지 못한 것을 합리

화하고 위로하는 대신에 차라리 틀린 것으로 증명하고 싶다. 그러나 화자는 우리의 마음이 간절한 바람에도 불구하고 세상의 보존에 급급할 것을 알고 있다. 상상 속의 익사자는 여전히 죽음 너머의 무응답과 바쁜 일상 사이의 심연에 갇혀 있다.

두 가지 상충하는 것들이 하나가 되는 방식에 여러 가지가 있을 수 있다. 하나가 다른 하나에 복속되는 방식도 그 중 하나이다. 그런데 이때 둘 중 하나는 없어진 거나 마찬가지여서 두 가지의 일체화는 사실 선택에 의한 한 가지의 배제이다. 지상과 천상의 갈등에서 지상을 버리고/극복하고 천상에로 나아가는 것이 이런 방식이다. 그런데 스트랜드는 두 가지 모두에 의미를 부여하는 입장을 유지하는 경우가 많다. 두 가지가 저마다 속성을 유지하면서 하나가 되려면 각자 자기이면서 또한 타자여야 한다. 각자 속에 타자가 들어와 둥지를 틀어야 한다. 이 방식에서 두 가지는 서로를 닮아있다고 할 수 있다. 닮음은 동일성과는 달라서 차이와 동질성을 함께 수용한다.

스트랜드의 경우에 닮음은 근본적으로 서로 다른 것들 사이에 이뤄져서 갈등과 갈라섬의 전조를 띠고 있기도 하다. 그렇지만 가끔은 어둔 불안을 배경으로 두고 좀 더 밝은 전경이 드러나는 경우들이 있다. 「전망」("The View")이 그런 예이다. 스트랜드의 풍경은 그 사물다움이 그것에 배어있는 어떤 추상성과 자연스럽게 어울리는 양상을 띤다.

> 여기가 그곳이에요. 의자는 흰색이죠. 탁자가 빛나요
> 그 사람이 저곳에 앉아 창백한 백열광을 바라보고 있어요
> 바람이 주변 공기를 흔들어요, 반복해서
> 공간을 치워내려는 듯이. "나를 위한 공간"이라고 그는 생각해요
> 그는 휴가 받은 날씨에 항상 이끌렸어요
> 그런 날씨에는 가장 내밀한 슬픔조차도
> 멀리서도 느껴졌을지 몰라요. 긴 구름의 선반이

열린 바다 위에 태양과 더불어 걸려 있어요, 특별한 것 없는
태양이, 사실일지라도 딱 한번 들었고 항상 늦게 되는
이야기의 온화한 변형이, 그 뒤에 저물고 있어요.
여급이 술을 가져다줘요. 그가 그걸, 아주 잠시지만
기우는 빛에 반(反)하여 쥐고 있어요.
붉은 빛이 반사되어 그의 셔츠를 물들여요. 하늘이 점차 어두워지고
바람이 누그러지면서 전망이 고상해져요. 그 휩쓸고 지나가는 보랏빛이
이 힘들지 않은 해질녘에 어떤 이유보다 더한 것으로 보여요.
왜냐하면 그곳에 있다는 것은, 그것을 본다는 것은, 그 자체가 일종의 행복으로
보이니까요, 마치 그 평범한 사실이 충분한 것인 듯 계속될 것 같으니까요.

This is the place. The chairs are white. The table shines.
The person sitting there stares at the waxen glow.
The wind moves the air around, repeatedly,
As if to clear a space. "A space for me," he thinks.
He's always been drawn to the weather of leave-taking,
Arranging itself so that grief—even the most intimate—
Might be read from a distance. A long shelf of cloud
Hangs above the open sea with the sun, the sun
Of no distinction, sinking behind it—a mild version
Of the story that is told just once if true, and always too late.
The waitress brings his drink, which he holds
Against the waning light, but just for a moment.
Its red reflection tints his shirt. Slowly the sky becomes darker,
The wind relents, the view sublimes. The violet sweep of it
Seems, in this effortless nightfall, more than a reason
For being there, for seeing it, seems itself a kind
Of happiness, as if that plain fact were enough and would last. (*NSP* 243)

해질녘 보랏빛 하늘은 우리가 사는 세상의 풍경이지만 세속적이지 않다. 또한

그곳은 숭고의 느낌을 자아내지만 신성을 대변하지는 않는다. 화자는 그 풍경을 "나를 위한 공간"으로 간주하고 "여기가 그곳이에요"라고 선언한다. 그곳은 화자가 간절하게 추구해 왔던 어떤 것이 실현되는 공간인 것이다. 그곳은 땅과 하늘 사이에 있고 양자 모두에 가장 가까이 있으면서 지상도 아니고 천상도 아니다. 화자는 이런 성격의 중간지대가 자신에게 잘 어울린다고 여기고 있다.

화자가 눈길을 주는 곳은 일상의 번잡에서 벗어나 휴가를 즐기고 있는 것 같은 날씨이다. 이런 날씨가 조성하는 풍경에는 가장 친밀한 느낌으로서의 슬픔이 이미 자리하고 있어서 먼 곳에서도 쉽게 읽혀진다. 화자는 창백한 백열광에서 보랏빛으로 변해가는 노을에 반(反)하여 술잔을 쳐든다. 그는 술잔 너머로 노을이 휩쓸고 지나가는 시간과 공간을 응시하고 있다. 그는 다음 순간에 밤이 힘들이지 않고 밀려오리라는 것을 알고 있다. 하지만 그는 지금 이 순간의 풍광에서 "일종의 행복"을 발견한다. 그것이 그대로 족하고 영원히 계속될 것인 듯 느낀다.

『주간 출판인』(Publishers Weekly)의 평자는 스트랜드를 "가장 심오하게 즐길 수 있는 우리의 시인들 중의 한명"이라고 평가하면서 시집 『하나의 눈보라』와 관련하여 그의 "호화롭고 부끄럼을 모르는 향수(鄕愁) 혹은 성애의 우울" 속에는 굉장한 매력이 자리하고 있다고 하였다. 그의 매력은 세속적 감각이 세상에 대한 암울한 전망과 어울리는 가운데 신 혹은 신이 대변하는 어떤 것의 문제를 삶의 조건으로서 지속적으로 명상한다는 데 있다. 그의 시세계에는 세속적인 것과 영적인 것이 해결책 없이 갈등과 긴장을 조성한다. 행복의 전망이 마지막 행들에서처럼 잠깐 찾아오더라도 그것은 여전히 어둔 밤을 배경에 두고 있다.

스트랜드는 어떤 예언자의 지위에서가 아니라 사적(私的)인 원근법에서 시를 쓰는 행위의 이유와 타당성을 찾는다. 자신의 시가 자기도취나 유아론에 빠져있다는 공격에도 불구하고 그가 깊은 내면의 울림에 귀를 기울이고 그것에 목소리를 부여하는 것은 오직 그것에 의해서만 내적으로 자기를 지탱하고 외적으로 세상의 잠재성을 확인할 수 있기 때문이다. 그의 시가 광장을 향하지 않는 것은 아니다. 그가 개인의 자아 속에 파묻혀 지내지만은 않는 것은 그가 시의 제재로서 신 또는 신이 대표하는 어떤 것에 대해 끊임없이 명상한다는 사실에서 확인된다. 그렇지만 그의 시의 공적(公的) 목소리는 늘 사적 영역이 안에서 밖으로 뒤집어지는 방식으로 들려올 따름이어서 계시나 가르침 혹은 깨달음의 방식으로 드러나지 않는다. 그가 "우리의 걸작은 사적 삶이다"(*NSP* 220)고 단언할 때 그는 어떤 방식으론가 "우리" 모두에게 어떤 지표로서 작용할 "걸작"의 공적 영역과 그가 선택한 삶의 "사적" 영역을 엮어가고 있다. 스티븐스는 신이 사라진 시대에서 시인의 상상력이 신을 대신할 것이라고 천명했다. 이에 대한 한 변주로서 스트랜드는 시집 『하나의 눈보라』의 제호가 암시하는 대로 하늘에서 땅으로 내려와 녹는 눈보라의 짧고 달콤한 "입맞춤들"에서 시인의 안과 밖, 세속적 풍경과 영적 추상, 사라져 가는 것과 날마다 대하는 것, 이 모두가 "하나"로 연결되는 순간을 상상하고 있다.

미국시의 역동성은 어디에서 오는가

1990년대 미국시는 전통시와 실험시 사이의 경계가 예리하게 갈리지 않고 뒤섞이면서 넓어지는 양상에서 그 특징을 찾을 수 있다. 1970년대 무렵부터 미국 서부해안 시인들을 중심으로 추구되었던 언어시의 실험적 목소리는 이제 주류의 경계선 안으로 편입될 가능성마저 보여준다. 세기말과 세기초의 미국시는 더 이상 전통과 실험 또는 중심과 변두리의 이분법에 의해서는 제대로 설명되기 어렵다.

I

지난 세기 80년대의 미국시는 "언어시"(Language poetry) 운동에서 활발해졌다. 그런데 이 언어시 운동은 90년대에 이르러 애초의 선언적 기치와 지속적 영향력을 크게 내세우지 못하는 인상을 준다. 90년대 미국시의 경향에 대한 논의는 언어의 극단적 실험을 강조하는 언어시의 측면보다는 그러한 시도를 포용하는 더 큰 문화의 흐름에 주목해야 할 것으로 보인다.

미국의 유명 문예 계간지 『당대문학』(*Contemporary Literature*)은 2001년 여름에 발행한 특별호를 통해서 90년대 미국시의 특징들을 살피고 있다. 여러 필진들 가운데서 세기말 마지막 10년에 대한 포괄적 접근을 시도하는 두 비평가가 특히 주목할 만하다.

스피겔만(Willard Spiegelman)은 「다시 방문한 90년대」("The Nineties Revisited")에서 아홉 명의 1990년대 퓰리처상 수상 시인들을 조망하면서 그들이 만들어가는 당대의 시에서 무엇이 두드러지는가를 살피고자 했다. 퓰리처상은 성과 인종에서 매우 포용적이어서 수상자 중에는 심지어 영어로 작품을 쓴 비원어민 시인들까지도 포함되어 있다. 수상 시인들의 시는 언어의 투명성에서, 그러니까 언어의 지시성에 의존한 읽기의 난이도에 있어서, 그리고 형식의 다양성 및 리듬과 각운의 사용 여부 등에서, 큰 편차를 드러낸다. 스피겔만은 문학상 수상이 종종 심사자들의 변덕스런 취향이나 정실 인사 혹은 상호 이익 도모 따위의 끝없는 영향을 보여주는 외에 별로 나타내주는 바가 없다고 경계하는 가운데 그가 읽는 수상 시집들이 해당 연도의 최상의 것은 아니더라도 최소한 대표적일 수는 있을 것이라고 생각한다. 이 조심스런 생각을 바탕으로 그는 수상 시인들의 대다수 시집들이 "피할 수 없는 죽음, 상실, 그리고 쇠퇴"의 문제들에 대해 반복적으로 주의를 돌리는 것에 주목하면서 이 문제들에 대한 접근 방식을 기준으로, 그들을 두 갈래로 분류하였다. 그가 접근 방식을 구분하는 척도로서 삼았던 것은 그들의 언어 기교였다.

스피겔만의 분석에서 첫 번째 부류는 70-80년대 언어시가 언어 자체를 문제 삼아 언어의 지시적 기능에 대한 불신을 드러냈던 것과 다르게 위험에 처한 자아의 문제를 다루는 데 주력한다. 이 부류에 속하는 시인들에는 코문야커(Yusef Komunyakaa), 레빈(Philip Levine), 뮬러(Lisel Mueller), 씨믹(Charles Simic), 그리고 밴 다인(Mona Van Duyn)이 있다. 이 시인들의 시에는 자전적 회상이 자주 등장한다. 이것은 지난날을 회상하여 오늘의 삶에 결여된 어떤 본질적인 것을 되살리고자 했던 워즈워드(William Wordsworth) 유산으로서, 과거에 대한 동경의 여러 변형들이 지난 두 세기 동안 지속돼 왔음을 입증해준다. 수상 시인들은 모두가 2001년을 기점으로 모두 50세 이상이 되어서인지 그들의 시에 역사적 결말보다는 개인적 종말에 사로잡히는 경우들이 불가피하게 나타난다.

코문야커의 시 「아버지의 연애편지」("My Father's Love Letters")는 자전적 요소가 강한 첫 번째 부류의 시들 중에 속한다. 코문야커의 시는 상당수가 그가 어린 시절을 보냈던 미국 뉴올리언스 북동쪽에 위치한 시골 지역과 청년 시절에 참전했던 베트남에 관한 것이다.

금요일이면 공장에서 집으로 돌아와
아버지는 잭스 맥주 한 깡통을 따고서
사내들보다 더 큰 사막 꽃나무들
그 엽서들을 보냈던 어머니에게
편지를 써달라고 요구하곤 했다.
다시는 어머니를 때리지 않겠다고 약속하면서
간청하곤 했다. 어머니가 떠나고 안 계신 게
어찌된 일인지 난 행복했다. 기억을 되돌려줄 심산으로
때로는 슬쩍 말하고도 싶었다. 메리 루
윌리엄스의 재즈연주 「폴카 점무늬와 달빛」을 아무리 들어도
부기가 가시지 않았다는 것을.
아버지의 목수 작업복은 항상
낡은 못들과 옆구리로 삐져나온 장도리
발목을 감는 연결 전선들로 불룩해져 있었다.
내 볼펜 심의 압력 하에 굴러가는 단어들ㅡ
사랑, 귀염둥이, 여보, 제발.
문장들 사이에서 길을 잃은 채 …
전압 측정기들과 도관 연결쇄들의
잔인한 정적 속에 우리는 앉아 있었다.
콘크리트 바닥에서
5파운드짜리 쐐기 한 개의 미광이
공구 창고 문간을 통해
저녁놀을 잡아당겼다.
나는 궁금했다, 혹 어머니가 웃다가
그 단어들을 가스버너에 올려놓지나 않을까, 라고
아버지는 제 이름밖에
쓸 줄 몰랐지만, 도면을 바라보곤
벽마다 몇 개의 벽돌이 필요한지

말할 줄 알았다. 이 사내
제 뜰을 가꾸고자 장미와 히아신스를 훔쳤던
사내는, 눈 감고 주먹 불끈 쥔 채로
간단한 단어 하나에 전전긍긍하면서
그가 말하고자 하는 것에 의해 거의 되살아나면서
거기 서 있곤 했다.

On Fridays he'd open a can of Jax
After coming home from the mill,
& ask me to write a letter to my mother
Who sent postcards of desert flowers
Taller than men. He would beg,
Promising to never beat her
Again. Somehow I was happy
She had gone, & sometimes wanted
To slip in a reminder, how Mary Lou
Williams' "Polka Dots & Moonbeams"
Never made the swelling go down.
His carpenter's apron always bulged
With old nails, a claw hammer
Looped at his side & extension cords
Coiled around his feet.
Words rolled from under the pressure
Of my ballpoint: Love,
Baby, Honey, Please.
We sat in the quiet brutality
Of voltage meters & pipe threaders,
Lost between sentences . . .
The gleam of a five-pound wedge
On the concrete floor
Pulled a sunset

Through the doorway of his toolshed.
I wondered if she laughed
& held them over a gas burner.
My father could only sign
His name, but he'd look at blueprints
& say how many bricks
Formed each wall. This man,
Who stole roses & hyacinth
For his yard, would stand there
With eyes closed & fists balled,
Laboring over a simple word, almost
Redeemed by what he tried to say. (*Magic City* 43)

코문야커의 아버지는 가난한 목수였다. 손찌검 탓에 떠나버린 어머니 그리고 용서와 사랑을 구하는 아버지 사이에 시인이 있다. 어머니는 남편에게 맞은 자리의 부기가 가시기를 기다리며 재즈로 위안을 삼았다. 시인은 이 어머니에 대한 기억에서 아버지를 미워하면서도 근본적으로 아버지의 사랑법을 받아들이는 듯하다.

코문야커의 시는 언어와 감정에 대한 시인의 절제가 얼마나 많은 것을 말해 줄 수 있는가를 잘 예시한다. 그의 시는 현학성을 배제하고 단순하면서 명료한 언어를 사용한다는 점에서 특징적이다. 그의 시가 정치적이라면 그것은 개인의 경험에 대한 진솔한 시적 형상화가 사회적 맥락 속에서 해석될 수 있는 방식으로 그러할 따름이다.

두 번째 부류의 나머지 네 시인들은 종래의 언어와 형식이 당대의 현실을 제대로 표현하는 데 실패하여 불신당하는 상황을 보다 직접적으로 들여다보고 있다. 이 부류에는 스트랜드(Mark Strand), 라이트(Charles Wright), 그릭(Louise Glück), 그리고 그레이엄(Jorie Graham)이 속해 있다. 이들의 시들 중에서 그레이엄의 장시 「파스칼의 외투」("Le Manteau de Pascal")는 자의식의 흐름을 투사하듯이 써내는 방식과 행과 연의 구분 등에서 파격적인 언어사용을 보여준다. 단시 「표면」("The Surface")은 그와 같은 특징의 단면을 함축적으로 보여준다.

그것엔 구멍이 하나 있다. 내가 집중하는
                  유일한 곳은 아니지만.
강이 고요히 띠 모양을 이룬 채, 꼬여 올라
             다시 이루는
배열들, 차가운 계몽들, 단단히 매듭지어진
             빨라짐들과
느슨해짐들－널리 퍼지는 전언들이 용해하는
             전언자들－
강이 고요히 반짝여 올라와 이루는 양손 가득한 것들, 쌓아올린 것들
               유리 같은

망각들이 내 관심의
강－
스스로를 눕히고 있는 내 관심의 강－ 아래에서
             휘다가
다시 모여들어－재빠른 떠남들과 바람 센
             장애물들 위에－
바람의 관심을 끌어 잔물결 일으키는 표면－
잔물결 아래 축적물들, 서서히 내려앉아 표류하는
             영원들
차가운
하상에서.
나는 말한다, 무지개색이다, 라고, 그리곤 내려다본다.
떠내려가면서 아주 고요한 낙엽들.

It has a hole in it. Not only where I
             concentrate.

The river still ribboning, twisting up,
                        into its re-
arrangements, chill enlightenments, tight-knotted
                                quickenings
and loosenings—whispered messages dissolving
                        the messengers—
the river still glinting-up into its handfuls, heapings.
                                glassy
forgettings under the river of
my attention—
and the river of my attention laying itself down—
                                bending,
reassembling—over the quick leaving-offs and windy
                                obstacles—
and the surface rippling under the wind's attention—
rippling over the accumulations, the slowed-down drifting
                                permanences
of the cold
bed.
I say iridescent and I look down
The leaves very still as they are carried. (*The Dream of the Unified Field*
197)

처음부터 시인은 독자에게 친절하지 않다. 시인의 임무가 자신의 뜻을 잘 정돈하여 분명하게 전달하는 것이 아니라고 생각하는 듯하다. 강은 우선 관찰의 대상이다. 관찰은 대상이 제 모습을 드러내도록 그것의 세부에 오래 관심을 두고 지켜봄으로써 성공적일 수 있다. 이 관찰에서 시인은 강의 세세한 변화에 차분하게 반응하는 가운데 미묘한 감정의 뒤섞임을 경험한다. 시인은 강을 규정하기보다는 강에 대한 관찰과 그 과정의 감정의 추이를 기록하려 한다. 시인이 시의 결말부분에서 "무지개색이다"라고 말하지만 강의 변화에 대한 감탄 그 이상을 드러내지는 않는다. 그녀가 시의 마지막에서 주시하는 낙엽들은 고요하게 그저 흘러가고 있다. 이 시는 강이 시인의 마음에 일으키는 파장들을 관찰과 기록의 방식으로 그 흐름과 결 그리고 리듬을 살려 표현하는 데서 아름다움을 드러낸다. 이것을 위해서 시의 단어들은, 여백에 가까운 띄어쓰기와 돌연한 행 나누기 그리고 적절한 문장부호들의 사용을 통해서, "빨라짐들"과 "느슨해짐들"을 교차하면서 "휘다가" "잔물결 일으키는"가 하면 "다시 모여들어" 차가운 강바닥에 "영원들"로 내려앉는다. 이렇게 그레이엄의 언어가 파격적이고 풀어 읽기가 어려운 것은 사실이지만 의사 전달의 기능에 여전히 충실하고 있다고 여겨진다.

II

비평가 길버트(Roger Gilbert)는 「넘치는 천사들」("Awash with Angels")에서 90년대 시인들에 대한 또 하나의 포괄적 조망을 보여주는데 그가 시대의 특징으로 지적하는 것은 그 글의 부제가 드러내듯이 "90년대 시의 종교적 전환"이다. 그는 지난 12년간 출판된 시집 제목들에서 "천사" 혹은 그 단어의 변형이 포함되는 경우를 최소 27회 발견한다. 그는 이 천사들의 등장이 "놀랄 정도로 전반적"이어서 특정 유파나 시 양식을 구분하지 않고 광범위하고 다양하다는 데 주목하고 90년대가 "천사 돌림병"이라고 불릴 수밖에 없는 것의 특징을 나타낸다고 진단한다.

90년대 시인들의 천사에 대한 편집증은 "문체와 어조에 있어서의 보다 큰 변화의 한 증상"을 이룬다. 길버트는 이 변화가 80년대에 점차 유효하지 않은 것으로 여겨지게 되었던 "재현의 양식들"을 되살리려는 일반적인 욕구를 반영한다고 여긴다. 길버트는 이 천사들의 출현이 90년대 시인들에게 특히 허용해주는 것으로 두 가지를 꼽는다. 첫째, 천사들은 경우에 따라서 신성한 계시의 도구로서 "종교와 역사, 천국과 지상, 영혼과 물질, 숭고와 세속"과 같이 날카롭게 대립하는 두 영역들 사이에서 모종의 중재 방식을 제공한다. "70년대와 80년대에는 대체로 동면 상태에 있었던 예지적 가능성들"이 90년대 시인들에게는 천사들을 매개로 접근이 허용된 것이다. 둘째, 다른 경우에 있어서, 천사들은 대립하는 두 영역들 사이에서 신성의 대행자 역할을 수행할 힘을 거의 지니지 못하고 "특이하게 수동적인 존재들"로 등장함으로써 90년대 시인들에게 "역사와 물질성이 순수한 정신의 활동에 끼친 부식적 영향을 측정하고 묘사하는 것"을 허용한다.

길버트는 특정한 종교 어휘들의 출현과 더불어 90년대 시의 특징으로 "인유성"의 일반적 증가를 꼽는다. 희랍신화는 엘리엇과 파운드 류의 시에서 중요한 축을 이뤘는데, 이에 대한 반작용으로 미국적인 시를 추구했던 60년대에 유행에서 거의 멀어졌다가 90년대 시에 다시 힘차게 살아났다. 길버트는 오르페우스나 피그말리온 혹은 나르시스와 같은 반신반인들이 천사에 대한 이교도의 등가체로서 인간과 신적 실재 사이에서 중재기능을 함으로써 90년대 시인들에게 선호되었다고 본다. 많은 시인들이 신화적 존재들과 당대의 사건들을 엮어서 장시를 썼는데 이런 양식의 대표적 경우로는 도브(Rita Dove)의 『어머니의 사랑』(*Mother Love*)과 그럭의 『초원』(*Meadowlands*)을 들 수 있다.

이러한 현상은 미국 시인들이 새천년이 바뀌는 시점에서 예전 것보다 더 긴 역사적 관점을 취한 데서 비롯되었을 것이다. 그렇지만 이 새로운 경향을 제대로 이해하려면 보다 직접적인 역사적 맥락으로서 80년대 미국시와의 관계를 살피는 게 필수적이다. 80년대의 전형적인 시들은 "역사적 반향이나 인유적 깊이를 거의 갖지 못하고 단지 그것들을 낳은 천박한 시장 문화만을 반영하는" 경향을 보였으며 대중문화, 광고, 정치, 신문잡지 등으로부터 "국제혼성어"(lingua franca)를 제공받았다. 그 결과 많은 시들이 "지극히 단명한 것들"로 뒤죽박죽이 되었는데, 90년대 시는 본질적으로 이러한 80년대의 시적 취향에 대한 강한 반작용으로서, 그것을 대체하거나 보충하는 노력에서, "깊이와 높이 그리고 숭고함에 대한 새로 살아난 갈망"을 구현한다. 길버트는 80년대 시가 텔레비전을 켜놓고 쓴 것이라면 90년대 시는 그레고리 성가를 부드럽게 배경음악으로 틀어놓고 쓴 것이라고 재미있는 비유를 들기도 했다.

90년대 시에서 종교적 주제의 빈번한 등장은 정신적 구원이라고 하는 전통적 이념에로 회귀하는 것을 뜻하지 않았다. 90년대 시에 불려나온 천사들은 "폭력, 상실, 파편화, 그리고 엔트로피"에 의해 지속적으로 그늘 지워져 있다. 90년대 종교적 상상력은 "깨어짐, 버려짐, 유리됨"의 수사 어구들에 의해 끊임없이 어두워짐으로써 "모순된 연민"을 시에 불어 넣는다. 이 양상은 17세기 던(John Donne)에서 20세기 전반의 엘리엇에 이르기까지 발견되었던 신성한 사랑에 대한 긍정과는 사뭇 다른 것이다. 그 결과 90년대 시의 천사들은 인간을 괴롭히는 것들로서의 "물질성, 역사, 열정"과 같은 조건들에 마찬가지로 종속되어 있다. 인간과 천사의 동등성은 『물어뜯는 천사』(*Rodent Angel*), 『먼지투성이 천사』(*Dusty Angel*), 혹은 『비탄의 천사』(*Bitter Angel*) 등과 같은 시집 제목들에서조차 시사된다. 시집 제목들에서 천사를 수식하는 말들은 천사가 전통적으로 대변했던 정신적 영역이 "불가피하게 타협되었거나 타자성에 의해 더럽혀졌다는" 것을 나타낸다.

90년대 시에서 천사들은 많은 경우에 순결하지 못한 "잡종성"을 드러낸다. 이 잡종성은 생물학의 차원 외에, 인식과 도덕 그리고 시간의 차원들에서도 마찬가지로 진행된다. 기독교 세계에서, 신은 전통적으로 분명한 속성을 소유하지 않으므로 재현이 거의 불가능한 반면에, 예수는 역사적이고 육체적인 존재로서 매우 사실적인 재현이 가능했다. 길버트는 천사들이 이와는 대조적으로 재현 불가능과 가능 사이 어디엔가 위치해 있어서 그 정체가 불확정성의 특성을 드러냄으로써 90년대 시인들에게 새로운 상상력을 불러일으키는 유혹적 대상이 되었다고 진단한다. 길버트의 90년대 시 읽기는 천사들의 이 잡종성을 여러 시인들의 다양한 맥락에서 분간해냄으로써 이뤄진다. 그가 크게 주목하는 시인들에는 도티(Mark Doty)와 그레이엄 외에 석(Julie Suk), 던(Stephen Dunn), 코린스 (Billy Collins), 쉐퍼드(Reginald Shepherd), 그리고 모스(Thylias Moss) 등이 있다.

도티의 1993년 시집 『나의 알렉산드리아』(*My Alexandria*)는 280행에 달 하는 장시 「날개」("The Wings")를 싣고 있다. 그가 에이즈 환자였던 연인의 죽 음에 직면하여 썼던 이 시는 몇 구절만으로도 천사의 달라진 양상을 잘 보여준 다.

> 나는 시킨다, 어린이들의 몸속에 있는
> 광택 도는 천사에게
> 어떤 탄생이라도 알아차리는
> 그 열기로 얼굴 붉어진 천사에게
>
> 나는 그에게 시킨다, 내 책상을 굽어보면서
> 확신에 찬 목소리로 말하라고, 그리하여 당신이 알지 못하도록
> 누구라도 죽어가고 있다는 걸, 모든 음악은
> *기다림으로 이뤄진다*, 라고 그는 말한다.
>
> 나는 그에게 다시 시킨다. *보세요*
> *그건 별로 중요치 않아요*
> *당신이 할 수 있는 일을 들여다보세요*
> 나는 천사에게 시킨다, 우리 침대를 굽어보도록
>
> 옆방에서 당신은
> 내일 일찍 일하러 나갈 누군가의
> 굳세고 타협 없는 잠을 자고 있다.
> 나는 의도하겠다, 당신 둘레에, 굳건히

*상처 받지 않는 자로 불리는 것의
둘러싸는 날개를. 그의 이름은 어느 곳에서도
일치하지 않지만, 나는 개의치 않는다.
그는 모든 이름 짓기의 근거이다.*

I let the light-glazed angel
in the children's bodies, the angel
with his face flushed in the heat
of recognizing any birth,

I let him bend over my desk and speak
in a voice so assured you wouldn't know
that anyone was dying. *Any music's
made of waiting*, he says.

I make him again. *Look,
it doesn't matter so much.
See into what you can.*
I make the angel lean over our bed

in the next room, where you're sleeping
the sturdy, uncompromised sleep
of someone going to work early tomorrow.
I am willing around you, hard,

the encompassing wings of the one called
unharmed. His name is nowhere
in the concordance, but I don't care;
he's the rationale for any naming. (*My Alexandria* 50)

시인의 잠자는 연인은 에이즈 양성 반응자로서 죽음을 예정 받고 있다. 시인의 연인에 대한 걱정은 자연스럽게 천사에 대한 의존으로 옮겨간다. 천사는 탄생과 죽음 모두에서 영적인 것과 인간적인 것 사이를 연결한다. 시인은 탄생과 함께 하는 천사의 홍조가 죽음에 임하는 천사의 것이기를 바란다. 시인은 천사가 "굽 어뵈[는]" 위치에서 연인에게 확신을 주고 그래서 죽음의 두려움을 극복하도록 돕기를 바란다. 사실 시인은 단순히 바라는 데 그치지 않고 천사에게 어떤 일을 시키는 능동적 행위를 반복하고 있다. 천사가 음악에 관한 모호한 말로 운명을 전하자 시인은 그런 말은 중요치 않으니 당신이 할 수 있는 일을 해달라고 다시 시키는 자세를 취한다. 천사는 시인에게 신성한 존재로서의 권위와 힘을 발휘하 지 못하는 것이다. 그렇지만 시인은 이 천사에게 신성을 억지로라도 떠맡김으로 써 그 역할을 수행해 줄 것을 기대한다. 시가 일으키는 연민은 이 모순의 구조에 서 극화된다. 화자는 사랑을 나눠온 침대에서 연인이 내일 일하러 갈 사람처럼 아직 씩씩하게 잠자고 있는 것을 지켜본다. 하지만, 이 연인의 미래를 알고 있는 화자로서의 시인은, 천사가 원래의 역할을 해주기를 바라면서도, 그의 바람이 허망한 것임을 익히 알고 있다. 시인은 천사가 "상처 받지 않는 자"가 아니라 그 이름으로 "불리는 것"으로서 그 이름값에 제대로 일치하는 경우가 없다는 것을 알고 있다. 그러면서도 그는 그것에 개의치 않고 천사에게 매달린다. 그가 그렇 게 이름 지어진 데는 이유가 있어야 하고 그 이름의 권위에서 그와 그의 연인은 위안 받을 여지가 생기는 탓이다. 이 시는 상처받은 천사에게 상처 받지 않는 자 의 이름을 주는 가운데 곧 닥칠 연인의 죽음을 부정하면서 긍정하는 시라고 할 수 있다.

천사는 지상에서 실재나 믿음의 방식으로 존재하지 않는다. 그것은 간절한 필요에서 우리의 삶에 존재하지 않으면 안 되는 어떤 것이다. 빗줄기가 하염없 이 내려 섬세한 손끝으로 지상을 위무하듯이 그렇게 천사는 우리 곁에 있어야 한다.

뾰족하고 섬세한 빗줄기 끝이 꾸준히
새로 나온 초목에 아로새겨진다.
나는 저 빗줄기를
천사의 일부로 만들고 있다. 그가 말한다.

당신이 바라보는 것에
확신을 가져보세요.
설령 무한대가 주어지더라도
어떤 일도 다르게 행하지 마세요. 지상의
규칙은 애착이에요.

이곳에서는 유지될 수 없는 것이
존재해요. 의미 있는 것에로 죽어감으로써
당신의 죽음은 이뤄져요. 그것이 당신을 죽이겠지만
우선은 그걸로 족해요. 그게 아니라면 그 이상일 거예요.

당신의 이야기, 그것은 형성되면서
닳아 없어지던 것이고
사라지면서
그 자체가 된 것이에요.

A steady fine-pointed rain's
etching the new plantings,
and I'm making the rain
part of the angel. *Try to be certain,*

he says, where you're looking.
If you're offered endlessness,
don't do anything differently. The rule

of earth is attachment:

here what can't be held
is. You die by dying
into what matters, which will kill you,
but first it'll be enough. Or more than that:

your story, which you have worn away
as you shaped it,
which has become itself
as it has disappeared. (My Alexandria 51)

화자는 상처 입은 자의 종말을 옆에서 지켜보는 자이다. 그의 간절한 기대에서 천사는 되살아난다. 천사는 천상의 위엄까지는 아니더라도 화자에게 현명한 충고를 해줄 수 있는 힘을 지닌다. 화자의 갈망이 클수록 천사의 능력 또한 증대할 것이다. 시의 마지막 3연은 천사의 말로써 끝난다. 그의 충고는 화자에게 그리고 죽어가는 친구에게 그리고 인간 모두에게 주는 것일 수 있다. 그의 첫 가르침은 바라보는 것에 확신을 가지라는 것이다. 신이 떠난 세상에서 인간에게 남겨진 것은 더 이상 영적인 것을 드러내지 않는다. 그렇다고 하더라도 그것이 무의미한 것은 아니고 그 자체로서 가치가 있는 어떤 것일 수 있다.

　영원하고 불변하는 것에 대한 믿음은 불가능하다. "유지될 수 없는 것"이 존재할 뿐이다. 하지만 그것은 "닳아 없어지"고 "사라지"는 것이면서도 "형성되"면서 "그 자체가 된" 것이기도 하다. 여기서 화자의 목소리는 인간적인 것과 지상적인 것의 옹호자로서 의연하고 다소 비장하기까지 하다. 우리에게 영원의 믿음이 주어지지 않고 무한대의 의혹이 주어진다고 할지라도 움츠러들어서는 안 된다. "지상의 규칙"에 따라 해온 대로 하면 그뿐이다. 그 규칙은 초월이나 속탈이 아니라 "애착"이다. 가치 있다고 생각하는 것에 따라 살고 그 추구에서 죽을 수 있다면 그것으로 만족스럽다. 이런 죽음은 어쩌면 그냥 족한 것 이상일 수 있다. 왜냐하면 그런 삶의 이야기는 시 속 청자 "당신"의 것이면서 우리 모두의 것으로서 우리에게 사라져가면서도 형성되어가는 어떤 것의 가능성을 열어주기 때문이다. 시의 결말은 세기말의 급변하는 물질계에 처한 시인의 곤경을 함축한다. 시인은 지속할 수 없는 것에 의존해 삶을 지속해야할 이유를 찾아야 하는 어려움 속에 있다.

III

90년대 퓰리처상 수상시인들의 작품 세계가, 언어에 대한 다양한 태도들에도 불구하고, 정치적이고 이론적인 목소리보다는 개인과 가족의 과거에 대한 회상의 목소리를 주로 내고 있는 것은 새로운 변화이다. 90년대 시인들이 종교적 주제를 자주 시에 다루고 있는 것 또한 분명한 변화의 조짐을 드러낸다. 90년대 시인들은 우선 시 언어의 지시성에 크게 문제를 제기하지 않는 것으로 보인다. 70년대와 80년대에 언어시 시인들이 포스트모더니즘의 분위기에서 극단적 실험을 통해 언어의 초월적 의미를 해체하는 정치적 목적을 앞세웠다면, 90년대 시인들은 그렇게 함으로써 파괴되었던 세상과 시인 사이의 독특하고 개인적인 관계를 복원하고 있는 것으로 보인다.

그렇다고 90년대가 새천년의 전환점에서 새 시대의 동력을 일궈내지 못하고 과거의 정통성으로 향수에 젖은 회귀를 하고 있는 것은 결코 아니다. 문예사조의 역사가 작용과 반작용의 진자 운동으로 이어져 왔듯이, 90년대는 70년대와 80년대에 대한 반작용으로서, 그것을 보충하려는 움직임에서, 우리가 스스로 그 중심을 해체해버렸던 것들에게, 다시 모종의 새로운 중심을 찾아주고 있는 것 같다. 시인의 자아는 세상을 인식하는 주체의 위상을 되찾고, 영원히 지상을 떠나버렸을 것 같던 천사는 상처를 입은 채로 우리 곁에 돌아오고 있다. 이론과 정치라는 것은 항상 자신이 만들어낸 허구적 중심에서 힘을 발휘하기 마련이다. 그 이론과 정치라는 것이 중심의 해체를 내세우는 경우에도 마찬가지일 것이다. 이 분위기에서는 문학이 결국 시인과 세상의 구체적 만남의 결과라는 사실을 간과하기 쉽다. 개인의 과거에 대한 90년대 시의 각별한 관심은 다행히 자아와 세계 사이의 관계를 새롭게 이끌 것으로 기대된다.

지배적 담론의 해체라는 기치 아래 전통의 권위를 부정하고 항구적 가치를 배제하면서 대중문화의 순간적 영상들을 시적 실제로 구현하려했던 여러 시도들은 삶의 현실에 대한 인식을 약화시켰을 가능성이 높다. 우리의 존재는 우리가 경험한 것들 내에서 우리가 의존하는 것에 따라 성립된다. 시인과 세상 사이의 관계는 끊임없이 새롭게 이뤄지는데 여기서 각자의 중심은 궁극적이지 않으면서도 그 지향성을 끝내 유지한다. 이 긴장의 관계에서 현실은 확인 가능한 사실과 물질만으로 이뤄지지 않고 불합리하고 비가시적인 것까지 포용한다. 우리의 삶에 대한 느낌은 이 현실의 확장에 의존하고 있다. 이 방식에서 신은 사라진 것이면서도 우리의 삶을 참을 만하게 만들어주는 것으로서 우리 곁에 머물 수도 있다.

미국 시인들이 보여주는 "상처 받지 않는 자"의 상처는 우리에게도 유효한 것일 수밖에 없다. 미국 시인들이 90년대에 상실에 처한 자아의 문제를 지속적으로 제기하는 경향은 서정시의 영역을 재삼 확인하게 한다. 시는 정치나 이데올로기를 강조할 때 개인보다 집단의 가치를 표현하기 십상이다. 특히, 집단적 가치의 명분이 불명료한 시대에, 언어를 지시성의 배척을 통해 시인과 세상 사이의 고유한 만남을 방해하는 방식으로 사용하는 것은, 비록 세상을 인간 중심에서 해방시켜 제자리로 돌려놓은 데 성공하더라도, 시인의 존재를 말살하게 된다.

이제 시인과 세상의 관계는 상처 받은 천사의 존재 방식으로 형성될 가능성이 높다. 우리에게 다시 찾아온 천사는 영적인 것과 물질적인 것 사이에서 어떤 궁극적 성격도 배제당한 채 그 불확정성으로써 시인의 새로운 상상력을 자극하고 있다. 천사는 더 이상 과거의 영적 권위를 누리지 못하지만 그렇다고 망각 속으로 사라지도록 내던져질 수도 없다. 우리는 그 상처 입은 천사나마 간절히 불러냄으로써 의지하고 살아갈 무엇을 유지하게 된다. 21세기의 시인은 근대성의 자아가 해체된 상태에서 다시 그것에 새 주체성을 찾아주어야 한다. 그러면서 시인은, 삶의 의미를 충만하게 해주었던 옛 것들로서 이미 해체된 것들, 예컨대 종교적 관념과 같은 것들을 대체하거나 보강해줄 어떤 것들에 대해 추구를 계속해야 한다. 이 추구는 이론과 정치에 의해서보다는 시인과 세상 사이의 개별적 만남을 통해 이뤄질 때 더 효과적일 것으로 전망된다.

90년대 퓰리처상 수혜시인들은 그 수상 경력과 직장 등에서 미국시의 주류에 속한다고 볼 수 있다. 하지만 그들 중 씨믹과 그릭 그리고 그레이엄 등은 문법의 파괴, 공란, 침묵, 초현실적 이미지 등의 사용에서 아방가르드적 요소를 자신의 시속에 구현하고 있다고 말할 수 있다. 최소한 그들의 시는 이미저리의 건축에 의한 통찰의 완성이라는 미학을 우선적으로 제시하고 있지는 않다. 수상시인들은 각자 다른 시세계를 구축해가는 가운데 다음의 특성을 드러낸다.

1. 사(私)적인 것에 대한 밀착이 공적인 것을 배제하지 않는다.
2. 일상적인 것의 감각적 경험이 영적인 것에 닫혀 있지 않다.
3. 일시적인 것이 사(史)적인 것에로 확장한다.
4. 자아의 절대적 권위에 회의를 품는다.
5. 언어에 우선하는 것의 표현을 위해 관습적 문법을 파괴하는 경우가 있다.
6. 혼돈과 잡종화의 와중에서 무의미에로 영락하지 않는다.
7. '상처 입은 천사'의 필요성에서 신적인 것을 대신할 뭔가를 지향한다.

퓰리처상이 실험시와 전통시 가운데 어느 한쪽을 표방하지 않는 것은 분명하다. 90년대 퓰리처상 수상시에서 우리는 당대의 미국시가 양진영의 구분을 떠나 당대의 변화된 현실을 수용하기 위해 노력하는 증거를 목격하게 된다. 후기구조주의의 원근법에서 새 현실을 시의 언어로 수용하는 일은 여전히 진행 중인 과제이다. 이 노력에서 전통시와 실험시의 구분은 다소 구태의연해지고 그 실효성이 떨어져가는 느낌을 준다.

당대 미국시가 보여주는 역동성은 서로 다른 목소리가 각자의 차별성을 내세우는 가운데 서로를 닮아가는 과정에서 생긴다. 사실 상대에서 배운다는 것은 겉으로 내놓을 수 없는 입장일 것이다. 하지만 당대의 현실에 대응하는 일은 양진영 모두에게 새로운 과제와 같아서 자신만의 것으로는 안 되고 저도 모르게 뭔가를 다른 데서 배워올 것을 요구하는 것으로 보인다. 2010년 퓰리처상 수혜시인 아먼트라웃(Rae Armantrout)이 언어시 계열에 속하면서도 언어시 시인들이 전략적으로 언어의 지시성 자체를 문제시하는 데 대해 의혹을 표하는 것은 시사적이다. 아방가르드 예술은 기존의 의미를 부정하는 데서 동력을 취하지만 더 나아가서는 역설적이게도 다시 다른 아방가르드 정신에 의해 부정될 수밖에 없는 어떤 의미를 제시해야 하는 위치에 있는 것이다. 부정하면서 긍정하고 다시 부정하는 자세를 취하는 어느 힘든 방식에서 아방가르드는 스스로의 힘으로 존재의 근거를 확보할 수 있다. 90년대 퓰리처상 수혜시인들은 실험시인으로 불리는 경우에도 의미의 추구를 포기하지 않고 있고 전통적 시인으로 불릴 수 있는 경우에도 자기의 중심에서 세상에 대한 확신에 찬 통찰을 쉽게 말하지 않고 있다.

IV

소위 주류시라는 것은 애초에 그 정체성이 초월적으로 정해져 있지 않다. 애런(Donal Allen)의 사화집 『새로운 미국시』(1960)가 출판되던 당시에 주류시의 기준은 신비평의 가치들 예컨대 자율성, 유기적 구조와 전체의 통일성, 이미저리를 바탕으로 한 압축과 간결의 미학 등으로 요약할 수 있다. 여기에 도전하는 실험시는 새 형식에 대한 추구에서 초현실주의, 언어의 불확정성, 언어에 작용하는 사회 및 정치의 압력에 대한 의식, 장르 간 융합, 파편화, 심지어 언어의 지시성 자체를 부정하는 데까지 나아갔다.

주류는 각종 저명한 문학잡지들의 편집방식, 출판이익과 경제적 지원을 확보해줄 제도권의 여러 시상제도, 대학 영문과와 창작 프로그램, 그리고 시 교육을 담당하는 시인과 교수들에 의해 형성된다고 할 수 있다. 모두가 주류에 포함될 수 없는 환경에서 어떤 형식으로든 비주류가 존재할 수 있다. 중요한 것은 주류이든 비주류이든 그 목소리가 당대의 현실에서 어떤 의미를 제시할 수 있는가이다. 아방가르드 시가 존재할 수 있는 근거는 변방의 사나운 목소리 그 통렬함 때문이 아니라 당대의 현실에서 그 나름의 의미를 일궈내는 데서 확보될 수 있다.

후기구조주의가 발전시킨 담론의 혜택이겠지만 아방가르드 시는 전복의 대상을 외부의 권위 외에 또 하나 가지고 있다. 그것은 바로 시인 자신의 내부의 권위이다. 자율성의 시학이 통제된 자아의 환상에 의지하고 있다면 새로운 시학은 초월적 중심을 지닌 자아의 개념을 거부한다. 이 방식에서 거부 혹은 전복은 일회성으로 끝나지 않는다. 아방가르드 시인에게 있어서 전복의 대상으로서의 주류시는 그 경계가 흐려지고 있다. 하지만 그런 가운데서도 그들의 자아의 중심은 끊임없이 부정되어야 할 대상으로 다뤄진다. 이 방식에서 아방가르드 시는 당대에 스스로 설 수 있는 입지를 확보할 수 있다. 그런데 역시 이 문제는 딱히 아방가르드 시인만의 문제가 아니어서 퓰리처상 수혜시인 글릭, 그레이엄, 그리고 라이트 등에게서도 가장 중요한 시적 제재로서 등장한다.

아방가르드 시는 태생적으로 근본주의적이다. 기존의 것이 틀렸다고 말하는 것은 그것을 처음부터 다시 보자는 이야기이다. 아방가르드 예술은 어떤 외적 권위나 그것에 의해 지배되는 자아의 중심에서 벗어나 세상을 근본적으로 대하려는 노력이다. 그렇다면 그것은 뒤집음의 전략을 넘어서 새로 세움의 기교를 발전시켜야 한다.

시의 이론은 단순히 시를 짓는 방식을 뜻하는 데 그치지 않고 삶의 이론, 다시 말해 어떻게 세상을 바라보고 대응할 것인가에 관한 접근법을 함축하고 있기도 하다. 아방가르드 예술가들은 전후시대에서 자율성의 시학이 세상의 부조리와 혼돈의 양상을 설명하는 데 실패하였다고 보았다. 삶과 예술의 관계에 대한 논의는 끝나지 않는 담론을 형성하고 있다. 하지만 직접적이든 간접적이든 간에 삶이 예술에 영향을 끼치는 것은 분명하고 삶의 양상과 그것에 대한 우리의 이해와 감수성이 바뀌는 것 또한 부인할 수 없는 사실이다. 아방가르드 예술에 대한 이해는 삶의 근본적 변화에 대한 인식과 그것에 대한 새로운 적응의 관점에서 접근될 필요가 있다.

70년대에 변방에서 시작한 언어시가 90년대에 이르러 제도권 내에서도 더러 목소리를 내고 있다. 당대의 아방가르드 예술이 저항과 전복의 기치에서뿐만 아니라 그 자체로써 존재할 수 있는 영역을 확보했다는 것은 우리가 살아가는 당대의 삶이 그 어느 시대보다 더욱 근본적으로 아방가르드의 가치들에 의해 움직이고 있다는 것을 반증하는 측면이 있다.

그런데 아방가르드 예술은 당초에 중심에 설 수 없는 운명을 지니고 태어난다. 그것은 중심을 무너뜨릴 수는 있어도 그 자리를 대체할 수는 없다. 그렇지 않고서는 아방가르드 본래의 동력을 유지할 수 없기 때문이다. 전후시대의 사회에서 지배적 중심을 벗어나려는 다문화주의의 이슈가 갈수록 호응을 얻고 있다. 포스트모더니즘, 포스트커로니어리즘, 다문화주의, 후기구조주의 등의 개념들은 당대의 문화 현상을 설명하려는 다양한 노력들을 반영한다. 이 노력들은 외적 중심의 권위가 약화되고 사라져가는 현상을 공통적으로 주목한다. 아방가르드 예술은 전후시대 이전에도 앞선 시대를 극복하려는 전위에 항상 있었다. 그런데 오늘날의 그것은 다문화주의의 흐름 속에서 예전처럼 첨예할 수가 없다. 주류의 중심은 더 이상 지배적일 정도의 권위를 누리지 못하고 그 결과로서 아방가르드의 정신 또한 다원주의적 혼재 속에 놓이게 됨으로써 그 밖의 다른 목소리들과 함께 병존하는 처지에 있다. 미국시를 대표하는 새 사화집의 구성이 새로운 목소리와 미국 밖의 영어권의 목소리까지 끌어들이는 방향으로 나아가면 갈수록 이런 현상은 심화될 것이다.

흥미로운 것은 다원주의가 서로 다른 목소리들의 혼재를 뜻하지만은 않는다는 사실이다. 시인은 각자 자기중심에서 차별성을 드러내면서도 동시에 다른 시인의 목소리에 대해 의식하고 어떤 방식으론가 이어지고 있다. 60년대에는 실험적 요소로 비쳐졌던 것이 90년대에는 마땅히 시적인 것으로 다뤄지는 경우들이 종종 목격된다. 이러한 변화는 양진영의 시인들이 각자 따로 있지 않고 스스로 인정하든 그렇지 않든 간에 서로에 대해 의식하고 닮아간 결과일 것이다. 양진영 사이의 바로 이 닮아감의 과정이 미국시에 역동성을 부여한다. 90년대 미국시는 세기말에서 세기초로 이어지는 다리를 놓으려 하면서 서로 뒤섞이고 닮아가는 역동성으로써 활로를 모색하고 있다.

인용문헌

프롤로그—"나는 언어를 증오한다"

Allen, Donald M., ed. *New American Poetry: 1945-1960*. New York: Grove P, 1960.

Allen, Donald M. and George F. Butterick, eds. *The Postmoderns: The New American Poetry Revised*. New York: Grove P, 1982.

Barone, Dennis and Peter Ganic, eds. *The Art of Practice: 45 Contemporary Poets*. Elmwood, Connecticut: Poets & Poets P, 1994.

Hejinian, Lyn. *The Language of Inquiry*. Berkeley: U of California P, 2000.

Hoover, Paul, ed. *Postmodern American Poetry: A Norton Anthology*. New York: Norton P, 1994.

Messerli, Douglas, ed. *From the Other Side of the Century: A New American Poetry 1960-1990*. Los Angeles: Sun & Moon P, 1994.

_____, ed. *"Language" Poetries: An Anthology*. New York: New Directions, 1987.

Perloff, Marjorie. "Whose New American Poetry? Anthologizing in the Nineties." *Diacritics*. 26.3-4 (Autumn-Winter 1996): 104-123.

Rankine, Claudia and Lisa Sewell, eds. *American Poets in the 21st Century: The New Poetics*. Middletown, Connecticut: Wesleyan UP, 2007.

Silliman, Ron, ed. *In the American Tree: Language, Realism, Poetry*. Orono, Maine: The National Poetry Foundation, 2002.

Weinberger, Eliot, ed. *American Poetry since 1950: Innovators and Outsiders*. New York: Marsilio Publishers, 1993.

1. 세상은 끝나지 않는다-찰스 씨믹

"Charles Simic." *Contemporary Authors Online*. Detroit: Gale, 2010. *Literature Resource Center*. Web. 29 Jul. 2011.

"Charles Simic." *Contemporary Literary Criticism*. Vol. 256. Detroit: Gale, 2008. *Literature Resource Center*. Web. 29 Jul. 2011.

"Charles Simic." *Poets.org*. The Academy of American Poets, n.d. Web. 28 Jul. 2011.

"Pulitzer-Winner Simic Named Poet Laureate." *Weekend Edition Sunday* 5 Aug. 2007. *Literature Resource Center*. Web. 30 Jul. 2011.

Orr, David. "Chaos theory: what unites Charles Simic's poetry is a grim appreciation of the randomness of everything." Rev. of *THE VOICE AT 3:00 A.M.: Selected Late & New Poems*. *The New York Times Book Review* 6 Apr. 2003: 18. *ProQuest*. Web. 28 Jul. 2011.

Rich, Motoko. "Charles Simic, Surrealist With Dark View, Is Named Poet Laureate." *The New York Times* 2 Aug. 2007 late ed. (East Coast): E1. *ProQuest*. Web. 28 Jul. 2011.

Simic, Charles. *Hotel Insomnia: Poems*. New York: Harcourt, 1992.

_____. *My Noiseless Entourage: Poems*. New York: Harcourt, 2005.

_____. "Notes on Poetry and Philosophy." *New Literary History* 21.1 (Autumn, 1989): 215-21.

_____. *Selected Poems 1963-1983*, Revised and Expanded. New York: Geroge Braziller, 1990.

_____. "Composition." *The Uncertain Certainty: Interviews, Essays, and Notes on Poetry*. Ann Arbor: U of Michigan P, 1985. [*UC*로 표기]

_____. *That Little Something: Poems*. New York: Harcourt, 2008.

Stitt, Peter. "Charles Simic: Poetry in a Time of Madness." *Uncertainty & Plenitude: Five Contemporary Poets*. Iowa City: U of Iowa P, 1997.

Vendler, Helen. "Totemic Sifting." Rev. of *The Book of Gods and Devils, Hotel*

Insomnia, Dime-Store Alchemy by Charles Simic. *Parnassus: Poetry in Review* 1 Jan. 1993: 86-99. *ProQuest.* Web. 29 Jul. 2011.

Young, Vernon. "The Light Is Dark Enough." *Hudson Review* 34.1 (1981): 150.

2. 저녁놀을 놓치지 마라—모나 밴 다인

"Mona (Jane) Van Duyn." *Contemporary Literary Criticism Select.* Detroit: Gale, 2008. *Literature Resource Center.* Web. 25 Jul. 2011. [*CLCS*로 표기]]

"MONA VAN DUYN POET PREFERS THE ORAL ART." *Morning Edition.* 9 Aug. 1991. *ProQuest.* Web. 25 Jul. 2011. [*ME*로 표기]]

Augustine, Jane. "Van Duyn, Mona (Jane)." *Contemporary Poets.* Ed. Thomas Riggs. 7th ed. Detroit: St. James Press, 2001. 1221-22. *Literature Reference Collection.* Web. 25 Jul. 2011.

Corn, Alfred. "Review of *Near Changes.*" *Poetry* 157.1 (Oct. 1990): 47-50. Rpt. in *Contemporary Literary Criticism.* Ed. Jeffrey W. Hunter and Timothy J. White. Vol. 116. Detroit: Gale Group, 1999. *Literature Resource Center.* Web. 26 Jul. 2011.

Frank, Elizabeth. "Letters from a father and other poems." *The Nation* 235 (1982): 563+. *General Reference Center Gold.* Web. 24 Jul. 2011.

Hass, Robert. "Review of Letters from a Father, and Other Poems." *Washington Post Book World* 12.36 (5 Sept. 1982): 6-7. Rpt. in *Contemporary Literary Criticism.* Ed. Jeffrey W. Hunter and Timothy J. White. Vol. 116. Detroit: Gale Group, 1999. *Literature Resource Center.* Web. 25 Jul. 2011.

Hirsch, Edward. "Violent Desires." *New York Times Book Review* 95 (18 Nov. 1990): 24. Rpt. in *Contemporary Literary Criticism.* Ed. Jeffrey W. Hunter and Timothy J. White. Vol. 116. Detroit: Gale Group, 1999. *Literature Resource Center.* Web. 26 Jul. 2011.

Ludvigson, Susan. "Mona (Jane) Van Duyn." *American Poets Since World War II.* Ed. Donald J. Greiner. Detroit: Gale Research, 1980. *Dictionary of Literary*

Biography Vol. 5. *Literature Resource Center.* Web. 25 July 2011.

Perloff, Marjorie. "Sometimes a Great Notion." *Washington Post Book World* (6 Jan. 1974): 3.

Rosenthal, M. L. "A Common Sadness." *New York Times Book Review* 88 (13 Mar. 1983): 6. Rpt. in *Contemporary Literary Criticism.* Ed. Jeffrey W. Hunter and Timothy J. White. Vol. 116. Detroit: Gale Group, 1999. *Literature Resource Center.* Web. 25 Jul. 2011.

Van Duyn, Mona. *Merciful Disguises: Published and Unpublished Poems.* New York: Atheneum, 1973.

_____. *Letters from a Father and Other Poems.* New York: Atheneum, 1982

_____. *Near Changes: Poems.* New York: Alfred A. Knopf, 1990

_____. *If It Be Not I: Collected Poems 1959-1982.* New York: Alfred A. Knopf, 1993. [*If*로 표기]

_____. *Firefall: Poems.* New York: Alfred A. Knopf, 1993

_____. *Selected Poems.* New York: Alfred A. Knopf, 2002.

Wakefield, Richard. "Celebrating the best of Mona Van Duyn Poetry." *Seattle Times* (30 June 2002): K9. *General OneFile.* Web. 26 July 2011.

3. 변치 않는 시의 옹호자로 살다 – 제임스 테이트

Angel, Ralph. "A Poet for Our Age." Rev. of *Selected Poems* by James Tate. *The American Poetry Review* 1 May 1992: 45. *ProQuest.* Web. 1 Aug. 2011.

Ash, John. "Imagination on the Move." *The New York Times Book Review* 1 Mar. 1987. *General Reference Center GOLD.* Web. 31 Jul. 2011.

Blair, David. "Return to the City of White Donkeys." *Harvard Review* 28 (2005): 202.

Gardner, Stephen. "James (Vincent) Tate." *American Poets Since World War II.* Ed. Donald J. Greiner. *Dictionary of Literary Biography* Vol. 5. Detroit: Gale Research, 1980.

John, Janet St. "Return to the City of White Donkeys." *Booklist* 101.5 (2004): 455.

Stroffolino, Chris. "James (Vincent) Tate." *American Poets Since World War II: Fifth Series.* Ed. Joseph Mark Conte. Dictionary of Literary Biography Vol. 169. Detroit: Gale Research, 1996.

Tate, James. "Live yak pie." *The American Poetry Review* Sept.-Oct. 1997: 11+. *General Reference Center GOLD.* Web. 31 Jul. 2011. ["LYP"로 표기]

_____. *Selected Poems.* Middletown, Connecticut: Wesleyan UP, 1991. [*SP*로 표기]

_____. *The Ghost Soldiers: Poems.* New York: HarperCollins Publishers, 2008.

4. 자아의 부재에서 목소리를 내다—루이스 그릭

"Louise Gluck." *Contemporary Literary Criticism.* Ed. Jeffrey W. Hunter. Vol. 280. Detroit: Gale, 2010. *Literature Resource Center.* Web. 4 Aug. 2011.

Diehl, Joanne Feit, ed. *On Louise Glück: Change What You See.* Ann Arbor: The U of Michigan P, 2005.

Glück, Louise. *Ararat.* New York: The Ecco P, 1990.

_____. *Proofs & Theories: Essays on Poetry.* New York: The Ecco P, 1994. [*Proofs* 로 표기]

_____. *The First Four Books of Poems.* New York: The Ecco P, 1995.

_____. *The Wild Iris.* New York: The Ecco Press, 1992.

Turner, Alberta T., ed. *Fifty Contemporary Poets: The Creative Process.* New York: David McKay Company, 1977.

Vendler, Helen. "Flower Power." *The New Republic* 208.21 (May 24, 1993): 35-38.

_____. *Part of Nature, Part of Us: Modern American Poets.* Cambridge: Harvard UP, 1980.

_____. "The Poetry of Louise Glück." *The New Republic.* 178.24 (June 17, 1978): 34-37.

5. 네온 불빛 사투리로 재즈를 노래하다 - 유셉 코문야커

Baer, William. "Still Negotiating with the Images: An Interview with Yusef Komunyakaa." *Kenyon Review* 20.3-4 (Summer - Fall 1998): 5-29.

Komunyakaa, Yusef. *Blue Notes: Essays, Interviews, and Commentaries.* Ed. Radiclani Clytus. Ann Arbor: The U of Michigan P, 2000.

_____. *Neon Vernacular: New and Selected Poems.* Middletown, Connecticut: Wesleyan U P, 1993.

_____ and David Lehman, ed. *The Best American Poetry 2003.* New York: Scribner, 2003.

Marvin, Tom. "Komunyakaa's TU DO STREET." *The Explicator* 64.4 (2006): 248-251.

Weber, Bruce. "A Poet's Values: It's the Words Over the Man." *New York Times* 2 May 1994. *General Reference Center GOLD.* Web. 2 Aug. 2011.

6. 진리는 단순하다 - 필립 레빈

"Philip Levine." *Contemporary Literary Criticism Select.* Detroit: Gale, 2008. *Literature Resource Center.* Web. 3 Aug. 2011.

Frost, Carol. "Philip Levine at Work." *New England Review* 14.4 (Fall 1992): 291-305. Rpt. in *Poetry Criticism.* Ed. Carol T. Gaffke and Anna J. Sheets. Vol. 22. Detroit: Gale Research, 1999. *Literature Resource Center.* Web. 3 Aug. 2011.

Hirsch, Edward. "Naming the Lost: The Poetry of Philip Levine." *Michigan Quarterly Review* 28.2 (Spring 1989): 258-266. Rpt. in *Contemporary Literary Criticism.* Ed. Jeffrey W. Hunter and Timothy J. White. Vol. 118. Detroit: Gale Group, 1999. *Literature Resource Center.* Web. 3 Aug. 2011.

Knight, Jeff Parker. "Review of *The Simple Truth.*" *Prairie Schooner* 71.2 (Summer 1997): 179-182. Rpt. in *Contemporary Literary Criticism Select.* Detroit: Gale, 2008. *Literature Resource Center.* Web. 3 Aug. 2011.

Levine, Philip. *What Work Is: Poems.* New York: Knopf, 1991.

_____. *The Simple Truth.* New York: Knopf, 2006.

Mooallem, Jon. "Blue Collar and Academic Meet in the Poetry of Philip Levine." *Seattle Post-Intelligencer* 5 Mar. 2004: 20. *ProQuest.* Web. 3 Aug. 2011.

Olson, Ray. "The Simple Truth." *Booklist* 15 Oct. 1994: 395. *Literature Resource Center.* Web. 3 Aug. 2011.

Rumiano, Jeff. "An interview with Philip Levine." *Five Points: a Journal of Literature and Art* 12.1 (Jan. 2008): 6-19. *Literature Resource Center.* Web. 3 Aug. 2011.

7. 잡종의 세상에서 시를 짓다 ─ 조리 그레이엄

정강석 역. 『짜라투스트라는 이렇게 말했다』. 서울: 삼성출판사, 1982.

"Jorie Graham." *Contemporary Literary Criticism Select.* Detroit: Gale, 2008. *Literature Resource Center.* Web. 4 Aug. 2011.

Brien, Peyton. "Jorie Graham." *American Poets Since World War II: Third Series.* Ed. R. S. Gwynn. Detroit: Gale Research, 1992. *Dictionary of Literary Biography* Vol. 120. *Literature Resource Center.* Web. 4 Aug. 2011.

Casper, Robert N. "About Jorie Graham." *Ploughshares* 27.4 (2001): 189+. *Literature Resource Center.* Web. 4 Aug. 2011.

Gardner, Thomas. "Accurate failures: the work of Jorie Graham." *Hollins Critic* 24.4 (1987): 1+. *Literature Resource Center.* Web. 4 Aug. 2011.

Graham, Jorie. "An Interview with Jorie Graham." Conducted by Thomas Gardner. *Regions of Unlikeness.* Lincoln: U of Nebraska P, 1999. 214-37.

_____. *Hybrids of Plants and of Ghosts.* Princeton, NJ: Princeton UP, 1980. [*Hybrids*로 표기]

_____. "Introduction." *The Best American Poetry 1990.* Ed. David Lehman. New York: Scribners, 1991.

_____. *The Dream of the Unified Field: Selected Poems, 1974-1994.* Hopewell:

Ecco, 1995.

Spiegelman, Willard. "Jore Graham's New Way of Looking." *How Poets See the World: The Art of Description in Contemporary Poetry*. New York: Oxford UP, 2005. 173-200.

8. 아이엄마가 침묵을 말하다—리셀 뮬러

Allen, Dick. "To the Wall." *Poetry* 130 (Sept. 1977): 342-353. Rpt. in *Poetry Criticism*. Ed. Elisabeth Gellert and Ellen McGeagh. Vol. 33. Detroit: Gale Group, 2001. *Literature Resource Center*. Web. 4 Aug. 2011.

Bunge, Nancy L. "Liesel Mueller." *Finding the Words: Conversations with Writers Who Teach*. Swallow Press, 1985. 96-105. Rpt. in *Poetry for Students*. Ed. Elizabeth Thomason. Vol. 13. Detroit: Gale Group, 2001. *Literature Resource Center*. Web. 4 Aug. 2011.

Corey, Stephen. "Lives on Leaves." *Virginia Quarterly Review* 57.4 (Autumn 1981): 732-743. Rpt. in *Contemporary Literary Criticism*. Ed. Jean C. Stine and Daniel G. Marowski. Vol. 29. Detroit: Gale Research, 1984. *Literature Resource Center*. Web. 4 Aug. 2011.

Hentz, Ann Louise. "The Sounds and Silences of Lisel Mueller's *The Private Life*." *Contemporary Poetry* 4.3 (1982): 24-32. Rpt. in *Poetry Criticism*. Ed. Elisabeth Gellert and Ellen McGeagh. Vol. 33. Detroit: Gale Group, 2001. *Literature Resource Center*. Web. 4 Aug. 2011.

Kitchen, Judith. "Lisel Mueller." *American Poets Since World War II: Second Series*. Ed. R. S. Gwynn. Detroit: Gale Research, 1991. *Dictionary of Literary Biography* Vol. 105. *Literature Resource Center*. Web. 4 Aug. 2011.

Mueller, Lisel. *Alive Together: New and Selected Poems*. Baton Rouge: Louisiana State University Press, 1996.

_____. *Learning to Play by Ear: Essays and Early Poems*. La Crosse, WI: Juniper Press, 1990.

Plumly, Stanley. "Review of The Private Life." *American Poetry Review* 5.4 (1976): 42. Rpt. in *Poetry Criticism*. Ed. Elisabeth Gellert and Ellen McGeagh. Vol. 33. Detroit: Gale Group, 2001. *Literature Resource Center*. Web. 4 Aug. 2011.

9. 풍경의 재현에서 힘을 얻다―찰스 라이트

"Apologia Pro Vita Sua." *en.wikipedia.org*. Wikipedia. 22 Jun. 2011. Web. 10 Aug. 2011.

Baker, David. "On Restraint." *Poetry* 168.1 (Apr. 1996): 33-47. Rpt. in *Contemporary Literary Criticism*. Ed. Jeffrey W. Hunter. Vol. 146. Detroit: Gale Group, 2002. *Literature Resource Center*. Web. 4 Aug. 2011.

Costello, Bonnie. "The Soil and Man's Intelligence: Three Contemporary Landscape Poets." *Contemporary Literature* 30 (Fall 1989): 412-433.

_____. "Charles wright's Via Negativa: Language, Landscape, and the Idea of God." *Contemporary Literature* 42.2 (Summer 2001): 325-46.

Wright, Charles. "A Conversation with Stan Sanvel Rubin and William Heyen." *Charles Wright in Conversation: Interviews, 1979-2006*. Ed. Robert D. Denham. Jefferson, North Carolina: McFarland & Company, Inc., 2008. [*Conversation*으로 표기]]

_____. *Black Zodiac*. New York: Farrar, Straus and Giroux, 1997.

Denham, Robert D. *Charles Wright: A Companion to the Late Poetry, 1988-2007*. Jefferson, North Carolina: McFarland & Company, Inc., 2004. [*Companion* 으로 표기]]

Hosmer, Robert Ellis, Jr. "Review of Black Zodiac." *America* 177.20 (20 Dec. 1997): 24. Rpt. in *Contemporary Literary Criticism*. Ed. Jeffrey W. Hunter and Timothy J. White. Vol. 119. Detroit: Gale Group, 1999. *Literature Resource Center*. Web. 4 Aug. 2011.

Longenbach, James. "Between Soil and Stars." *Nation* (14 Apr. 1997): 27-30. Rpt.

in *Contemporary Literary Criticism.* Ed. Jeffrey W. Hunter and Timothy J. White. Vol. 119. Detroit: Gale Group, 1999. *Literature Resource Center.* Web. 4 Aug. 2011.

10. 눈보라 속에 하나가 되다—마크 스트랜드

"Review of *Blizzard of One*." *Kirkus Reviews.* 1 Jun. 1998. Web. 5 Aug. 2011.

"Review of *Blizzard of One*." *Publishers Weekly* 245.17 (27 Apr. 1998): 62. *Literature Resource Center.* Web. 5 Aug. 2011.

"Mark Strand." *Contemporary Authors Online.* Detroit: Gale, 2005. *Literature Resource Center.* Web. 4 Aug. 2011. [*CAO*로 표기]

Cavalieri, Grace. "Mark Strand: an interview." *The American Poetry Review* July-Aug. 1994: 39+. *Literature Resource Center.* Web. 4 Aug. 2011.

Coleman, Jane Candia. "Review of *The Continuous Life*." *Western American Literature* 26.2 (Summer 1991): 178-79. Rpt. in *Contemporary Literary Criticism.* Ed. Thomas Votteler and Laurie DiMauro. Vol. 71. Detroit: Gale Research, 1992. *Literature Resource Center.* Web. 4 Aug. 2011.

Garrison, Deborah. "The Universe Stares Back." *New York Times.* 13 Sept. 1998. Web. 5 Aug. 2011.

McClanahan, Thomas. "Mark Strand." *American Poets Since World War II.* Ed. Donald J. Greiner. Detroit: Gale Research, 1980. *Dictionary of Literary Biography* Vol. 5. *Literature Resource Center.* Web. 5 Aug.

Strand, Mark. *New Selected Poetry.* New York: Alfred A. Knopf, 2007. [*NSP*로 표기]

에필로그—미국시의 역동성은 어디에서 오는가

Allen, Donald M., ed. *New American Poetry: 1945-1960.* New York: Grove P, 1960.

Doty, Mark. *My Alexandria.* Urbana: U of Illinois P, 1993.

Gilbert, Roger. "Awash with Angels: The Religious Turn in Nineties Poetry." *Contemporary Literature* 42.2 (Summer 2001): 238-69.

Jorie Graham, "The Surface." *The Dream of the Unified Field: Selected Poems 1974-1994.* Hopewell, NJ: The Ecco P, 1995.

Komunyakaa, Yusef. "My Father's Love Letters." *Magic City.* Middletown, Connecticut: Wesleyan UP, 1992.

Spiegelman, Willard. "The Nineties Revisited." *Contemporary Literature* 42.2 (Summer 2001): 206-37.

찾아보기

[ㅅ]

〔ㅌ〕